湖南省一流建设学科法学（湖南师范大学）建设项目

湖南省教育厅教改项目"'后疫情时代'高校涉外法治人才培养创新机制研究"成果

国际法
外文原著推介

主　编　何燕华

副主编　冯丽芳　陈　露　叶巧华　王亚春　李通敏

武汉大学出版社

图书在版编目(CIP)数据

国际法外文原著推介/何燕华主编.—武汉：武汉大学出版社,2023.5
(2023.11重印)
ISBN 978-7-307-23685-1

Ⅰ.国… Ⅱ.何… Ⅲ.国际法—外文图书—推荐书目 Ⅳ.①Z835
②D99

中国国家版本馆 CIP 数据核字(2023)第 053286 号

责任编辑:胡　荣　　　责任校对:汪欣怡　　　版式设计:马　佳

出版发行：**武汉大学出版社**　　(430072　武昌　珞珈山)
(电子邮箱：cbs22@ whu.edu.cn　网址：www.wdp.com.cn)
印刷:武汉邮科印务有限公司
开本:720×1000　　1/16　　印张:18.5　　字数:332 千字　　插页:1
版次:2023 年 5 月第 1 版　　2023 年 11 月第 2 次印刷
ISBN 978-7-307-23685-1　　定价:68.00 元

前　　言

对于国际法学者和国际法专业的学生而言，阅读外文书籍的重要性不言而喻。一方面，现代信息技术的发展使得外文书籍资源的获取越来越便利，电子化资源更是让读者能够完全脱离实体阅读；另一方面，生活在信息大爆炸时代的我们面对浩如烟海的外文书籍却不知做何选择，毕竟只有阅读有价值的外文书籍才能对学术研究有所裨益。事实上，在论文写作期间耗费大量时间来挑选书籍是常态，实在是事倍功半。深感国际法的学生苦此久矣，急需一本介绍性的选书导读便是我们编著此书的初心。

详细而言，编著此书主要基于以下理由：

第一，有助于学术论文写作。首先，在确定了论文选题的情况下，读者可以运用本书按图索骥地找到与自己选题相关的最新外文书籍，甚至可以依照所选书籍的脚注与参考文献顺藤摸瓜地检索到一系列相关的文献资料，如此一来便是事半功倍。其次，本书选取推介的书籍均出自哈特出版社（Hart Publisher）、洛特里奇出版社（Routledge Publisher）、牛津大学出版社（Oxford University Press）等外国著名出版社，优质的外文书籍在研究方法的运用、研究框架的建构以及研究结论的论证方面都更为严谨、合理和清晰，这对读者的论文写作和思维能力的培养都大有益处。最后，创新性是学术论文的最大亮点，由于中西方思维方式的不同，加之作者身处的社会环境、人生阅历和知识储备的差异性，阅读外文书籍往往能为我们提供新颖、有趣又实用的观点，读者在此基础上进一步转换思维方式和拓宽研究视野进行创新性研究更为容易。

第二，有助于国际法研究生尽快找到感兴趣的研究领域。许多研究生哪怕是到了开题阶段仍然觉得无题可写，始终找不到唤醒创作欲望的选题，比如想在风谲云诡的国际局势捕捉国际法问题却找不到合适的切入点，想探讨科学技术的日新月异究竟会为传统国际法带来何种挑战却不知什么才是前沿问题，找不到"问题"也自然写不出带有"问题意识"的论文。我们在选取书目时聚焦了国际法的研究前沿问题，囊括了制裁法、反战法、数据保护、人工智能、后疫情时代对世界贸易的影响等多个与国际时事和科技前沿有关的国际法专著，有利于读者在满足自身兴趣的前提下找到国际法学术研究中的"蓝海"。此外，从现实情况来看，单一学科难免会触及深入发展的瓶颈，国际法要解决频出的现实问题也总会面临交叉学科的挑战（如应对全球气候问题、跨境数据的流动和监管等），而国外学者十分注重跨学科领域的交叉研究且成果颇丰，无疑能够帮助研究生发现各学科之间的内在联系从而拓宽研究范围和领域。

第三，有助于提升读者的英语阅读能力和写作能力。国际法相较于其他国内法而言，更加需要研究者有相应的法律英语水平。例如"Consideration"一词，没有任何法律英语知识储备的人往往不知道除"考虑"这一含义外，该词还有合同领域常说的"对价"之义。外文书籍的精读会使得研究者在潜移默化的过程中了解到法学专业词汇的规范英文表达和相近词汇的辨析，学习英文论述文的写作方式和思维进而纠正语法错误和歧义表达，有了一定量的"输入"，外文论文的"输出"则是水到渠成。

本书每篇书籍推介的体例大致由"作者简介""专著内容""本书目录"三个部分组成。设置"作者简介"主要是帮助读者更快速地了解作者的教育背景、研究领域和实务背景等基本信息，通过作者引发读者的兴趣，更有利于读者在阅读过程中结合作者的个人经历理解其学术观点和个人写作特点。在介绍"专著内容"时，我们采用的是"总分式"的介绍，先翻译概括全书的主要内容和写作背景，便于读者快速抓住本书的要点，随后按照专著的目录章节分别翻译介绍每章的探讨重点和主要结论，读者可据此判断本书是否真正与自身感兴趣的选题相关并对内容进行精确定位以节省阅读时间。外文书的推介与翻译密不可分，我们在翻译和概括时也尽可能地尊重和贴合外文原文，这一点在"本书目录"部分对专著标题和各章节标题的翻译就足以体现。

最后，希望每位对外文书籍的选取阅读感到困扰的读者都能因为本书而稍觉轻松，我们也将会借助微信公众号（国际法前沿外文书推介）为大家推介更多与国际法前沿问题相关的外文专著。

编　者

2022 年 8 月

目　　录

《国家气候变化法案：气候立法的产生、形式和国际框架》 …… 王亚春（1）

《国际法中的单边制裁》 ……………………………………… 叶巧华（5）

《合同解释的统一方法》 ……………………………………… 王亚春（9）

《国际私法中司法管辖权再思考》 …………………………… 叶巧华（12）

《欧盟国际私法的案例与材料》 ……………………………… 冯丽芳（15）

《亚洲贸易协定与知识产权的未来》 ………………………… 李通敏（19）

《欧盟法律与国际仲裁——通过对话管理不信任》 ………… 陈　露（25）

《网络间谍和国际法》 ………………………………………… 王亚春（28）

《后疫情时代背景下：世界贸易法的反思、重构与拯救》 ……… 陈　露（31）

《国际强行法概论》 …………………………………………… 冯丽芳（37）

《世界贸易法中产品标准规制》 ……………………………… 叶巧华（40）

《对企业合规的责任、自由以及法律的再定义》 …………… 李通敏（43）

《全球法律选择方法的法典编纂：国际比较分析》 ………… 陈　露（47）

《国际法的成就》 ……………………………………………… 王亚春（51）

《国际法理论》 ………………………………………………… 冯丽芳（56）

《从企业社会责任到企业社会义务》 ………………………… 李通敏（60）

《作为国际法渊源的一般法律原则》 ………………………… 叶巧华（64）

《欧盟反人口贩运政策的外部维度》 ………………………… 王亚春（67）

《超越国界的数据保护》 ……………………………………… 李通敏（70）

《惩罚与私法》 ………………………………………………… 冯丽芳（75）

《作为全球环境保护监管者的欧盟：以合法性视角》 ……… 陈　露（81）

《中国履行 WTO 裁决研究》 ………………………………… 叶巧华（86）

《国际投资条约对东道国的影响：实现善治?》 …………… 王亚春（89）

《内部市场的社会合法性》 …………………………………… 李通敏（92）

《欧洲合同法》 ………………………………………………… 冯丽芳（95）

《美国民事律师法：执业指南》 ……………………………… 陈　露（99）

《国际法下的国家责任、气候变化与人权》 …………… 叶巧华（104）

《国际公法和国际私法交汇视野下的跨境污染责任》 ……… 王亚春（108）

《私法中公司的归因》 …………………………………… 李通敏（111）

《财产与合同：英国法和西班牙法的比较思考》 ……… 冯丽芳（115）

《国际投资法下公司投资者的国籍》 …………………… 陈 露（119）

《欧盟基本权利的架构》 ………………………………… 叶巧华（124）

《治外法权和气候变化管辖权：探索国际法下的欧盟气候保护》

………………………………………………………… 王亚春（128）

《数据保护与隐私：数据保护和人工智能》 …………… 李通敏（132）

《制裁法》 ………………………………………………… 冯丽芳（137）

《药品专利独占权的常青化：补充保护证书、罕见药、儿科延期和

先进疗法药品》 …………………………………… 陈 露（143）

《反战法：当代国际法中的禁止使用武力》 …………… 叶巧华（146）

《欧洲的泛民主：COVID-19 时期的权力、议会和人民》 ……… 王亚春（149）

《打破大规模暴行周期：国际刑法中的犯罪学和社会法学研究方法》

………………………………………………………… 李通敏（155）

《欧盟国际私法中的经济制裁》 ………………………… 冯丽芳（161）

《联合国制裁的国家执行情况：比较研究》 …………… 陈 露（165）

《投资者国际法》 ………………………………………… 叶巧华（169）

《〈联合国残疾人权利公约〉和欧盟：对法律和治理的影响》

………………………………………………………… 王亚春（174）

《数字时代下的人权责任：国家、公司和个人》 ……… 李通敏（177）

《人工智能、数据和私法：将理论转化为实践》 ……… 冯丽芳（183）

《理解国际仲裁》 ………………………………………… 陈 露（189）

《安全与国际法》 ………………………………………… 叶巧华（194）

《监管跨境欺诈：资本市场的国际刑法保护》 ………… 王亚春（200）

《信息科技革命及其对国家、宪政和公法的影响》 …… 李通敏（203）

《跨国法下的欧盟：多元化评价》 ……………………… 冯丽芳（209）

《国际商事与投资争端中的调解制度》 ………………… 陈 露（213）

《武装冲突中的投资和人权》 …………………………… 叶巧华（222）

《私行为主体作为国际法参与者：对海洋法下主体资格的批判性分析》

………………………………………………………… 王亚春（227）

《数字时代的监控与隐私：欧盟、跨大西洋和全球视角》 …… 李通敏（230）

《国际能源投资中的稳定性与合理期待》 …………………… 冯丽芳（235）

《国际法是国际的吗?》 …………………………………… 陈　露（239）

《经济制裁与国际法》 ……………………………………… 叶巧华（243）

《跨国行政行为中的自由裁量权：刑事定罪后的驱逐决定与入境禁令》

……………………………………………………………… 王亚春（247）

《劳动法层面上的数字工作平台：监管市场组织者》 ………… 李通敏（251）

《全球国际私法指南》 …………………… 冯丽芳　叶巧华（255）

《构建与全球法律秩序趋同的框架：欧盟与世界》 …………… 陈　露（268）

《欧盟共同监管框架下互联网服务供应商的版权和商标权的侵权责任》

……………………………………………………………… 王亚春（276）

《数据保护和隐私：在不断变化的世界中行使权利》 ………… 李通敏（280）

《国际法中的纳税人：保护纳税人权利的国际最低标准》 …… 冯丽芳（285）

《国家气候变化法案：气候立法的
产生、形式和国家框架》

王亚春

书名：*National Climate Change Acts: The Emergence, Form and National Framework Climate Legislation*

作者：Thomas L. Muinzer 等

出版：哈特出版社 2020 年版

【作者简介】

Thomas L. Muinzer 是北爱尔兰人，在贝尔斯特女王大学（Queen's University Belfast）获得了法学学位和其他法律执业资格，2020 年，他任职于阿伯丁大学（University of Aberdeen）法学院，担任能源转型法高级讲师。他的学术研究集中在低碳转型上，特别是与气候有关的法律和治理，以及能源部门去碳的问题。他撰写了世界上第一部关于国家气候立法框架的专著——《气候变化法案——英国低碳转型的气候和能源治理：2008 年气候变化法案》；同时，他对宪法、人权保护、能源和环境治理领域都有研究。

【专著内容】

自 2008 年英国颁布世界上第一个国家气候变化法案以来，世界各国相继出台了重要的国家气候变化法案。这本书是由气候领域的著名法律学者与气候治理领域工作者们合作编写的，是关于这一领域新兴制度的首本比较全面的图书，本书可分为四大部分：

第一部分共 2 章。

第 1 章作者首先定义了"气候变化"，阐述了气候变化的定义和语言学问题，讨论了气候变化法案与气候法之间的关系，提出了国际气候法制度。

第 2 章通过探讨《巴黎协定》(*Paris Agreement*) 的作用和影响,加强了关于国家气候立法框架与国际法律和治理领域之间的复杂关系,还特别考虑了欧盟背景下国家气候变化法案所引起的复杂性。

第二部分共 7 章,本部分为典型国家立法研究。

第 3 章对世界上第一个国家气候立法框架——《英国 2008 年气候变化法案》(*UK's Climate Change Act 2008*),进行了深入的总结和分析,介绍了英国的立法框架及为此设立的气候变化委员会。

第 4 章对 2012 年《墨西哥气候变化一般法》(*Mexico's Framework Legislation on Climate Change*) 进行了详细分析,概述了该法案的主要特点:规定了"减排的长期目标、清洁能源目标、设立应对气候变化所需的制度基础设施",但该法案的缺点是没有将具有法律约束力的温室气体减排目标纳入其中。

第 5 章研究了丹麦的气候变化法案及相关治理背景。丹麦是气候变化法案的最早采纳者,也是可再生能源领域的领跑者,其对透明度和开放度很重视,强调报告的过程。同时,它还建立了一个独立的专家咨询机构——气候理事会。

第 6 章概述了《爱尔兰 2015 年气候行动与低碳发展法案》(*Ireland's Climate Action and Low Carbon Development Act 2015*) 的背景和内容,从多个角度质询了该法案的形式和影响。介绍了象征性立法的形式:不打算或不期望具有法律和实质性效力,但具有某些政治战略意图的立法,并用这一概念来阐明爱尔兰气候变化法案的各个方面。

第 7 章审查了自 2018 年 1 月起生效的瑞典气候变化法案,这一制度总体分为三个部分:气候法案、新的中长期气候目标、气候政策委员会。这是瑞典有史以来最全面的气候变化框架。

第 8 章介绍了荷兰"气候法案"的大纲,以及相关的荷兰气候协议;《气候法案》的目标是在 1990 年排放水平的基础上,到 2050 年将温室气体减少 95%;中期目标是在 2030 年在 1990 年的水平上实现减排 49%。

第 9 章展示了新西兰气候变化法案的创建和运作,在 2019 年 11 月 13 日,《气候变化响应(零碳)修正案法案》(*Climate Change Response (Zero Carbon) Amendment Bill*) 获得批准,通过并纳入《2002 年气候变化应对法案》(*Climate Change Response Act 2002*),这将是世界上第一个具有法律约束力的承诺,即生活在全球变暖 1.5℃以内。这一承诺源自《巴黎协定》的要求,即"尽一切努力"将全球变暖控制在工业化前水平的 1.5℃以内。

第三部分仅 1 章。

第 10 章将前几章的观点结合在一起，并从国家气候立法框架的经验中总结出关键的教训和结论，以一种笼统、抽象的方式阐述了气候变化法案的概念化及其相关设计，思考了最佳的国家气候立法框架具有的特征。

【本书目录】

介绍

第 1 章　我们谈论国家"气候变化法案"的意义是什么？它们在国际气候法中有多重要？

第 2 章　"巴黎兼容"的气候变化法案？：国际社会中的国家立法框架

第 3 章　英国的气候变化法案

第 4 章　墨西哥气候变化立法框架：主要特点、成就和未来挑战

第 5 章　丹麦的气候变化法案

第 6 章　2015 年爱尔兰气候行动和低碳发展法案：象征性立法、特洛伊木马、垫脚石？

第 7 章　瑞典气候政策框架，包括《气候法案》

第 8 章　荷兰对气候变化的反应：评估荷兰的气候法案和相关的重要问题

第 9 章　新西兰立法：采用净零方法实现 1.5℃的目标

第 10 章　国家气候变化法案的概念化和制定

Introduction

Chapter 1　What Do We Mean When We Talk about National "Climate Change Acts" and How Important are They in the Context of International Climate Law?

Chapter 2　Paris Compatible' Climate Change Acts?： National Framework Legislation in an International World

Chapter 3　The UK's Climate Change Act

Chapter 4　Mexico's Framework Legislation on Climate Change： Key Features, Achievements and Challenges Ahead

Chapter 5　Denmark's Climate Change Act(s)

Chapter 6　Ireland's Climate Action and Low Carbon Development Act 2015： Symbolic Legislation, Trojan Horse, Stepping Stone?

Chapter 7　The Swedish Climate Policy Framework Including the Climate Act

Chapter 8　The Dutch Response to Climate Change： Evaluating the Netherlands'

Climate Act and Associated Issues of Importance

Chapter 9　The New Zealand Legislation: Pursuing the 1.5℃ Target Using a Net Zero Approach

Chapter 10　Conceptualising and Formulating National Climate Change Acts

《国际法中的单边制裁》

叶巧华

书名： *Unilateral Sanctions in International Law*

作者： Surya P. Subedi 等

出版： 哈特出版社 2021 年版

【作者简介】

Surya P. Subedi 任教于英国利兹大学（University of Leeds），是国际法研究院（Insitut de Droit International）的正式院士，亚洲国际法学会发起人之一。他具有英格兰和威尔士的出庭律师身份，同时还是国际投资争端解决中心的仲裁员、联合国柬埔寨人权问题前特别报告员、WTO 争端解决机构的专家组成员，在国际投资争端解决实践方面有着丰富的经验。

【专著内容】

本书中，国际法学者们探讨了国际法中单边制裁的不同方面。本书中每个章节的研究都基于对相关文献、国际法律文书以及国际法院的判决以及包括联合国大会和人权理事会在内的国际组织的决议的分析，审视了单边制裁对国际法其他领域的影响，目的是从对国家实践和条约法的分析中得出有益的结论，说明单边制裁在国际法中的现状，以及国际法不同领域相关的规则对这些制裁的限制。这些章节合在一起，涵盖了单边制裁对国际公法若干领域的广泛影响。本书一共分为 13 章：

第 1 章审查了当代各国国家实践以及关于单边制裁的软法和硬法的规定，以期推导出规范单边制裁的国际法规则，这一章节为整本书奠定了理论基础。

第 2 章概述了适用于制裁的概念和法律框架，审议了对国家和非国家行为者实施的制裁，并探讨了定向制裁是否对违反国际法行为的一种应对形式，是否单个国家可以自主或单边合法采取的形式。

第3章研究了实施制裁的国家如何垄断一个关键市场，或者在其他方面，如何在全球经济中发挥独特的作用，以及单边制裁如何有效地发挥作用。此外还分析了域外制裁和次级制裁，将制裁制度的范围扩大到制裁者本国国民以外的后果。

第4章讨论当一国或一些国家对另一国实施单边制裁时，国际法（特别是1944年《芝加哥公约》和相关条约）对航空自由的影响，以及受这种制裁的国家可以利用的补救办法。

第5章探讨了单边制裁对区域经济一体化条约的影响，特别是《海湾合作委员会宪章》（*Charter of the Gulf Cooperation Council*）和其他关于海湾国家间经济合作的条约；分析了当一个成员国或一些成员国决定对另一成员国实施单边制裁时，这些条约规定的义务会发生什么变化？此类制裁对此类区域经济和政治合作组织的完整性有什么影响？

第6章试图通过分析单边制裁对外国投资者和更广泛的外国投资制度的影响来填补文献中的空白，并考虑目标国是否有资格针对外国投资者提起的任何诉讼援引任何抗辩（如必要性）。

第7章探讨了世贸组织管辖的国际贸易法背景下使用单边制裁，着眼于世贸组织有关单边制裁及其成员国使用制裁的法律演变，重点是争端小组和上诉机构的解释，包括最近涉及卡塔尔和俄罗斯的案件。

第8章评估了根据万国邮政联盟（Universal Postal Union，UPU）的规则下单边制裁对目标国个人通信权的影响。本章的目的是考虑制裁与万国邮联保障邮政通信和国家责任的规则之间的相互作用。更具体地说，它考虑了影响万国邮联制度下通信权的制裁是否合理。

第9章探讨了单边制裁对国际人道主义法（International Humanitarian Law，IHL）和人权制度（International Human Rights）的影响。本章通过对特定制裁制度的案例研究，探讨了国际人道主义法原则对单边制裁制度的适用性并对特定制裁制度进行了案例研究。

第10章研究了因实施单边制裁和某些海事行动而产生的一些海洋法问题，例如封锁和阻截对过往船只实施此类制裁。它审查了国家对与目标国进行贸易的船只实施单边制裁可能暂停甚至暂停无害通过权和可能的过境通过权的情况，并阐明了海洋法的概念。

第11章审查了单边制裁对环境的影响，重点是制裁对受制裁国家环境的影响，以及单边制裁干扰环境条约和公约所产生的国际义务的方式；讨论了在环境灾难的背景下单边制裁的合法性以及这些制裁在受制裁国和制裁国造成的相关问题。

  第 12 章探讨了利用网络手段在国际法中实施单边强制性措施的问题；分析在实施单边制裁中使用网络战所产生的法律问题，它将网络战作为针对目标国家的单边制裁的一部分，并参照一些有技术能力的国家制定和采用的网络制裁制度，评估网络制裁制度的合法性。

  第 13 章借鉴了本研究中关于单边制裁在国际法中的地位的主要研究成果，概述了适用于单边制裁的习惯国际法的常用规则和现行规则。

【本书目录】

介绍

第 1 章　单边制裁在国际法中的地位

第 2 章　灰色阴影：国际法律秩序中的自主制裁

第 3 章　单边制裁：以低廉的价格制造混乱

第 4 章　单边制裁对航空自由的影响

第 5 章　单边制裁对区域一体化条约的影响——特别是对海湾合作委员会

第 6 章　单边制裁对外国投资者和外国投资制度的影响

第 7 章　世界贸易组织与单边制裁：禁止或可能？

第 8 章　单边制裁、万国邮政联盟和国家责任

第 9 章　单边胁迫措施：实现国际人道主义法和国际人权

第 10 章　海事法：单边制裁对航海和海运贸易法律和实践的影响

第 11 章　单边制裁与国际环境义务能否共存？

第 12 章　利用网络手段执行国际法中的单边强制措施

第 13 章　结论：关于单边制裁的现行法律、对非法使用此类制裁的补救措施和建议

Introduction

Chapter 1　The Status of Unilateral Sanctions in International Law

Chapter 2　Shades of Grey：Autonomous Sanctions in the International Legal Order

Chapter 3　Unilateral Sanctions：Creating Chaos at Bargain Rates

Chapter 4　The Implications of Unilateral Sanctions for the Freedom of Aviation

Chapter 5　The Impact of Unilateral Sanctions on Regional Integration Treaties with Special Reference to the Gulf Cooperation Council

Chapter 6　The Effect of Unilateral Sanctions on Foreign Investors and the Foreign Investment Regime

Chapter 7　The World Trade Organisation and Unilateral Sanctions: Prohibited or Possible?

Chapter 8　Unilateral Sanctions, Universal Postal Union and State Responsibility

Chapter 9　Unilateral Coercive Measures: Towards International Humanitarian Law and International Human Rights

Chapter 10　Maritime Lawfare: The Impact of Unilateral Sanctions on Law and Practice on Navigation and Seaborne Trade

Chapter 11　Can Unilateral Sanctions and International Environmental Obligations of States Coexist?

Chapter 12　Use of Cyber Means to Enforce Unilateral Coercive Measures in International Law

Chapter 13　Conclusions: The Current Law on Unilateral Sanctions, Remedies against Unlawful Use of such Sanctions and Recommendations

《合同解释的统一方法》

王亚春

书名：*A Unified Approach to Contract Interpretation*
作者：Ryan Catterwell
出版：哈特出版社 2020 年版

【作者简介】

Ryan Catterwell 任教于澳大利亚的昆士兰大学（The University of Queensland），主要研究领域包括私法、商法、契约理论、法律解释、逻辑与法律等。在加入学术界之前，他在诉讼、咨询和交易领域从业多年，目前仍在一家全球领先的律师事务所担任顾问。在研究和教学中，他充分利用了其商业和实践经验。

【专著内容】

本书提出了一种统一的合同解释方法，它认为解释是一个四阶段的过程，通过这个过程，可以推断出合同用词的客观意图，本书的目的是解释实践中合同所涉及的内容。

本书一共有 8 章，第 1 章是导言，第 8 章是结语，其他 6 章是本书的主体部分，这 6 章分为两个部分。

第一部分共 3 章，是对解释理论的介绍，它证明了所提出的方法作为一个理论问题是有意义的。

第 2 章总结了司法解释和学术解释的不同观点，并说明所提出的方法是这些理论的一个混合体。本章阐述了合同解释不是"硬性"原则，不是由演绎规则组成的学说，并没有明确的结果。相反，解释是一种司法技术或具有"程序"的性质。由此，推断出解释的两种概念，一个是通过其最终目标来描述的，另一个是根据其潜在的方法或思维过程来解释的。

第 3 章概述了解释的特征，即必须考虑的材料、解决的文本问题，以及指导过程的分散原则。书中对这些特征进行了详细的阐述，并表明，所提出的解释方法符合这些关键特征。

第 4 章对解释的本质特征进行了分析，明确了解释的目的和方法。解释的目的是从合同用语的选择中推断出合同的客观意图，法庭通过以下四个阶段达到相关意图：界定问题、形成潜在的答案、确定支持每种解释的论据、选择正确的解释。

第二部分共 3 章，通过实证调查，介绍合同解释的实践。

第 5 章概述了对合同解释的认识，描述了每个阶段需要的内容。基于实证研究，对英国和澳大利亚案例中的推理证据进行了详细分析，重点对法官参与解释过程进行了研究。

第 6 章阐述了解释性争议的解决方法。本章对解释中的平衡问题提出了原则性的探讨，通常需要对文本、语言、目的和结果主义因素进行彻底的分析。

第 7 章论证了解释和相关技术的区别。说明了每一种技术背后的认知过程是如何不同的，通过实证分析将解释与相关技术区分开来，即对应用每种技术的主要案例的推理证据进行分析。在一定程度上，它还解释了对合同法的认识，特别是合同原则和潜在技术之间的关系。

第 8 章是结语部分，首先重申了本书的目的是"弥合法律理论和法律实践之间的差距，以便在实践中有所区别"；随后，指出解释的方法并不完善，有些情况甚至难以解释，说明了解释过程中的一些不足之处，以及学者之间讨论激烈的问题。最后，说明了这本书对其他一些领域的贡献，以及未来的研究方向。

【本书目录】

第 1 章　导言

第 2 章　合同解释的理论

第 3 章　合同解释的主要特征

第 4 章　合同解释的统一理论

第 5 章　合同解释的认知：一个四阶段的过程

第 6 章　合同解释的实践：解释性争议的解决

第 7 章　解释在合同法中的作用

第 8 章　结语

Chapter 1   Introduction

Chapter 2   Theories of Contract Interpretation

Chapter 3   The Key Features of Contract Interpretation

Chapter 4   A Unified Theory of Contract Interpretation

Chapter 5   The Cognition of Contract Interpretation: A Four-Stage Process

Chapter 6   The Practice of Contract Interpretation: The Resolution of Interpretive Disputes

Chapter 7   The Role of Interpretation in Contract Law

Chapter 8   Conclusion

《国际私法中司法管辖权再思考》

叶巧华

书名：*Rethinking Judicial Jurisdiction in Private International Law*

作者：Milana Karayanidi

出版：哈特出版社 2020 年版

【作者简介】

Milana Karayanidi，都柏林圣三一大学（Trinity College Dublin）博士，哈佛法学院硕士，是纽约的一名律师，也是华盛顿特区奥里克、赫灵顿和萨特克利夫有限责任公司（Orrick，Herrington & Sutcliffe LLP）的特别法律顾问。

【专著内容】

本书挑战了传统的司法管辖方法，认为将国家主权作为管辖权的基础没有考虑到私人当事方的个人利益，而私人利益在自由化的世界经济中崛起，而传统的司法管辖方法缺乏对作为国际法自主行为者的个人和法律实体的人格化，因此作者提出了一种新颖的方法来分析国际私法中的管辖权规则，即应以当事人意思自治为基本要素。本书由前言和三部分组成。

第 1 章作为引言部分，作者总结了主要观点，认为民商事管辖权应该建立在不同于现存的价值观体系之上，提出了一种受绝对平等原则和主权原则限制的当事人意思自治的方法，并列举出这些原则之间的相互关系。同时介绍了现有欧盟和俄罗斯管辖制度的一般特征。

第 2 章对国际私法中多元要素整合成一个理想的平衡列出了一个框架及其相互关联。

第一部分共 2 章，深入探讨了理想的管辖权制度——当事人意思自治中一般规则的细节。

第 3 章定义了当事人意思自治，根据考察多个国家的传统背景下自治的哲学价值，对照国际私法中其他要素为其做辩护，并说明为什么它适用于国际私法和管辖权问题。

第4章中作者对其论点进行检验，并审查了欧盟和俄罗斯现有的管辖权规则是否符合作者的观点。在整个分析过程中，描述了如何改进现有的管辖权规则，以更好地反映各方当事人的意愿，指出了现有规则与作者观点之间的不一致。

第二部分共2章，重新审视和评估判例法，解释为什么当事人意思自治是有局限性的。

第5章思考自治在不平等的世界里意味着什么，作者强调，平等应该作为一个平衡因素，为作为管辖权基础的当事人意思自治提供某些例外，因此为了确保平等地充分落实双方的意愿，有必要限制私人当事人选择法院的权力。

第6章由两个主要部分组成。一是侵权诉讼没有法院的优先选择权，二是讨论了没有任何管辖权条款的合同引起的争议。作者通过自己确定的规范模式来确定欧盟和俄罗斯管辖权规则的相似和差异之处，并对现有规则提出改进建议。

第三部分共3章，继续提出反对主权的论点，提议重新考虑传统立场，并进行总结。

第7章质疑传统管辖权规则的可行性，作者认为现在是放弃用主权作为确定法院管辖权之时，并且，它应该在所有的价值中占据一定的位置，当事人意思自治应该优先考虑。

第8章论证了主权在管辖权规则中的修订方法以及如何作用于实践，并且对欧盟和俄罗斯管辖权规则的完善提出了建议。

第9章将所有论点汇集在一起，总结了作者的发现，并对现有管辖权规则提出改进建议。

【本书目录】

前言
第1章 导言
第2章 管辖权中的价值平衡
第一部分 国际私法中的自治
第3章 自治作为管辖权的基本价值
第4章 管辖权中的自治：和谐与争议
第二部分 各方平等

第 5 章　管辖权中的绝对平等

第 6 章　无法院地选择下的侵权与合同管辖权：平衡行使

第三部分　主权和当事人意思自治

第 7 章　民商事管辖权中的主权与当事人意思自治

第 8 章　管辖权中的主权和领土

第 9 章　总体结论和建议

Front Matter

Chapter 1　Introduction

Chapter 2　Reconciliation of Values in Jurisdiction

Part Ⅰ　Party Autonomy in Private International Law on Jurisdiction

Chapter 3　Autonomy as a Foundational Value for Jurisdiction

Chapter 4　Autonomy in the Law on Jurisdiction：Harmony and Controversy

Part Ⅱ　Party Equality

Chapter 5　Categorical Equality in the Law on Jurisdiction

Chapter 6　Jurisdiction in Tort and Contract in the Absence of Choice of Forum：Balance Exercise

Part Ⅲ　Sovereignty and Party Autonomy

Chapter 7　Sovereignty and Party Autonomy in Civil and Commercial Jurisdiction

Chapter 8　Sovereignty and Territoriality in the Law on Jurisdiction

Chapter 9　Overall Conclusions and Recommendations

《欧盟国际私法的案例与材料》

冯丽芳

书名： *Cases and Materials on EU Private International Law*
作者： Stefania Bariatti
出版： 哈特出版社 2011 年版

【作者简介】

Stefania Bariatti 是米兰大学（University of Milano）法学院国际私法教授，主讲欧盟国际私法和国际破产法。她还是意大利凯明迪律师事务所（Chiomenti Studio Legale）的法律顾问，拥有米兰律师协会（Milan Bar）和布鲁塞尔律师协会（Brussels Bar）的成员资格。此外，她还担任国际统一私法协会（International Institute for the Unification of Private Law，UNIDROIT）理事会成员，同时是世界商业法学会（Institute of World Business Law）、国际破产协会（International Insolvency Institute，INSOL）、国际破产协会欧洲分会（INSOL Europe）、国际比较法学院（International Academy of Comparative Law）、国际法协会（International Law Association）、国际律师协会（International Bar Association）的成员。

【专著内容】

该书旨在为各大学的国际私法和欧盟法课程提供支持，并为在日常法律实践中面临法律冲突问题的实务工作者提供指导。

本书开篇在序言部分谈到欧盟成员国之间在司法和内政事务方面的合作于1991 年《欧盟马斯特里赫特条约》（*Treaty on European Union*）中正式确立，该条约于 1993 年 11 月生效。在此背景下，许多被认为与实现人员自由流动相关的共同利益事项——例如庇护政策、跨越外部边界和相关控制、移民政策，以及更普遍地针对第三国公民的政策，持续打击第三国国民未经授权的移民、居留和工作，打击毒瘾，打击国际范围内的欺诈行为，民事司法合作，刑事事项司法合作、海关合作、警察合作以防止和打击恐怖主义、非法贩毒和其他严重形式的国际犯罪——都实现了在政府间层面的合作与管控。该书对欧洲法院（European Court of Justice，ECJ）的大量判决与诸多裁决进行了总结和摘录，并将其按照所涉条款进行整合，这些案例材料囊括了合同和非合同义务的准据法、破产、公司、物权、证券和知识产权、社会保障、人身权、法律地位和家庭关系、继承以及民事司法协助等内容，并且涉及可能影响欧洲国际私法规则适用的其他措施，包括与之相关的法规、指令以及成员国所加入的相关国际公约。本书一共分为 13 章。

第 1 章阐述了欧盟各国在民事司法协助时应遵循的一般规定，倡导欧盟应当尊重人的尊严、自由、民主、平等、法治和尊重人权，包括属于少数群体的人的权利，构建一个多元化、不歧视、容忍、正义、团结和男女平等盛行的社会。

第 2 章点明了《欧洲联盟基本权利宪章》（*Charter of Fundamental Rights of the European Union*）中规定的权利、自由和原则具有与《欧盟马斯特里赫特条约》相同的法律价值，但其应按照《联合国宪章》（*Charter of the United Nations*）第 7 章中关于其解释和适用的一般规定来解释，并且欧盟即将加入的《欧洲保护人权与基本自由公约》（*European Convention on Human Rights*，ECHR）不应影响该条约所规定的欧盟权限。

第 3 章依据《欧盟马斯特里赫特条约》第 9 条、第 20 条对欧盟公民身份、成员国公民身份以及双重国籍问题作出区分和解答。

第 4 章指出了欧盟为自己确定的目标是维护和发展一个自由、安全和正义的领域，确保人员的自由流动。为了逐步建立这样一个领域，顺应内部市场健全运作的需要，欧盟应采取与民事事项司法合作有关的措施，统一民商事管辖权冲突规则，简化手续，以便迅速、简单地承认和执行成员国的判决。

第 5 章认为基于企业的活动具有越来越多的跨国影响，因此其也愈发地受到欧盟法律的管制。因此，有必要制定一项协调对破产债务人资产清算的统一措施，以极力避免当事人"挑选法院"。

第 6 章将 1999 年 10 月 15 日和 16 日在坦佩雷举行的欧洲理事会会议赞同相互承认司法当局的判决和其他决定的原则视为民事司法合作的基石，并请欧洲理事会和委员会通过一项执行这项原则的措施方案，由此为合同义务的准据法的统一适用提供了合理解释。

第 7 章表明欧盟在合同义务法律适用方面采取措施以促进市场正常运行

时，也要注重在非合同义务的准据法适用上关于管辖权规则的兼容性。

第 8 章首先列出了在该条约背景下"文物"一词所包含的所有物品名称，并强调在欧盟关税领土以外出口文物必须出示出口许可证，并且由欧盟委员会及时向各成员国公布有权颁发文物出口许可证的主管机关。

第 9 章明确了不具有欧盟成员国国籍的公司和商会，只要其活动表明其与成员国或海外国家、地区的经济存在实际且持续的联系，在不违反该条约的任何决定的情况下，这类公司和商会有权从取消对设立自由的限制中受益。

第 10 章提议由于各成员国立法在人权保障方面存在重大差异，应当制定一项原则，适用于成员国的国民、居住在某一成员国领土上的无国籍人和难民，及其家庭成员和遗属。

第 11 章认为鉴于该条约所规定的欧洲共同体的目标包含在欧洲各国人民之间建立一个更加密切的联盟，通过共同行动确保经济和社会进步，消除使欧洲分裂的障碍，鼓励不断改善欧洲各国人民的生活条件，维护和加强和平与自由，并在成员国宪法和法律以及《欧洲保护人权和基本自由公约》确认的基本权利的基础上促进民主，因此，无论各成员国国民居住地在哪里，都必须尊重其基本权利和自由，特别是隐私权，并着力促进经济和社会进步、贸易拓展和个人福祉。

第 12 章主张该公约的规定应适用于所有因死亡而发生继承的相关问题，既包括遗嘱继承，也包括法定继承。

第 13 章指出为了顺应欧洲内部市场的正常运作的需要，欧盟委员会早在 1997 年 5 月 26 日拟订了一项关于在欧洲联盟成员国提供民事或商事司法和非司法文书送达便利的公约，并建议各成员国根据各自的宪法规则对该公约予以通过，以此来改进和加快民事或商业事项领域的司法和非司法文书的送达，但遗憾的是，该公约尚未生效。

【本书目录】

欧盟国际私法的发展：文本、原则和规则

第 1 章　民事司法协助的一般规定

第 2 章　基本权利、公共政策和超越强制条款

第 3 章　欧盟公民身份、成员国公民身份和双重国籍

第 4 章　民商事案件中的管辖权以及判决的承认和执行

第 5 章　破产程序

第 6 章　合同义务的准据法

第 7 章　非合同义务的准据法

第 8 章　物权、证券和知识产权的准据法

第 9 章　公司

第 10 章　社会保障的准据法

第 11 章　人身权、法律地位和家庭关系

第 12 章　继承

第 13 章　民事司法协助

The Development of EU Private International Law： Instruments， Principles， Rules

Chapter 1　General Provisions on Judicial Cooperation in Civil Matters

Chapter 2　Fundamental Rights， Public Policy and Overriding Mandatory Provisions

Chapter 3　Citizenship of the Union， Citizenship of the Member States and Dual Nationality

Chapter 4　Jurisdiction， Recognition and Enforcement of Judgments in Civil and Commercial Matters

Chapter 5　Insolvency Proceedings

Chapter 6　Law Applicable to Contractual Obligations

Chapter 7　Law Applicable to Non-Contractual Obligations

Chapter 8　Law Applicable to Rights in Rem， Securities and IP Rights

Chapter 9　Companies

Chapter 10　Law Applicable to Social Security

Chapter 11　Personality Rights， Status and Family Relations

Chapter 12　Successions

Chapter 13　Judicial Assistance in Civil Matters

《亚洲贸易协定与知识产权的未来》

李通敏

书名：*The Future of Asian Trade Deals and IP*

作者：Kung-Chung Liu、Julien Chaisse、Liyu Han 等

出版：哈特出版社 2019 年版

【作者简介】

Kung-Chung Liu 是新加坡管理大学法学院教授，亚洲知识产权与法律应用研究中心（Applied Research Centre for Intellectual Assets and the Law in Asia, ARCIALA）的创始人。他同时也是中国人民大学的教授，研究领域涉及知识产权法和竞争法。

Julien Chaisse 是香港城市大学法学院教授、经验丰富的仲裁员，也是国际组织、政府、跨国律师事务所和私人投资者的顾问。他还是一位屡获殊荣的国际法学者，研究领域包括经济全球化的调控和发展。

Liyu Han 是中国人民大学法学院的教授，也是中国法学会世界贸易组织法研究会的副会长。

除此之外还有 Christoph Antons、Tomoko Ishikawa、Han-Wei Liu、Yaojin Peng 等学者和专家在本书中贡献了自己的观点和研究成果。

【专著内容】

本书以 2017 年 12 月新加坡管理大学（Singapore Management University, SMU）法学院亚洲知识产权与法律应用研究中心组织的"亚洲贸易协定与知识产权的未来"会议内容为背景，汇集了来自贸易法和知识产权法约 20 位具有深厚研究背景的亚洲学者和专家。本书则是会议的成果。

书中，国际法学学者和专家们通过重新审视两个重要的贸易协定，即《全面与进步跨太平洋伙伴关系协定》（*Comprehensive and Progressive Agreement for Trans-Pacific Partnership*，CPTPP）和《区域全面经济伙伴关系协定》（*Regional Comprehensive Economic Partnership*，RCEP）以及其中有关知识产权的章节，力图分析亚洲经济体应当如何阐明 CPTPP，以纠正 RCEP 知识产权章节的相关内容。编者将本书分成了三大部分，涵盖了从《跨太平洋战略经济伙伴协定》（*Trans-Pacific Partnership Agreement*，TPP）到 CPTPP 再到 RCEP，投资者与国家仲裁以及知识产权问题，改进国家和地区的知识产权条款并重新定义部分知识产权规范。本书分为 3 个部分，一共 13 章。

在第 1 章中，作者总结了传统的贸易法对知识产权方面规定的不足，分析了与国际贸易协定和投资协定有关知识产权部分的争议和发展趋势，并且确定了全书的视角——亚洲视角分析 RCEP，也奠定了全书的基础。

第一部分共 4 章，确定了贸易谈判的基本原则之一，即选择合适的代表进行谈判。通过关注中国贸易和知识产权战略，研究亚洲（中国、印度和美国）贸易协议和知识产权规则的主要参与者，以及中国不断发展更新的知识产权计划，阐明了亚洲经济体应该如何重新设置知识产权规则。

在第 2 章中，作者通过对比其他贸易协定所采用的利益相关者模式，分析了由此产生的后果以及这些后果对知识产权的影响。其次，作者审查了《反假冒贸易协定》（*Anti-Counterfeiting Trade Agreement*，ACTA）、《跨大西洋贸易和投资伙伴关系协定》和《区域全面经济伙伴关系协定》的内容，并从中吸取了贸易协定谈判中的经验，提出了新的利益相关方参与模式并解释了其必要性。

在第 3 章中，作者分别分析了中国、美国和印度的经济实力、制度、国家意识形态和在国际社会中的地位，梳理了中美贸易之间复杂的贸易关系并为印度如何融入中美贸易冲突提供了相关的建议。并且，作者通过阐明贸易中权力博弈的方式，超越当前贸易形势预测了未来国际贸易的发展趋势。

在第 4 章中，作者回顾了过去几十年中国知识产权制度的发展轨迹，预测了对未来亚洲贸易谈判格局可能产生的影响，包括中国在加入世贸组织前后不同时代知识产权制度的演变；其次，通过审查自由贸易协定中知识产权条款，给出了中国以后的谈判策略；最后，总结中国最近的做法，推测中国未来在亚洲和全球知识产权规范方面可能发挥的作用。

在第 5 章中，作者通过介绍 RCEP 谈判的过程、RCEP 知识产权章节草案中不同类型的知识产权条款，指出了应当重点关注的知识产权法的四个主要分支、知识产权领域的执法和促进相关方面发展的措施。同时，概述每个亚洲知识产权规范的制定者在 CPTPP 谈判中起到的作用，包括东南亚国家联盟、中国、印度和日本。

第二部分共 2 章,由于《国际投资协定》(*International Investment Agreements*,IIAs)和投资者与国家争端解决机制(Investor-State Dispute Settlement,ISDS)与知识产权的保护密切相关,国际上几起投资仲裁案件也引发了学者对 ISDS 制度的担忧。第二部分研究了 IIA 下双边投资条约中的 ISDS 机制,对其应用提出建议。

在第 6 章中,作者研究了涉及知识产权纠纷时如何处理国家公共利益的问题,并认为其中存在着两个急需解决的困境:一是国际投资协定缩小了东道国监管权力的范围;二是外国投资对东道国公共利益产生的负面影响。对第一个困境,作者提出移植《关税及贸易总协定》(*General Agreement on Tariffs and Trade*,GATT)中相关条款的方式,虽然在一定程度上会降低监管的灵活性。第二个困境的解决需要进一步研究,但作者强调明确外国投资中公司的责任标准是首要任务。

在第 7 章中,作者讨论了国际投资法中征收的概念。其次,通过是否发行药品专利强制许可(Compulsory Patent License,CPL),探究了印度、中国、泰国、马来西亚关于《双边贸易投资协定》(*Bilateral Investment Treaties*,BITs)和《自由贸易协定》(*Free Trade Agreement*,FTA)投资章节中关于征收的具体规定。这种专利许可是政府在未经过专利持有人同意的情况下向第三方授予使用专利的许可,理由包括:药品价格过高、专利无效等理由。最后,作者指出了 BIT 免除征收范围外授予的 CPL 是否能够被征收的问题中 ISDS 拥有的仲裁自由裁量权。

第三部分共 6 章,对一些国家和地区知识产权条款进行了分析,分别探讨了授权前异议、实验使用例外条款、专利期限延长和专利链接(Patent Linkage,PL)的缓解,讨论了植物材料中的知识产权条款、版权侵权和假冒商标中预先确定损害赔偿的问题以及版权限制的问题。以上述内容为基础,重新定义一些隐藏性的国际知识产权规范并对如何更好地改进和实施这些规范提出了相关的建议。

在第 8 章中,作者从专利法的角度解释了授予专利前异议的概念和实验使用例外的条款,结合 CPTPP 谈判期间被泄露的相关文本分析了美国如何通过用限缩术语的方式反对这些规定。通过对美国立场的分析,作者还探究了这些条款被纳入 RCEP 但却被排除在 CPTPP 外的原因和影响。

在第 9 章中,作者简要回顾了美国医药产品的专利期限延长制度(Patent Term Extension,PTE)的起源,论述了该制度的基本依据。其次,通过对美国现行的 PTE 制度、欧盟（European Union，EU）补充保护证书制度（Supplementary Protection Certificate，SPC）和日本、韩国以及我国台湾地区 PTE 制度的研究，作者总结了这其中的趋同与分歧，论述了这些不同方式的利弊。最后通过以上论述，为 CPTPP 和 TPP 构建 PTE 系统提供了一些建议并为中国专利法纳入 PTE 制度提供建议。

在第 10 章中，作者研究了美国和 CPTPP 下的 PL 机制（PL 是一种将仿制药的药品审批流程与专利审批挂钩的机制），研究并比较了新加坡、韩国以及我国台湾地区与美国 PL 制度的实施情况的不同，为各国引入和实施这种 PL 制度提供了一些可行建议。

在第 11 章中，作者分析了 RCEP 和 CPTPP 自美国退出后的修订版本，认为这些条款表明在植物材料的知识产权保护方面更侧重于合作和保护的例外，而不是单纯地加强统一管理。其次，作者回顾了植物材料知识产权保护的发展历史，介绍了发展中国家的一些政策选择，并建议拥有重要农业部门的国家加入《国际植物新品种保护公约》（International Union for the Protection of New Varieties of Plants，UPOV）或升级到 UPOV 1991 的标准。

在第 12 章中，作者介绍了美国假冒商标和商标侵权行为额外赔偿制度的由来，研究了中国、韩国、日本和新加坡的相关制度，对于 TPP/CPTPP 中额外赔偿制度的合理性提出了质疑。作者建议 CPTPP 及其成员国应以日本为基准，不再对商标侵权和假冒行为采取"足够赔偿"的方式以"阻止未来的侵权行为"。

在第 13 章中，作者阐述了为公共利益必须对版权设置一些限制，并且为参与国保护知识产权提供了一套全面的最低标准。通过对三步测试内容的解释，作者阐述了对版权限制的重要意义并且提出了版权法也要保护用户权利的新观点。

【本书目录】

第 1 章　简介：知识产权与自由贸易协定之间的交集

第 2 章　选择合适的代表参与贸易谈判：未来多方参与自由贸易协定谈判的新模式

第 3 章　中美印贸易中战略与权力的博弈

第 4 章　中国贸易协定与知识产权的未来

第 5 章　RCEP 谈判和亚洲知识产权规范的制定者

第 6 章　重新调整国际投资协定中的平衡

第 7 章　亚洲 BITS 和 FTA 投资中强制专利许可的颁发和征收：印度、中国、马来西亚和泰国的研究

第 8 章　RCEP 是否会重新定义国际专利法中授权前异议和实验性使用例外的相关规范？

第 9 章　制药行业专利期限的延长问题：亚洲比较视角

第 10 章　减轻专利链接对获取药品的影响：亚洲经验和建议

第 11 章　植物材料中的知识产权与亚洲的自由贸易协定

第 12 章　版权侵权和商标假冒的额外损害赔偿：基于亚洲经验对 CPTPP/RCEP 的建议

第 13 章　公共利益中三步测试和版权限制的自由化使用

Chapter 1　Introduction：The Intersection between Intellectual Property Rights and Free Trade Agreements（Kung-Chung Liu、Julien Chaisse）

Chapter 2　Selecting the Right Representatives to Participate in Trade Negotiations：A New Model of Multi-Stakeholder Involvement for Future Plurilateral Free Trade Agreement Negotiations（Benjamin Tham）

Chapter 3　Trade Strategies and Power Games between China, the US and India（Liyu Han、Jiaxun Sun）

Chapter 4　The Future of China's Trade Pact and Intellectual Property Rights（Han-Wei Liu、Si-Wei Lu）

Chapter 5　The RCEP Negotiations and Asian Intellectual Property Norm Setters（Peter K. Yu）

Chapter 6　Recalibrating the Balance in International Investment Agreements（Tomoko Ishikawa）

Chapter 7　Issuance of Compulsory Patent Licences and Expropriation in Asian BITs and FTA Investment Chapters：A Study of India, China, Malaysia and Thailand（Prabhash Ranjan）

Chapter 8　Will RCEP Redefine Norms Related to Pre-grant Opposition and Experimental Use Exceptions in International Patent Law?（Prashant Reddy Thikkavarapu）

Chapter 9　Patent Term Extension in the Pharmaceutical Sector：An Asian Comparative Perspective（Yaojin Peng）

Chapter 10　Mitigating the Impacts of Patent Linkage on Access to Medicine：

Some Asian Experiences and Suggestions（Su-Hua Lee）

Chapter 11　Intellectual Property in Plant Material and Free Trade Agreements in Asia（Christoph Antons）

Chapter 12　Pre-established Damages for Copyright Infringement and Trademark Counterfeiting：Suggestions for CPTPP/RCEP Based on Some Asian Experiences（Kung-Chung Liu、Haoran Zhang）

Chapter 13　Liberalizing Use of the Three-Step Test and Copyright Limitations in the Public Interest（Haochen Sun）

《欧盟法律与国际仲裁——
通过对话管理不信任》

陈 露

书名：*EU Law and International Arbitration Managing Distrust Through Dialogue*

作者：Konstanze von Papp

出版：哈特出版社 2021 年版

【作者简介】

Konstanze von Papp 是汉堡应用技术大学（Hamburg University of Applied Sciences）的公法和欧盟法教授。她拥有哥伦比亚法学院（Columbia Law School）的法学硕士学位和德国海德堡大学（Heidelberg University）的法学博士学位。她主要研究欧盟法、公法和行政法、公共采购法、商法和公司法、国际法。

【专著内容】

本书探讨了欧盟法律与国际仲裁之间紧张关系的主要原因，同时着眼于商业和投资协议仲裁，为基于不同制度之间沟通的实际解决方案开辟了道路。同时，它为解决核心问题作为合法公共利益与"正义私有化"之间的规范冲突提供了良好的理论基础。本书共有 5 章。

第 1 章介绍了欧盟法律与国际仲裁之间关系紧张的关键原因，欧盟的超国家性质、其法院的强大作用以及欧盟特有的原则，加深了欧盟法与国际仲裁之间的鸿沟。还有一个问题独立于欧盟超国家性质，他们关注的是公法与私法的二分法，其中对仲裁的关注表现为契约自由与国家行为合法性之间的张力。经济权利难以与公共利益相吻合导致的合法性问题。对于涉欧仲裁来说，这只能通过欧盟司法机构与国际仲裁机构的对话来解决。

第 2 章从系统理论上加以解释欧盟法与国际仲裁的区别。在系统理论的方法下，法律体系将是社会系统的其他子系统之一，其特征是合法/非法的基本区别，具体涉及仲裁协议的执行。系统论的重点是区分系统（如欧盟）和环境［如国际商事仲裁（International Commercial Arbitration，ICA）］和投资协议仲裁（Investment Treaty Arbitration，ITA）的关系，ICA 和 ITA 以仲裁协议为基础，区分了契约自由和合法性的需要，尤其是国家行为的需要。后者是 ITA 的核心。涉及国家公权力以及公共利益的案件是不可仲裁的，在实践中，可仲裁性的契约自由受到关注，而不可仲裁性原则的作用较小。在仲裁结束时，当涉及裁决的执行时，公共政策承担了保护特定公共物品的职能。

第 3 章从欧盟法律的角度探讨对国际仲裁的限制。从第 2 章可以看出，理论上，《纽约公约》（New York Convention，NYC）有两种这样的限制：不可仲裁原则和公共政策，适用于不属于国际投资争端解决中心（International Center for Settlement of Investment Disputes，ICSID）管辖的 ICA 和 ITA。在纽约，不可仲裁原则与仲裁的开始（执行仲裁协议）和结束（执行裁决）联系在一起；公共政策只对后者有效，现在将根据欧盟法律审查 ICA 的限制。第二步是分析将转向欧盟对 ITA 的法律挑战，区分 ICSID 和非 ICSID 仲裁。对于前者，将重点放在《布鲁塞尔规则》（重订）的仲裁例外和欧盟公共政策的作用。关于后者，欧盟法院（Court of Justice of the European Union，CJEU）将投资法庭视为与商业仲裁法庭一样的法庭，即 "私人" 法庭，不能进入先行裁决程序。

第 4 章首先解释合法性的含义以及为什么在跨国背景下难以解决这一问题。欧盟法律和 ITA 的讨论都偏离了对合法性的正式理解。现代的合法性意味着结果的公平性，特别是在平衡经济利益和非经济利益方面。其次，考虑在欧盟层面进行潜在的改革，以减轻其与国际仲裁的相互作用，从而提高社会的接受程度。鉴于欧盟竞争力的提高，CJEU 需要发展欧盟公共政策，公共政策透明化是实现社会合法性的必要条件。欧盟委员会就重新制定《布鲁塞尔条例》以及《跨大西洋贸易与投资伙伴关系协定》进行的公开磋商，是朝着正确方向迈出的一步。

第 5 章对全文进行总结。欧盟与国际仲裁之间的接触将在理论和实践层面上发挥作用。从理论上讲，不同的社会系统（以及法律体系的不同子系统）仍然是相互联系的。实际上，在国家法院的参与下，利用现有的结构在决策者之间进行更有成效的对话，将增强国际仲裁的合法性。由于欧盟自身存在合法性问题，最好的选择是支持这种对话。相反，欧盟一直在国际诉讼和仲裁之间、成员国法院和仲裁法庭之间、成员国协议中的投资者——国家争端解决机制（Investor-State Dispute Settlement，ISDS）和它自己的欧盟贸易及投资协定之间划清界线，这些界线是合理的，但它们不能解决国际法和欧盟法律义务之间的冲突。对于后者来说，仲裁作为一种有效的国际争端解决方法的理想已经失去了吸引力。现在必须确保它至少能够履行另一个主要承诺：包括在欧盟这是一个可执行的裁决。这可以通过利用欧盟法院和欧盟成员国法院的司法协助来实现。

同时，欧盟应该重新考虑其对 ICA 明显的中立态度，ICA 更应该被理解为一种受监管的支持仲裁的方式。关于 ITA，欧盟应该在内部和外部采取更一致的方法。欧盟相关案件的可仲裁性限制可以通过类比 ICA 案件（即在仲裁程序中接受成员国法院作为必要的监管方）来完善。未来，最好考虑将国际仲裁法庭包括在欧盟的初步裁决机制中，至少在 ICSID 仲裁中。欧盟法院正在进行的对话可以很好地建立对国际仲裁的信任，这种信任将有利于欧盟法律、ICA、ITA 以及最终普遍的国际法。

本书将理论和规范立场与对解决热门问题的实务方法相结合，为学术界和从业者、私人和公共、商业和投资协定律师等提供了宝贵的见解。

【本书目录】

第 1 章　介绍
第 2 章　欧盟法律和国际仲裁的性质
第 3 章　欧盟法律体系之外的协议
第 4 章　在欧盟法和国际仲裁的法律后果中建立信任
第 5 章　结论和关键性的论点

Chapter 1　Introduction
Chapter 2　The Nature of EU Law and International Arbitration
Chapter 3　Contracting out of the EU's Legal Regime
Chapter 4　Building Trust in Legal Outcomes of EU Law and International Arbitration
Chapter 5　Summary and Key Theses

《网络间谍和国际法》

王亚春

书名：*Cyber Espionage and International Law*
作者：Russell Buchan
出版：哈特出版社 2019 年版

【作者简介】

Russell Buchan 是谢菲尔德大学法学院（The University of Sheffield School of Law）国际法高级讲师。其研究领域主要集中在国际公法方面，包括国际和平与安全、国际法学理论、冲突后重建、网络安全等。

【专著内容】

继陆地、海洋、天空和外太空之后，网络空间逐渐成为人类活动的"最重要领域"，但在其发展的过程中，网络空间也产生了一系列威胁和漏洞，可能会威胁到国际和平与安全。间谍活动指的是实行者在另一个行为人的控制下，未经双方同意而收集的机密信息。国家是从事间谍活动最多的犯罪者，他们从事两种类型的间谍活动：政治间谍活动和经济间谍活动。目前，国家间没有制定条约法或习惯国际法来直接规范和平时期的间谍活动，他们对这种做法的规范表现出一定程度的"模糊性态度"。本书的目的是确定政治和经济网络间谍活动所涉及的国际法律规则，并评估这些规则在多大程度上规范了这种行为。本书共分为 8 章。

第 1 章通过网络间谍的定义来界定其范围、各种特征，以便对网络间谍的活动类型、行为类型进行更全面的理解。

第 2 章探讨政治和经济网络间谍活动对国际关系的影响。政治和经济间谍活动破坏了国际社会内部进行密切和有效合作的可能性，对国际和平与安全产生了威胁。因此，国际社会必须拥有明确禁止政治和经济网络间谍活动的国际法律规则。

第 3 章分析了领土主权原则、不干涉原则和不使用武力原则在网络间谍活动中的适用。领土主权规则为打击政治和经济网络间谍活动提供了重要而有力的法律保护；网络间谍活动不太可能违反不干涉原则，因为这种间谍行为缺乏必要的强制因素。同样，禁止使用武力不适用于网络间谍活动，因为该活动不会在受害国领土内产生物理损害。

第 4 章探讨外交和领事法律在规范政治网络间谍活动中的作用，外交和领事法禁止派遣国的外交使团和领事机构在接收国境内活动时从事网络间谍活动。

第 5 章评估了国际人权法针对个人网络间谍行为的适用，网络间谍活动最有可能与保护个人信息和通信不受干涉的隐私权［如《公民权利和政治权利国际公约》（*International Covenant on Civil and Political Rights*，ICCPR）第 17 条和《欧洲人权公约》（*European Convention on Human Rights*，ECHR）第 8 条］发生冲突。作者认为，隐私不是一项绝对权利，并探讨了在网络监控的背景下、在何种情况下允许限制隐私。

第 6 章评估了世界贸易组织授权下的贸易协定是否适用于经济网络间谍活动，作者认为，经济网络间谍行为构成了《1967 年巴黎公约》（*Paris Convention 1967*）第 10 条第 2 款所指的不公平竞争行为。

第 7 章驳斥了一个观点：习惯国际法的发展已经开辟了允许间谍活动的例外。作者认为这些类型的习惯法例外不存在的原因是它们没有得到国家实践的支持。

第 8 章考虑了自卫和必要性原则在政治和经济网络间谍行为中的应用。作者认为，只有当国家受到实际或迫在眉睫的武装攻击威胁时，它们才能援引自卫来为网络间谍行为辩护。自卫和必要性受到的严格限制，这导致在实践中，这些防御措施很少为政治和经济网络间谍行为辩护。

总之，尽管国际法具有适用性，但各国应设计和实施一个特殊法律框架，其中应包括直接、具体规范网络间谍活动的国际法律规则。

【本书目录】

引言
第 1 章　界定网络间谍活动
第 2 章　网络间谍活动与国际和平与安全
第 3 章　网络间谍活动与领土主权、不干涉和不使用武力的规则

第 4 章　网络间谍活动与外交领事法

第 5 章　网络间谍活动与国际人权法

第 6 章　经济网络间谍活动与世界贸易组织

第 7 章　网络间谍活动与习惯国际法例外的存在

第 8 章　网络间谍活动与自卫和必要性原则

结论

Introduction

Chapter 1　Defining Cyber Espionage

Chapter 2　Cyber Espionage and International Peace and Security

Chapter 3　Cyber Espionage and the Rules of Territorial Sovereignty, Non-Intervention and the Non-Use of Force

Chapter 4　Cyber Espionage and Diplomatic and Consular Law

Chapter 5　Cyber Espionage and International Human Rights Law

Chapter 6　Economic Cyber Espionage and the World Trade Organization

Chapter 7　Cyber Espionage and the Existence of Customary International Law Exceptions

Chapter 8　Cyber Espionage and the Doctrines of Self-Defence and Necessity

Conclusion

《后疫情时代背景下：
世界贸易法的反思、重构与拯救》

陈　露

书名：*Rethinking, Repackaging and Rescuing World Trade Law in the Post-Pandemic Era*

作者：Amrita Bahri、Weihuan Zhou and Daria Boklan 等

出版：哈特出版社 2021 年版

【作者简介】

Amrita Bahri 是墨西哥自治理工学院（Instituto Tecnológico Autónomo de Méxi，ITAM）的助理教授和 WTO 主席计划（墨西哥）的联合主席教授。她是南亚国际经济法网（South Asian International Economic Law Network，SAIELN）的创始成员。她撰写了专著《WTO 争端解决公私伙伴关系：扶持发展中国家》（Edward Elgar 出版社，2018 年）。她的学术论文发表在众多著名期刊上，包括《国际经济法杂志》《世界贸易评论》《世界贸易杂志》《贸易、法律与发展》《全球贸易与海关杂志》《国际贸易法与政策杂志》。她与国际贸易中心（International Trade Centre，ITC）团队合作，设计了第一个框架来衡量自由贸易协定的性别敏感度。她在 ITC 题为"将性别视角纳入自由贸易协定主流"的政策文件中解释了这一框架。

【专著内容】

本书主要探讨在后疫情时代"反思""重构""拯救"世界贸易法的方法。本书将新冠肺炎疫情作为一个重要背景，对一系列可能改变未来世界贸易法格局的新挑战和系统性问题的日益增长的辩论作出了独创性和关键性的贡献。本书提问：在这前所未有的挑战的时代是否需要重建世界贸易体系以及进

一步退出贸易自由化？

作者对现有贸易机构和规则（包括其最新发展）是否应以及如何处理因疫情引起的贸易方面的问题、可持续发展目标、未来的危机以及其他对多边贸易体制存在的威胁进行了严谨而有见地的分析。本书强调了国际合作的重要性以及重构世界贸易体制的迫切需要。这次疫情为各国政府重建需要此类政治意愿的合作提供了独特的机会。任何人都不应让这场严重的危机所带来的机遇白白浪费。本书分为三个部分，共 15 章。

第一部分共 6 章，是对世界贸易法和疫情的反思。

第 1 章介绍了在世界贸易组织（World Trade Organization，WTO）主持下建立的世界贸易体系正面临前所未有的危机。

第 2 章首先回顾了世界各国政府为应对疫情采取的一系列措施。接着讨论了这些措施对国际贸易的影响及其与 WTO 规则的潜在兼容性。本章展示了现有规则如何在危机时期为贸易的进行和国内采取措施提供便捷。

第 3 章提到在疫情期间人们越来越多关注的更具体的问题，即出口限制和粮食安全。本章在回顾了由疫情引起的各种出口限制及其对粮食安全的影响之后，对采用这些限制的 WTO 现有规则的灵活性进行了批判性分析。它认为，许多这些措施与当前的卫生紧急情况缺乏合理联系。在此基础上，提出了提高出口限制的透明度和更广泛地通知出口限制的建议，作为反思世界贸易体制的重要方面之一。

第 4 章重点讨论了美国、欧盟和中国这三个主要区域中选定的"COVID-19 补贴"及其与 WTO 补贴规则的一致性。基于此讨论，本章呼吁重新引入 1999 年到期的"不可诉补贴"，特别是为"救灾"创建的补贴类别，以提供政府灵活的用补贴来应对自然灾害。

第 5 章将重点从 WTO 规则转移到争端解决机制（Dispute Settlement Mechanism，DSM）。本章对世贸组织对环境和健康相关问题的裁决、相关判例的发展以及世贸组织多年来引起的批评进行了深刻的分析。然后，它反思了 DSM 在应对大流行病和类似情况（如气候变化）时可能存在的缺陷，并建议通过成立专门小组对属于 WTO 环境和健康相关例外的事项进行裁决，对 DSM 进行结构性改革。

第 6 章致力于研究透明度问题，包括审查世贸组织各项协议下的透明度机制，以及对巴西在疫情期间大量执行这些透明度要求的详细案例研究。它强调了协调世贸组织不同委员会的重要性，以保持和提高世贸组织透明度机制的有效性。

第二部分共4章，讨论了重构世界贸易法与贸易的可持续发展。

第7章从广义的概念角度展开讨论，重点是概念化国际公法和私法的作用及其相互作用和对改善全球贸易中可持续发展目标的实现所作的贡献。本章认为，公法和私法的创新性重构是一种在可持续性视角下兼顾环境和贸易利益的方式。

第8章在讨论多边贸易规范与气候变化之间的关系时，解决了与进程生产模式（Process and Production Methods，PPMs）相关的具体问题。本章评估了WTO规则的范围，特别是非歧视规则、一般例外情况和技术壁垒规则，以便其成员履行其在《巴黎协定》下的承诺，特别是可持续发展目标。它认为，《巴黎协定》和世贸组织协定服务于不同的目标，在气候变化政策的分配结果方面是互补的。

第9章提供了关于欧洲绿色协议的详细案例研究，该协议旨在强化欧盟在多项可持续发展目标下的承诺，包括目标7（可持续发展和清洁能源）、目标11（可持续城市和社区）和目标12（负责任的消费和生产）。在仔细审查了绿色协议及其实施情况后，本章讨论了该协议是否符合WTO规则和判例，以及欧盟在自由贸易协定中制定规则以提供交易空间的努力。

第10章通过重点分析自由贸易协定如何适应性别平等并有助于在19世纪后世界建设包容性经济，探索自由贸易协定与可持续发展目标5之间的相互作用。它解决了两个主要问题：（1）性别平等是否现有自由贸易协定的一部分；（2）如何改进自由贸易协定以鼓励女性赋权。针对第一个问题，本章讨论了将性别因素纳入北美和欧盟国家间现有自由贸易协定主流的一些最佳做法。为了解决第二个问题，本章提出了未来自由贸易协定的建议，以加强妇女权利，并为多边谈判提供了一些指导。

第三部分共5章，将讨论与疫情相关性较小且在前几节中没有讨论的最新和有争议的问题。

第11章回顾了DSM的演变，重点是上诉机构、对DSM的批评以及多方临时上诉仲裁安排（Multi-Party Interim Appeal Arbitration Arrangement，MPIA）的一般特征。虽然本章指出了对MPIA的一些担忧以及与MPIA的潜在偏差，但本章认为MPIA有机会在没有职能上诉机构的情况下，在维持WTO基于规则的争端解决方法方面发挥积极作用。

第12章对MPIA进行了更详细的讨论，重点是阐明先例问题的条款和起草历史。本章探讨MPIA仲裁员是否可以遵循和适用现有判例法，以及他们如何在进一步发展WTO判例中发挥作用。虽然本章表明DSM需要适应新的现实，但本章认为 MPIA 仲裁员应努力确保贸易法的一致性和可预测性，以维护多边贸易体系的价值并重新获得对多边贸易体系的信任。

第 13 章对美中第一阶段协议及其可能给世贸组织带来的挑战进行了新的分析，包括该协议是否可能被世贸组织保障协定所涵盖，是否可能违反非歧视原则，以及根据《关税及贸易总协定》（General Agreement on Tariffs and Trade，GATT）第 24 条和《服务贸易总协定》（The General Agreement on Trade in Services，GATS）第 5 条所设想的自由贸易协定（Free Trade Agreement，FTA）的例外情况，这些违约行为的正当性。它呼吁更新世贸组织的一些规则，以防止有管理的贸易安排破坏多边贸易体系的核心原则。

第 14 章通过对美国、欧盟和日本提出的"市场化条件"的提议的批判性分析，解决了非市场经济的争议性和系统性问题，中国将对这一联合提案作出回应。本章为这一讨论建立了一个概念框架，将相关问题和对策分为三个层次：法律文书、制度和基本意识形态。在每一个层次下，都为多边回应对非市场经济的关注提出了一些一般性的主张和方法。

第 15 章越过 WTO 批判性地回顾了美国退出《跨太平洋战略经济伙伴协定》（Trans-Pacific Partnership Agreement，TPP）以及对美国和其他《全面与进步跨太平洋伙伴关系协定》（Comprehensive and Progressive Agreement for Trans-Pacific Partnership，CPTPP）国家的影响。这一从国家和地区角度进行的分析是对本书的重要补充，本章展示了次多边合作（如 CPTPP）如何为世贸组织成员拯救其贸易自由化目标提供有价值的指导。

【本书目录】

前言

第 1 章　后疫情时代背景下：世界贸易法的反思、重构与拯救

第一部分　对世界贸易法和疫情的反思

第 2 章　WTO 成员在新冠肺炎疫情期间采取的与贸易有关的措施概述及几点思考

第 3 章　新冠肺炎疫情期间对粮食的出口限制：对粮食安全的影响和世贸组织的作用

第 4 章　WTO 中不可诉补贴规则的改革时机：新冠病毒补贴及其他

第 5 章　根据疫情、气候变化和其他不断演变的威胁重新思考 WTO 争端解决实体管辖权

第 6 章　WTO 和巴西在这场疫情中的贸易反应：透明度能克服民粹主义吗？

第二部分　重构世界贸易法与可持续发展

第7章　贸易和2030年联合国可持续发展目标：国际公法和合同法之间的相互作用

第8章　WTO框架下应对气候变化：探索进程和生产模式的相关性

第9章　欧盟绿色协议和国际贸易法：将贸易和可持续性结合起来

第10章　自由贸易协定中的性别主流化：我们取得了什么成就，以及后疫情时代的包容性复苏还需要什么？

第三部分　拯救世界贸易法和其他重要的挑战

第11章　WTO争端解决的现状：我们是如何做到这一点的，下一步是什么？

第12章　多方临时上诉仲裁安排（MPIA）的先例：一致性和可预测性的作用是什么？

第13章　第一阶段协议是否挑战WTO的"新一代"双边贸易协定的出现？

第14章　中国对WTO改革"市场导向条件"提议的回应及其在后疫情时代的影响

第15章　制胜策略还是自己的目标？对美国退出跨太平洋伙伴关系的思考

Front Matter

Chapter 1　Rethinking, Repackaging and Rescuing World Trade Law in the Post-Pandemic Era

Part Ⅰ　Rethinking World Trade Law and the Pandemic

Chapter 2　An Overview of Trade-Related Measures Taken by WTO Members During the COVID-19 Pandemic and a Few Reflections Thereon

Chapter 3　Export Restrictions on Food Commodities During the COVID-19 Crisis: Implications for Food Security and the Role of the WTO

Chapter 4　Time to Reform the Non-Actionable Subsidy Rules in the WTO: The COVID-19 Subsidies and Beyond

Chapter 5　Rethinking WTO DSB Jurisdiction in Light of Pandemic, Climate Change and Other Evolving Threats

Chapter 6　The WTO and Brazil's Trade Responses Amid the Pandemic: Can Transparency Overcome Populism?

Part II　Repackaging World Trade Law and Sustainable Development

Chapter 7　Trade and UN SDGs 2030: The Interplay between Public International Law and Contract Law

Chapter 8　Combating Climate Change under the WTO: Exploring the Relevance of Process and Production Methods

Chapter 9　The EU Green Deal and International Trade Law: Bringing Trade and Sustainability Together

Chapter 10　Gender Mainstreaming in Free Trade Agreements: What have We Achieved, and What More is Needed for Inclusive Post-Pandemic Recovery?

Part III　Rescuing World Trade Law and Other Fundamental Challenges

Chapter 11　The Current State of Dispute Settlement at the WTO: How did We Get Here and What Next?

Chapter 12　Precedent in the MPIA: What Role for Consistency and Predictability?

Chapter 13　Is the Phase One Deal the Emergence of a "New Generation" of Bilateral Trade Agreements that Challenge the WTO?

Chapter 14　China's Response to the "Market-Oriented Conditions" Proposal for WTO Reform and its Implications in the (Post-) COVID-19 Era

Chapter 15　Winning Strategy or Own Goal? Reflections on the United States Exiting the Trans-Pacific Partnership

《国际强行法概论》

冯丽芳

书名：*Peremptory International Law-Jus Cogens：A General Inventory*
作者：Robert Kolb
出版：哈特出版社 2015 年版

【作者简介】

Robert Kolb 是日内瓦大学国际公法教授，曾担任红十字国际委员会的法律顾问、瑞士联邦外交部的法律顾问、海牙国际法学院的研究主任。他曾于 2011 年在国际法院的"德国诉意大利司法管辖权豁免案"（Jurisdictional Immunities of The State-Germany v. Italy：Greece Intervening）中担任德国政府的律师。

【专著内容】

这本书主要对国际强行法（International Jus Cogens）的最新发展进行了梳理，并对其表现形式进行了类型化。强行法概念已经像大爆炸一样传播到《维也纳条约法公约》（*Vienna Convention on the Law of Treaties*）之外。本书填补了两项空白：第一，该书将"价值导向的方法"与适当的基本法律结构相匹配。作者认为，仅谈论基本价值观是不够的，而是要给予这些价值和法律结构一个精确的法律语境。第二，将强行法扩展到国内公法领域中。目前强行法概念限于所谓的"公共秩序"（Public Order）准则，即限于《维也纳条约法公约》第 53 条和第 64 条。本书提出，强行法不应限于公共秩序规范（Public Order Jus Cogens）还涉及公用规范（Public Utility Jus Cogens），而是将其触角延伸到整个庞大的公法领域（Juspublicum）。本书一共分为 8 章。

第 1 章作者首先点名"强行法规范"这个名称或许是不太精确的，因为不只是所谓的强行法规范具有强制力，任何法律规范都是具有强制力的，但是作者也强调了强行法规范与强行法规范之间存在着明显差异，因此本章作者对"强行法规范"作出定义并列明其功能。

第2章列明了反对强行法存在的几种观点（主要包括体系性批判说、结构性说、次结构性说、实证法主义、实用主义说、政治学说）并针对各个观点进行回应和提出批判。

第3章阐明了理论界的几种认为强行法应当存在的理由：（1）强行法是自然法的一种表达方式；（2）强行法作为国际共同体的公共秩序能够产生等级上的上级规范；（3）强行法是国际宪法的规则；（4）强行法是法律固有的法律技术；（5）强行法是前后条约发生冲突时的特定规则。

第4章讨论强行法的相对性并按照公共秩序强行法、公法强行法以及逻辑强行法的分类介绍了强行法的几种类别，此外，也对强行法囊括了何种法律行为与事实这一问题作出解答，最后探讨了强行法在国际法不同领域的强制程度。

第5章深入分析了强行法的来源在哪里，除了存在解决国际社会一般问题的强行法以外，是否存在区域强行法或者双边强行法？在对强行法进行修订时是否需要注重形式上的平等性？

第6章阐述了适用强行法时会产生何种法律效果以及在因强行法的适用导致行为无效时行为主体应当承担什么样的法律责任。

第7章直接指出在关于强行法的研究领域存在的一个盲点：强行法之间的冲突问题，即公共秩序强行法规范与公法强行法规范之间、公共秩序强行法规范之间、公法强行法规范之间都会存在冲突。

第8章再次强调了强行法规范在国际社会中的重要性，其存在的必要性和发展前景已经远远超出了最原始的法律秩序舞台。

【本书目录】

第1章　强行法的定义和功能

第2章　否定主义：强行法的对立面

第3章　强行法的理论

第4章　国际强行法的法律构造

第5章　强行法的渊源

第6章　强行法的适用效果

第7章　盲点：强行法规范之间的冲突

第8章　结论

Chapter 1   Definition and Functions of Jus Cogens

Chapter 2   Negationism: The Adversaries of Jus Cogens

Chapter 3   Theories of Jus Cogens

Chapter 4   Legal Construction of International Jus Cogens

Chapter 5   Sources of Jus Cogens

Chapter 6   Effects of Jus Cogens

Chapter 7   A Blind Spot: Conflicts Between Jus Cogens Norms

Chapter 8   Conclusion

《世界贸易法中产品标准规制》

叶巧华

书名：*The Regulation of Product Standards in World Trade Law*
作者：Ming Du
出版：哈特出版社 2020 年版

【作者简介】

Ming Du，英国杜伦大学（Durham University）法学院高级教授，中国法研究中心主任。Ming Du 教授毕业于清华大学、哈佛大学和牛津大学，是哈佛大学冯氏学者（Fung Scholar）以及牛津大学 Clarendon 学者，同时担任牛津、剑桥、哈佛等国际著名出版社和多家知名国际刊物的审稿人，以及哈佛大学、牛津大学等大学的访问教授。Ming Du 教授长期从事国际经济法（贸易、投资和金融）、国际公法和商法方向的教学和科研工作，尤其关注国际经济秩序的结构性问题及与中国相关的国际法理论和热点问题。在国际权威学术期刊发表数十篇论文，近半数以上论文发表在 *International and Comparative Law Quarterly*，*Journal of International Economic Law* 等本领域的核心刊物，部分高引论文已经成为本领域内的基础性文献。

【专著内容】

这本专著有两个核心目的。首先，对 GATT/WTO 法律框架下如何监管政府、私人和混合产品标准进行批判性分析。其次是通过一系列精选案例研究（包括欧盟生态标签计划、ISO 标准和 FSC 等私人标准），积极、规范地探讨 WTO 规则对各种标准制定机构的组成、功能和决策过程中产生的影响。本书分析了 WTO 在国际贸易中使用的产品标准，不仅体现了技术优势，还体现了实质性和程序性公平，如审议、代表性、公开、透明、正当程序和问责制。虽然人们早已认识到，由政府和非政府机构制定的自愿性产品标准在实践中可能造成与强制性政府规章同样严重的贸易壁垒，但对 WTO 规则在产品标准方面的界限、相关性和影响仍然缺乏严格和系统的调查。本书提供了对产品标准方面相关的 WTO 规则和案例的清晰解释，填补了 WTO 法文献中的这一重大空白。本书一共分为 7 章。

第 1 章介绍了这本书是第一本全面、专业论述 GATT/WTO 法和区域贸易协定（Regional Trade Agreement，RTA）中自愿性标准规定的著作，目的是阐述产品标准在 GATT/WTO 法律框架下的监管方式，以及探讨制定影响国际贸易的标准时，WTO 规则可能会对标准制定机构的组成、职能和决策过程产生的影响。

第 2 章概述了本书要系统研究的核心问题：WTO 规则基于其声称的贸易问题制定产品标准时，应在多大程度上渗透到 WTO 成员、非政府机构和其他国际标准化机构（International Standardising Bodies，ISBs）的监管空间？然后根据 GATT/WTO 的谈判历史和世贸组织争端解决实践，分析了 WTO 法中"标准"的定义范围；在分析"标准"的定义后，从贸易法的角度审查了其功能、模糊的贸易效果和分类。最后介绍了 WTO 相关产品标准规则的路线图。

第 3 章提供了对 WTO 关于标准的基本规则的最新分析，包括标准化机构必须对所有类似产品给予国民待遇和最惠国待遇、标准不能对国际贸易构成不必要的限制、标准必须透明以及标准必须以科学证据为基础。

第 4 章将国际标准概念化为全球公共产品，并认为遵循全球行政法原则为 ISBs 作为全球公共产品生产者提供额外的合法性。

第 5 章综合评述了一些 WTO 成员就私人标准对国际贸易的影响，以及美国、欧盟和中国私人标准化体系等不同结构的关注点。

第 6 章运用法律理论审查 ISO 标准制定过程是否符合 WTO 关于国际标准的要求、欧盟生态标签计划是否与 WTO《TBT 协定》一致，以及 FSC 标准与 WTO 之间的相互作用。

第 7 章进行总结，分析表明，ISO、欧盟生态标签计划、FSC 都仍有很大的空间来改进甚至改革其标准制定实践，即使声称其标准与《TBT 协定》一致，但仍具有高度的试探性和争议性。国家和标准化机构的管理自主权与 WTO 的贸易自由化授权之间的平衡一直在不断演变。

【本书目录】

第 1 章　介绍
第 2 章　国际贸易中的产品标准概述

第 3 章　WTO 关于产品标准的基本义务

第 4 章　产品标准的国际监管合作

第 5 章　WTO 对私人标准的监管

第 6 章　案例研究

第 7 章　结论

Chapter 1　Introduction

Chapter 2　An Overview of Product Standards in International Trade

Chapter 3　The Basic WTO Obligations on Product Standards

Chapter 4　International Regulatory Cooperation in Product Standards

Chapter 5　The Regulation of Private Standards in the WTO

Chapter 6　Case Studies

Chapter 7　Conclusion

《对企业合规的责任、自由以及法律的再定义》

李通敏

书名：*Reconceptualising Corporate Compliance：Responsibility，Freedom and the Law*

作者：Anna Donovan

出版：哈特出版社 2021 年版

【作者简介】

Anna Donovan 是英国伦敦大学（University College London，UCL）法学院副院长和法学讲师，以公司法、公司治理和分布式账本技术的监管为研究方向。2014 年她加入该学院担任讲师。在此之前，她是处理公司业务方面的高级事务律师，主要负责公司治理和企业并购项目。同时，她还是英格兰和威尔士的事务律师，获得了纽约州律师资格。2015 年、2017 年和 2018 年被授予 UCL 法律教学卓越奖，并于 2018 年获得 UCL 教育奖。

【专著内容】

本书主要是对企业合规问题进行了全面的考察。在书中作者提出了两个问题：为什么技术性的合规被社会广泛拒绝，企业行为者却坚定地适用和捍卫这个制度？在公司内部合规决策时，为什么守法的公民会作出与个人价值相反的选择？

书中，作者对这些问题作出了解答，并且为市场经济中的合法企业精神合规作出了有说服力的论述。在论述的过程中，她以古典自由主义意识形态的视角，向技术合规这一个在资本主义普遍的观点提出了质疑。

在超越合规领域的相关性的研究中，作者还探讨了企业架构为什么以及如何促使个人在企业环境中作出不合规的决策。作者通过借鉴行为心理学，在如何实现企业行为改变的难以琢磨的目标方面提出了自己的见解。本书一共分为8章。

在第1章中，作者介绍了本书的写作背景。通过回顾 2012 年的税收丑闻，作者详细而具体地介绍了丑闻涉及的企业合规问题，为本书后半部分讨论公司遵守法律的可能性奠定了基础。此外，作者还研究了《一般反避税规则》（*General Anti-Avoidance Rule*，GAAR）的结构，建议根据历史的经验来改变公司的合规行为，以解决企业合规问题中会阻碍企业改革行为的结构困难和情况困难。

在第2章中，作者讨论了日益普遍的公司合规做法及法院解释，通过分析创造性税务合规的范例，解释了公司如何利用其法律地位人为地改造公司内部结构，指出了对传统税收法规的解释是一种历史反常现象。其次，作者还重点研究了创造性合规在实践中的表现。通过关注税收结构这一有效的办法，作者了解到监管和企业合规方面的关系十分复杂。最后，作者研究了英国的传统税收法规，在实施 GAAR 时采用了不同的监管设计方法，但这些规定会导致复杂规范性法规的激增，也为逃税计划提供了不同的路线。

在第3章中，作者从个人定义和赋予合规等概念法律意义过程的角度出发，将合规作为一种社会规范进行了全面的研究。首先，作者阐述了一个术语的特定规范是如何迅速达成合法化（其重要性在第4章中进一步阐述）和习惯化并最终在特定社会范围内制度化。其次，作者分析了社会规范的定义（描述性和禁令性）及其功能和公司规范的性质，研究了规范对个人选择和行为的强大影响，论述了社会规范和赋予合规概念意义的过程及其关键作用。最后，作者对如何改进合规这一社会规范提出了相关建议。

在第4章中，作者分析了传统威慑论以及决策和执行分离企业的运营情况，解释了公民（包括企业和自然人）作为本应该极其理性的主体却作出明显不合法决策的原因，提供了解决合规顽疾的方法。为了说明合法性与合规性之间的关系，作者引入"合规退化周期"的理论，解释了为什么创造性合规已成为一种自我延续做法的原因，并指出公司一旦采用创造性合规的方式，有关的法规就不再平等地适用于所有主体。

在第5章中，作者考察了市场经济中创造性合规的合法性，特别是当前对"自由传统"误解所产生的影响，论述了社会系统运作的具体方式以及它们对社会的独特价值。其次，作者介绍了市场秩序和精神服从的共生关系，指出了法律面前人人平等是维护秩序至关重要的原则，还探讨了如何通过采用平等适用于所有人的一般行为规则框架来实现自发秩序并构建监管框架。

在第6章中，作者在界定平等概念的基础后，研究了平等与实质性监管之间的相互作用。通过展示创造性合规破坏平等的情况，作者解释了创造性合规表面合法但实质违反平等原则的原因，论述了形式平等和企业应采用比非企业更高的标准之间的明显悖论，并提出了公司作为法律主体有义务维护法治这一观点。

在第7章中，作者通过探讨公司结构与公司决策之间相互作用所提出的三个假设，解释了人格分离和有限责任如何结合在一起，以实现股东与公司的"完全"分离。借鉴社会心理学的实证研究，作者探究了利润最大化的目标如何渗透到公司战略中，并取代个人规范，解释了为什么信托阶梯是公营公司的一种特殊现象。基于公司独特的法律特权，作者最终得出上市公司应当遵守与其他参与者不同合规标准的结论。

在第8章中，通过回顾前几章的主要内容，作者回到合规与民间社会所依赖的社会秩序之间的关系上，认为合规与利润最大化是共生而不是对立关系。随后，作者解释了公司管理人员坚持采取创造性合规策略的原因，探讨了责任、自由和法律之间的相互作用将如何向前发展，反思了一些改革道路的合理性。

【本书目录】

第1章　资本主义的合规危机

第2章　实践中的创造性合规

第3章　合规的制度建构：选择还是自由

第4章　合规的激励制度：免于诉讼

第5章　合规的可预测性和市场秩序

第6章　（表面上）平等悖论：特权与义务

第7章　无私人格的人：企业"人格"的信托阶梯

第8章　资本主义：朝向新市场的完整性

Chapter 1　Capitalism's Compliance Crisis

Chapter 2　Creative Compliance in Practice

Chapter 3　Constructing Compliance：Freedom to Choose?

Chapter 4　Motivating Compliance：Freedom to Act?

Chapter 5　Compliance, Predictability and the Market Order

Chapter 6　The (Ostensible) Equality Paradox: Privilege and Obligation

Chapter 7　A Person without Personality: The Fiduciary Ladder of Corporate "Personhood"

Chapter 8　It is Called Capitalism: Towards a New Market Integrity

《全球法律选择方法的法典编纂：
国际比较分析》

陈　露

书名：*Codifying Choice of Law around the World：An International Comparative Analysis*

作者：Symeon C. Symeonides

出版：牛津大学出版社 2014 年版

【作者简介】

Symeon C. Symeonides 是美国威拉姆特大学（Willamette University）法学院的杰出法学教授和名誉院长（1999—2011 年）。此前，他曾在塞萨洛尼基大学（1976—1978 年）、路易斯安那州立大学、海牙国际法学院以及美洲、亚洲和欧洲的 50 多所大学任教；亦为中国上海华东政法大学名誉教授。

他是著名的比较冲突法专家，出版了关于冲突法和比较国际私法的 29 本书、发表了 120 多篇文章，其中一些以中文、法文、德文、希腊文、意大利文和西班牙文出版或发表。他的作品被美国、英国和以色列的最高法院多次引用（22 次）。他的学术工作获得了两项终身成就奖（2015 年和 2019 年），以及 the Friedrich K. Juenger Prize（2002 年）、the Courtland H. Peterson Senior Scholar Prize（2013 年）等奖项。评论家称他为"冲突法巨人""世界领先的比较冲突法专家"。他拥有塞萨洛尼基亚里士多德大学的私法和公法学位、哈佛法学院的法学硕士和法学博士学位，以及 3 个荣誉博士学位。

【专著内容】

作为国内法律的分支，本书交替使用术语"国际私法"（Private International Law，PIL）和"法律冲突"，涵盖管辖权、法律选择方法、外国判决的承认。

本书只涉及法律选择部分。

本书共 8 章。

第 1 章介绍本书记录并庆祝了国际私法或法律冲突历史上的非凡发展——在过去 50 年（1962—2012 年）全球范围内的大规模编纂运动。在此期间，全世界已经通过了近 200 项国际私法法典、欧盟法规和国际公约，包括 82 个现存国家的法典，以及阿根廷、波多黎各、塞尔维亚和乌拉圭的法典草案，并对这些编纂和公约进行了横向讨论和比较。首先比较了它们解决侵权和合同冲突的方式，然后将这些问题的答案与 PIL 的一些基本哲学和方法论困境进行了比较。在此过程中，本书重新审视了某些关于法律选择的方法论。

第 2 章介绍了发生侵权冲突时的法律选择方法。在侵权行为冲突领域，属地原则是排他性原则，虽然所有法典都保留了原本的适用侵权地法律规则，但大多增加了例外情况，即共同住所例外（Common-Domicile Exception）。根据这一例外情况，当侵权行为人和受害人居住在同一州时，在另一州发生的侵权行为由该州的法律管辖。本章将这些例外及其产生的结果与美国法院自法律选择方法变革（Choice-of-law Revolution）（恰巧也是在 50 年前开始的）以来所取得的结果进行了比较。

第 3 章着重论述了当事人意思自治在解决合同冲突中的作用。在这 50 年期间，缔约方在法律适用方面的意思自治原则比以往都更受欢迎，到这一时期结束时，几乎没有哪个国家不允许，甚至鼓励缔约方提前就适用法律达成一致。这种对当事人意思自治的广泛认可已成为当代国际私法的原则之一。然而，这些法典在划定该原则的"横向"范围（即它可能包含哪些合同和问题）及其"纵向"限制（即哪个级别的公共政策可以限制当事人的选择）方面有所不同。本章对各种横向和纵向组合进行了比较和评估。

第 4 章讨论了现在的法典对法律的确定性和灵活性这两个因素的协调。反对法典化者的一个关键论点是，法典在确定性方面获得的任何成效在很大程度上会被灵活性的丧失所抵消。但这一时期的法典在认识灵活性的必要性方面与上一代法典有很大不同，并提供了充分的证据，表明这种损失并非不可避免：如果精心设计，编纂不会使法律僵化，也不会对未预料的情况或在例外情况下使其过于僵化。这一点在一些新工具和技术的引入中表现得很明显，例如使用软连结点、免责条款和无处不在的"更密切的联系"原则，它们为法典提供了可控的灵活性。

第 5 章集中讨论了一个相对较新的法律选择方法问题：适用所选择的法律是否应导致整个案件全部适用于该国家的法律，或者在适当情况下是否允许将不同国家的法律适用于案件的不同方面——这一过程被称为"逐项问题分析"和法律适用分割方法（Dépeçage）。在美国以外，主流学说对法律适用分割方法持敌对态度，大多数法律选择方法的编纂都应该禁止或至少避免法律适用分割方法。然而，本章揭示，尽管存在这种敌对气氛，法律适用分割方法的发生率比通常认为的要频繁得多。

第6章讨论了现代编纂对关于法律选择程序目标的两种相互不同的立场。第一种是传统观点，该观点认为法律选择程序应针对与案件有"适当"联系的国家的法律，而无须考虑解决方案的质量（"冲突正义"）。第二种观点认为法律选择程序应直接针对将产生"正确"结果的法律（"实质正义"）。讨论表明，直到几十年前还被认为是异端邪说的"实质正义"观点，在以牺牲"冲突正义"为代价下取得了显著的进展。但在很大程度上，新的法典继续以"冲突正义"为目标，因为它们的大多数规则是面向国家选择的。然而，大多数法典也迫切地对"实质正义"作出了严肃而有针对性的让步。事实上，每个法典都至少包含一个以上的结果选择性的法律选择规则。

第7章指出，尽管传统国际私法的最高目标——国际统一仍然是官方的愿望，但它已不再是最高目标。相反，它与其他目标和价值观是平等的，而且往往是从属的。国际私法仍然可以被视为"私法"，但往往涉及重要的公共利益。从理论上讲，新的法典旨在遵守法院地法和外国法的平等原则。然而，它们也微妙地（有时并非如此微妙地）保护法院地国在某些领域的价值观和利益。尽管法律选择方法的法典主要由双边规则组成，但在涉及法院地国利益时，它们也有选择地采用若干单边规则和其他单边主义手段。

第8章是对全书的总结。

【本书目录】

第1章　导言

第2章　侵权冲突法

第3章　合同冲突中的当事人意思自治

第4章　法典化与灵活性

第5章　广义或狭义的法律选择：逐项选择和法律适用分割方法

第6章　法典化与结果选择原则

第7章　国际私法的公共化：单边主义、国家利益和国际统一

第8章　结论

Chapter 1   Introduction

Chapter 2   Law Governing Tort Conflicts

Chapter 3   Party Autonomy in Contract Conflicts

Chapter 4   Codification and Flexibility

Chapter 5   Broad or Narrow Choice of Law: Issue-by-Issue Choice and Dépeçage

Chapter 6   Codification and Result Selectivism

Chapter 7   The Publicization of PIL: Unilateralism, State Interests, and International Uniformity

Chapter 8   Conclusions

《国际法的成就》

王亚春

书名：*The Achievements of International Law*

作者：Jacques Hartmann and Urfan Khaliq 等

出版：哈特出版社 2021 年版

【作者简介】

Jacques Hartmann 是邓迪大学（University of Dundee，UoD）邓迪法学院的法律系讲师。

Urfan Khaliq 是卡迪夫大学（Cardiff University）的国际法和欧洲法教授，也是法律与政治学院院长。

【专著内容】

关于国际法的作用，有两种普遍但对立的误解。有些人认为国际法影响太弱，无法在任何方面显著改善世界；但有些人可能对国际法的认识又过于乐观，他们认为国际法是灵丹妙药，可以使世界摆脱其弊病。这本论文集的目的是对以上的观点作出回应，并赞扬罗宾·丘吉尔（Robin Churchill）教授对国际法的广泛贡献。通过讨论国际法成就的关键例子，作者既说明国际法取得的成就，也举例说明其局限性。本书共分为五个部分，共 13 章。

第一部分共 3 章，都取材于历史教训。

在第 1 章中，Vaughan Lowe 通过对《联合国海洋法公约》（*United Nations Convention on the Law of the Sea*，UNCLOS）的研究，认为该公约中基于规则的条款没有基于原则的条款有效。

在第 2 章中，Erdem Denk 对"以文明为基础/中心"（civilisation-based/centric）的方法提出了质疑，并认为无论何时何地，只要两个或两个以上相互承认的政体存在并支配着它们的互动，"国际法"就会产生。通过使用几千年前的阿玛尔纳信件（Amarna letters），为海洋问题的论点提供了一个例子。

在第 3 章中，Dino Kritsiotis 对国际法的来源进行了历史性的考虑，主要关注条约与习惯国际法之间的关系，追溯到多边条约大量出现之前的一段时间，并一直持续到国际法院在北海大陆架案件（North Sea Continental Shelf Cases）中的裁决，他记录了国际公法的主要来源随着时间的推移所发生的变化。

第二部分共 3 章，以不同的方式介绍了个人及其作为国际法一部分的权利。

在第 4 章中，Malcolm Evans 对 2020 年联合国条约机构系统进行审查，解释了这一进程的背景及其结果，并提出了联合国条约机构体系近年来最全面的改革建议。

在第 5 章中，Geir Ulfstein 探讨了联合国人权条约机构面临的挑战，他讨论了条约机构是否应该通过适用不同的审查标准来遵守国家机构的决定，其结论是这些机构应该对国家决定有选择的、有条件的和谨慎的遵守。

在第 6 章中，Urfan Khaliq 探讨各国如何寻求合作，以解决一个特定的与国际和个人权利相关问题：国际亲子诱拐问题。这是一个与个人权利有关的问题，但作者在国际公法和国际私法制度的背景下审查了这一点，并认为现有的条约制度不可能具有通常声称的普遍性。相反，他试图说明，这一领域的法律是基于以欧洲为中心的观点和前提，这不允许普遍包容的制度或解决方案；他提出了一些可能的解决方案，同时强调了替代方案的缺点。

第三部分共 3 章，集中讨论了在法律领域的成就，丘吉尔教授在海洋法和渔业法中作出了许多贡献。

在第 7 章中，Tore Henriksen 阐明了规律不是一成不变的，他调查了海冰覆盖范围的变化以及《联合国海洋法公约》第 234 条下沿岸国扩大环境管辖权时采取的立法行动。

在第 8 章中，Daniel Owen 力图使人们重新注意船旗国在渔业方面的责任和义务，着重讨论了国际海洋法法庭的一项咨询意见，指出其失败之处，以及由此而产生的国际法若干成就，并提出了如何通过诉讼来补救船旗国的失败，并得出结论，尽管这种方法尚未尝试，但咨询意见提供了重新评估这种可能性的动力。

在第 9 章中，Duncan French 特别探讨了合意管辖权的基本原则和强制管辖权的机会。他的结论是，在这一领域有必要进行进一步的研究，特别是关于人类世法可能采取何种形式。

第四部分共 2 章，重点是国际环境法的成就。

在第 10 章中，Catherine Redgwell 考虑了传统争端解决方式在执行国际环境法义务方面的不足，随后着重介绍了多边环境协定，特别是与生物多样性有关的条约的执行、监测和遵守的创新作用。

在第 11 章中，Richard Caddell 关注国际法如何应对一个新的威胁，即全球气候变化的影响。以渔业为重点，考虑当前的管理趋势和理念是否足以解决海洋生物资源分布变化所带来的问题。他的结论是，虽然最近出现了一些创新，例如为制定北极未来渔业管理而采用的新方法，但这些发展只是规则的一个例外。

第五部分共 2 章，重点讨论国际法在刑事合作方面的成就。

在第 12 章中，Robert Cryer 分析了强行法在国际刑法中的作用。在对国际法院和前南斯拉夫问题国际刑事法庭的判例作了评价后，作者认为，在大多数情况下，没有看到违反国际刑法会产生的额外后果。

在第 13 章中，Jacques Hartmann 探讨了国内法对国际反恐合作的重要性，强调了在全球恐怖主义制度方面取得的成就及其固有的局限性，认为就其本质而言，任何对恐怖主义的反应都需要国家机关采取行动，而国家机关的行动又受到国内法的限制。

【本书目录】

导言

第一部分　一般国际法

第 1 章　少即是多：国际法制定中的规则与原则

第 2 章　一种现代国际法方法：阿玛尔纳信件（Amarna letters）中的海洋法

第 3 章　国际公法渊源的历史考察

第二部分　人权法

第 4 章　联合国与人权：通过审查进行改革？

第 5 章　联合国人权条约机构：普遍性和国家执行

第 6 章　国际亲子诱拐和替代制度的必要性？

第三部分　海洋法和渔业法

第 7 章　冰雪覆盖地区沿海国的管辖权：气候变化和《极地守则》的影响

第 8 章　船旗国在渔业方面的责任和赔偿责任

第 9 章　人类世时代（Anthropocene）的国家间强制裁决：实现悖论？

第四部分　国际环境法

第 10 章　有效遵守和执行国际环境法的挑战

第 11 章　问题何在？种群变动、国际渔业管理和气候变化难题

第五部分　国际刑事合作

第 12 章　强行法对国际犯罪的影响：有什么不同吗？

第 13 章　全球反恐合作的成就与局限

Introduction

Part Ⅰ　General International Law

Chapter 1　Less is More：Rules and Principles in International Law-Making
（Vaughan Lowe）

Chapter 2　An Amodernist Approach to International Law：The Law of the Sea
in the Amarna Letters（Erdem Denk）

Chapter 3　The Sources of Public International Law Historically Considered
（Dino Kritsiotis）

Part Ⅱ　Human Rights Law

Chapter 4　The United Nations and Human Rights：Reform through Review?
（Malcolm Evans）

Chapter 5　United Nations Human Rights Treaty Bodies：Universality and
National Implementation（Geir Ulfstein）

Chapter 6　International Parental Child Abduction and the Need for Alternative
Regimes?（Urfan Khaliq）

Part Ⅲ　The Law of the Sea and Fisheries

Chapter 7　Coastal State Jurisdiction in Ice-Covered Areas：The Impacts of
Climate Change and the Polar Code（Tore Henriksen）

Chapter 8　The Responsibility and Liability of Flag States in the Context of
Fisheries（Daniel Owen）

Chapter 9　Compulsory Inter-State Adjudication in the Anthropocene：
Achieving the Paradoxical?（Duncan French）

Part Ⅳ　International Environmental Law

Chapter 10　The Challenge of Effective Compliance and Enforcement with
International Environmental Law（Catherine Redgwell）

Chapter 11　Where's the Catch? Shifting Stocks，International Fisheries

Management and the Climate Change Conundrum (Richard Caddell)

Part Ⅴ   International Criminal Cooperation

Chapter 12   The Influence of Jus Cogens on International Crimes: Have They Made any Difference? (Robert Cryer)

Chapter 13   The Achievements and Limits of Global Counter-terrorism Cooperation (Jacques Hartmann)

《国际法理论》

冯丽芳

书名：*Theory of International Law*
作者：Robert Kolb
出版：哈特出版社 2016 年版

【作者简介】

Robert Kolb 是日内瓦大学国际公法教授，曾担任红十字国际委员会的法律顾问、瑞士联邦外交部的法律顾问、海牙国际法学院的研究主任。他曾于 2011 年在国际法院的 "德国诉意大利司法管辖权豁免案"（Jurisdictional Immunities of The State - Germany v. Italy：Greece Intervening）中担任德国政府的律师。

【专著内容】

本书力求分析国际法的各个方面以及它们在构建和协调国际法律秩序中的不同力量时所产生的联系。首先，本书试图确定国际法的基本特征，即界定和渗透其适用的强制力。其次，分析了法律与政治的多重关系，政治是执行每项法律秩序的一个高度相关的因素（也是对法律的一项威胁），因为法律和政治这两种力量有着重要的联系，在国际法中更是如此。最后，该书的讨论集中在一系列基本的法律政治概念上，如共同利益、正义、法律安全等。本书分为三个部分，共 9 章。

第一部分共 7 章，为国际法律体系的主要架构。

在第 1 章中，作者将国际法的发展阶段大致分为：古典和现代国际法、现代国际法发展的第一个阶段法——国际社会的 "法制化"、现代国际法发展的第二个阶段——国际社会的 "宪法化"、现代国际法发展的第三个阶段——"共同体取向"。依据不同的基本特征，作者将国际法的类型分为普遍主义、超国家主义和国际主义、从属关系法和协调关系法、国家间法和跨国法。

在第 2 章中，首先强调了解国际法基础的重要性，因为国际法的基础这一主题是法律理论的一部分，它是法律的所有分支所共有的。由于国际社会的分权结构，国际法的基础问题与来源问题有着悠久的历史，因此作者讨论了国际法基础与渊源两者间的关系。将国际法的渊源分为条约、国际习惯、一般法律原则。

在第 3 章中，作者主要表明自己的观点，其认为自 19 世纪以来，特别是自 1945 年以来，国际法主体的数量和多元性大大增加，国际组织甚至个人已成为法律的主体，这种演变带来了"主体"概念的分化和功能化，并且国际法主体拥有了根据不断变化的权利和义务而渐进性变化的特点。

在第 4 章中，作者指出法律不同于其他学科，研究方法并不重要，重要的是如何通过方法来认识法律。对于法律来说，最相关的问题是：应该问什么问题？必须或可以从哪些假设出发？得出结论的手段是什么？正由于国际法律规则的政治渗透性和个体化阻碍或阻止了国际法在方法论方面的富有成效的努力。

在第 5 章中，作者深入分析了国际法应当如何平衡国家和国际社会之间的关系。自由与监管之间的关系问题取决于国家与国际社会之间关系的构建，而这又取决于权力与法律、主权与共同利益之间的关系。在此，人们面临着离心力和向心力之间的许多必要的平衡工作，这些力量存在于每个生命体中，在国际法中也是如此。

在第 6 章中，作者抛出了几个问题：国际法是否有效？它在国际事务中是否有任何真正的分量？或者说，怀疑论者声称国家之间的关系是强者控制弱者的权力关系，他们的观点是否正确？如果这是正确的，那么国际法就只是一个缓和的、虚构的外衣，充其量只能给天真的信徒留下印象。作者认为，要解决这样的问题，取决于对违法行为建立定期制裁。当制裁机制正常而有力时，法律就会有效；当制裁机制不正常时，法律必然是软弱的。

在第 7 章中，作者谈到使用"国际共同体"（International Community）一词已经成为一种时尚，国际法律文书也越来越多地提到致力于构建国际共同体，作者在本章就从不同历史时期和不同地域来追溯"国际共同体"意识的起源。

第二部分：国际法与政治。

在第 8 章中，作者表明探讨国际法与政治的关系尤为重要，一直以来，在国际社会中，关于法律和权力之间关系的挥之不去的问题产生了深远的影响。

作者认为法律并没有完全融于权力，但法律也不能脱离其社会政治环境进行现实的分析，因此，仔细权衡权力在法律机构中的利害关系和影响，在形成、实施和修改国际法的阶段，都是比较有用的。

第三部分：国际法和某些基本法律概念的关系。

第9章首先对八个重要的法律价值的实质内容进行划分（公共利益、正义、法律的确定性、互惠平等与比例原则、自由、道德与社会道德、自由意志与理性、制裁），并就这些概念如何适用于国际法的背景作出说明，也就是说，这八个由社会经验产生的概念在多大程度上与一般的法律经验有相似之处，以及在多大程度上能够适应国际社会的特殊性和变化，从而加深我们对国际法的特点及其与普遍法律现象的联系的理解。

【本书目录】

导言

第一部分　国际法律体系的主要架构

第1章　国际法的历史和基本特征

第2章　国际法的基础、渊源和结构性原则

第3章　国际法的主体

第4章　国际法规则的方法和结构问题

第5章　关于剩余国家自由的"莲花法则"

第6章　国际法的效力

第7章　国际社会还是国际共同体？

第二部分　国际法与政治

第8章　国际法与政治之间的关系

第三部分　国际法和某些基本的法律——政治概念

第9章　国际法与某些基本法律概念的关系

Introduction

Part 1　The Main Pillars of the Legal System

Chapter 1　History and Characteristics of International Law

Chapter 2　Foundation, Sources and Structural Principles of International Law

Chapter 3　The Subjects of International Law

Chapter 4　Questions of Method and the Structure of Rules in International Law

Chapter 5　The "Lotus Rule" on Residual State Freedom

Chapter 6   The Effectiveness of International Law

Chapter 7   International Society or International Community?

Part 2   International Law and Politics

Chapter 8   The Relationship Between International Law and Politics

Part 3   International Law and Certain Fundamental Legal—Political Notions

Chapter 9   The Relationship of International Law with Certain Cardinal Legal Notions

《从企业社会责任到企业社会义务》

李通敏

书名：*From Corporate Social Resposibility to Corporate Social Liability*

作者：Anna Aseeva

出版：哈特出版社 2021 年版

【作者简介】

Anna Aseeva 博士是俄罗斯国立高等经济大学（National Research University Higher School of Economics，HSE）法学院的副教授。她拥有巴黎政治研究所（Sciences Po）的法学博士学位、日内瓦大学欧洲法律和机构硕士学位、日内瓦国际与发展研究所国际关系学位以及俄罗斯的艺术和法律学位。她目前的研究和教学工作主要集中在可持续发展法领域，包括可持续性与全球经济法律和治理之间的相互作用。

【专著内容】

本书是一本批判性的社会法律研究著作，汇集了关于企业社会责任的最新学术进展，同时解决了企业对供应链和生产链中有害行为责任承担的紧迫问题。

企业很少或者从不对其子公司和分包商的行为承担责任。工人、投资者、个人消费者和股东积极分子等不同的参与者认为，企业应当对受其活动影响的社区和环境承担更大的责任。

该书认为，由于总公司与其外围供应商和分包商之间存在"经济上依赖和法律上独立"的关系，因此全球利益链中的领头公司可以免于承担任何责任。为了在全球范围内解决这个问题，本书作者认为社会需要通过确保经济和社会的公平竞争环境来减少上述过分的经济依赖。为了使跨国公司承担相应责任，作为律师需要找到一种（或多种）方式，在总公司与其经济上依赖的实体之间建立具有法律效力的关系。

本书一共分为 10 章，采用社会法律方法，分析了历史、社会、经济和政治条件如何塑造和再现全球价值链法律基础设施中的治理差距的问题。

在第 1 章中，作者主要是对全书写作目的、结构、写作方法以及企业社会责任和企业社会义务的相关基本概念的介绍，限定了企业社会义务的涵盖范围。

在第 2 章中，作者先介绍了"二战"后几十年发展起来的国际社会责任制度，该制度侧重于标准制定、风险管理、公私联盟。其次，作者阐述了华盛顿特区和全美国范围法律允许全球价值链的产生，并以此逃避社会责任，规避社会义务的现象。除此之外，作者还介绍并解释了全球价值链治理的经济情况和组织概要，以不同的理论角度审视了价值链的治理。

在第 3 章中，作者对一些国家的工业经济发展、社会规范、行业组织的制造和分销结构中与公司责任相关法律的规则和历史进行了比较分析。此外，作者分别研究了公司法、商法、侵权和合同法中有关私人社会监管内容以分析公司的功能构造，并提出公司形式本身对于研究价值链中的公司责任有至关重要的价值，其本质就是削减企业组织的可变成本。

在第 4 章中，作者着眼于欧洲公司治理和监管领域的相关成就，研究了相关的国际文书和倡议，阐释了披露和尽职调查规则成为全球价值链中企业责任主流方法的过程。其次，作者塑造了以公司"治疗"透明度为标准的新商业行为规范，而且介绍了本地和全球法律规范相关的具体实践。最后，由于所有权性质不同导致公司的治理结构也不尽相同，因此作者建议对其应采用不同的问责方法。

在第 5 章中，作者对相关国家的立法和扩大企业外包生产和其他业务责任的诉讼进行了比较说明，论述了在超国家和国际层面，企业社会义务（Corporate Social Liability，CSL）的最终阶段存在于少数司法管辖区的原因。为了阐明企业社会披露和尽职调查与义务承担之间的关系，作者介绍了针对公司内部索赔的法律制度，阐述了法律反对社会披露、尽职调查和社会义务可能导致的不利社会影响。

在第 6 章中，作者着眼于在实践中建立一般公司义务和全球价值链中公司义务具体的区分标准，并论述了全球价值链中实施企业社会义务的可能性。作者调查了相关诉讼，为界定跨国公司义务中的"影响"与"控制"设定了标准，还论述了证明方式、证明标准以及建立时机。此外，作者还研究了如何为上述介绍性章节中描述企业社会义务规范的理论模型、创建和精简短期协议、长期管理以及如何让全球价值链的全球性规则设置标准具有法律效力，从而对全球价值链的整体产生影响。

在第 7 章中，作者从传统私法角度将企业社会义务分为两种类型，论述了雇主对其员工的主要责任和替代责任（在理论上也包含外国分包商直接责任、违反侵权法和合同法的交叉点）。作者还概述了企业社会义务的系统方法是否应该以及如何被调整和采用，认为应该通过公共监督的模式强化合同法和侵权法等私法制度。

在第 8 章中，作者收集了欧盟法律中现有的尽职调查法规，分析了其中两个法规，即欧盟木材法规和欧盟冲突矿产法规，并且根据本书的主要问题评析了这两项法规。随后，作者审查了现有欧盟部门全球价值链法规的范围和有效性的问题，为未来欧盟范围内跨部门尽职调查法规的规范性和高效性提供了可参考的信息。

在第 9 章中，作者介绍了企业社会义务的新兴系统、陷阱和机遇，提出应通过跨国私人承包和监管创造法律规范和法律效力，分析了承认私人当事方作为国际法主体的热潮现象以及越来越多地使用国际仲裁作为企业社会义务争议替代场所的原因。随后，作者介绍了替代性争议的解决方式，论述了上述转变中的明显缺陷，包括范围问题、执行问题以及有效性问题。

在第 10 章中，作者对本书观点进行了总结并表达了对未来发展的展望。作者认为当代全球价值链背景下资本主义国家在第一世界和第三世界暴力行为的解决方法包括但不限于法律和政治解决方法，并提出通过确保经济和社会的公平竞争环境，摆脱经济依赖和不平等，从而摆脱全球经济边缘化。

【本书目录】

第 1 章　引言

第 2 章　背景设置：文中的企业责任

第 3 章　国家法：私人监管的公开

第 4 章　超国家法：强制披露、环境与人权尽职调查以及供应链责任承担

第 5 章　国际比较中的企业责任

第 6 章　全球价值链中企业社会义务的途径分析

第 7 章　司法化、法律化和多种争端解决方式

第 8 章　全球价值链企业义务在欧洲法和国际法的现实与展望

第 9 章　企业社会责任的缺陷填补（及其缺陷）

第 10 章　结论：我们的立场是什么？我们未来的发展方向是什么？

Chapter 1   Introduction

Chapter 2   Setting the Stage: Corporate Responsibility in Context

Chapter 3   National Law: Shades of Publicness in Private Regulation

Chapter 4   Post-national Law: Mandatory Disclosure, Environmental and Human Rights Due Diligence and Supply Chain Liability

Chapter 5   Corporate Liability in International Comparison

Chapter 6   Analysis of Avenues for Corporate Social Liability in Global Value Chains

Chapter 7   Liability through Judicialisation, Legalisation and Alternative Dispute Settlement

Chapter 8   The Reality and Prospects of European and International Law of Corporate Liability in Global Value Chains

Chapter 9   On the Gap-filling Corporate Social Liability (and its Gaps)

Chapter 10   Conclusion: Where Do We Stand and Is There a Way Forward?

《作为国际法渊源的一般法律原则》

叶巧华

书名：*General Principles as a Source of International Law*

作者：Imogen Saunders

出版：哈特出版社 2020 年版

【作者简介】

Imogen Saunders 是澳大利亚著名的国际法学研究者。其成果已在《美国国际法杂志》（*American Journal of International Law*）、《范德比尔特跨国法期刊》（*Vanderbilt Journal of Translation Law*）和《澳大利亚国际法年鉴》（*Australian Yearbook of International Law*）等期刊上发表。伊莫金·桑德斯博士获得了西澳大学（University of Western Australia）法学和理学的学士学位，并于 2013 年获得了澳大利亚国立大学（The Australian National University）的博士学位，目前是澳大利亚国立大学法学院的教导主任，并在杰瑟普比赛（Jessup）的澳大利亚赛区担任评委。

【专著内容】

本书审查了《国际法院规约》（*Statue of the International Court of Justice*）第 38 条第（1）（c）款"文明国家承认的一般法律原则"，指出，近年来，一般法律原则在学术界得到了更多的关注，然而仍然没有明确一般法律原则的适用或目的，甚至被过度使用。因此，本书的主要目标是根据国际法渊源的历史发展、主要国际机构对渊源的处理和国际法学理论创建一个一致且合理的一般法律原则模型。本书一共分为 9 章。

第 1 章提出了一个构建一般法律原则模型的四维分析框架（tetrahedra framework），着眼于一般法律原则的法理合法性、功能、类型和方法论。作者试图回答该框架引发的下列问题，包括但不限于：一般法律原则是否具有约束力？它们与其他法律渊源如何互动？一般法律原则是否有客观的承认规则，如果有，它是什么？第 38 条第（1）（c）款是否授权司法自由裁量权，如果有，那是什么样的？"文明国家承认"是什么意思，是国内承认还是国际承认？什么是"文明国家"，是一般法律原则还是规则，或者说两者兼具？一般法律原则是否仅限于特定类型的内容？

第 2 章运用四维框架分析第 38 条的一般法律原则作为法律渊源，从 19 世纪末到 20 世纪初，直至其被纳入《国际法院规约》的历史发展过程。其结论表明：第一，一般法律原则的法理合法性既不符合实证主义，也不符合严格的自然法，这是咨询委员会达成的一种妥协方案。第二，它始终旨在成为具有约束力的法律渊源、可替代条约和习惯。第三，它没有授权不受约束的司法自由裁量权。第四，选择"原则"一词没有任何意义，至少到目前为止，并没有表明法律渊源排除了哪些规则。第五，一般法律原则取材于国内司法实践。

第 3 章提供运用四维框架分析国际常设法院使用一般法律原则的情况，虽然国际常设法院的判决被用来支持各种一般法律原则，但大多数情况下法院判决中要么不指出该一般法律原则的来源，要么描述一般法律原则的措辞也可被理解为习惯，而不是直接依据第 38 条第（1）（c）款。相反，是由于评论员将案件归类为一般法律原则的实例，并以自我延续的循环表明被纳入此规范中。

第 4 章通过"二战"后和联合国大会第 1514 号决议通过后非殖民化过程中的具体案例，审议 1945—1991 年国际常设法院有关第 38 条第（1）（c）款的适用情况，运用四维框架分析得出：首先，一般法律原则的类型不仅包括程序性规范，还包括人道主义、使用武力和人权的实质性规范；其次，适用方法需要适当的标准，以确保国内原则可以在国际层级实施；最后，大多数案例没有体现法理合法性，但在讨论法理合法性时，显示出一般法律原则的自然法和实证法的双重性。

第 5 章探讨 1992—2019 年国际常设法院对渊源的处理，结合第 4 章案例分析，注意到在功能方面，一般法律原则被视为具有约束力，并明确表明其填补了法律空白的地位。

第 6 章着眼于在其他国际法院和法庭探讨一般法律原则的适用情况，未对前几章的内容做重复分析，而是将其他国际法院和法庭与国际常设法院在一般国际法中对渊源处理的历史发展联系起来。

第 7 章通过研究五个关键问题来思考评论员关于一般法律原则在四维框架下的论点：（1）第 38 条第（1）（c）款作为国际法创设规范的渊源；（2）规

则与原则的区别；（3）司法裁量权；（4）一般法律原则来自哪里；（5）一般法律原则的内容。

第8章通过分析全球一般法律原则确定，不同于一般法律原则的那些法律制度的类型，并探讨其如何与一般法律原则相适应。

第9章论述一般法律原则模型，虽然一般法律原则一直被认为是国际法的有效渊源，但无论是在理论还是判例中，对一般法律原则的认知是不清晰明确的。本章探讨了一般法律原则的双重性和一般法律原则的未来。

【本书目录】

介绍

第1章　分析一般法律原则的框架

第2章　第38条第（1）（c）款的历史发展

第3章　国际常设法院对第38条第（1）（c）款的审议

第4章　第38条第（1）（c）款的发展：1945—1991年

第5章　第38条第（1）（c）款的发展：1992—2019年

第6章　其他法院和法庭中的一般法律原则

第7章　语境下的评注

第8章　全球一般法律原则

第9章　一般法律原则的模型

Introduction

Chapter 1　A Framework for Analysing General Principles

Chapter 2　History of Article 38（1）（c）

Chapter 3　Consideration of Article 38（1）（c）by the PCIJ

Chapter 4　Development of Article 38（1）（c）：1945-1991

Chapter 5　Development of Article 38（1）（c）by the ICJ：1992-2019

Chapter 6　General Principles in Other Courts and Tribunals

Chapter 7　Commentary in Context

Chapter 8　Global General Principles

Chapter 9　A Model of General Principles

《欧盟反人口贩运政策的外部维度》

王亚春

书名：*The External Dimension of the EU'S Policy Against Trafficking in Human Beings*

作者：Chloé Brière

出版：哈特出版社 2021 年版

【作者简介】

Chloé Brière 是法语布鲁塞尔自由大学（Université Libre de Bruxelles）法律和犯罪学学院的教师，主要研究欧洲法律，是欧盟法教授和博士后研究员。

【专著内容】

人口贩运（Trafficking in human beings）是一种特别严重的犯罪活动，它涉及世界所有地区和国家。这种非法行为侵害了受害者的基本权利，损害了其人格尊严，也侵犯了受害者的其他权利。

针对这一现象，各国制定了具体的法律和政策，国际上也努力解决这一问题。欧盟依靠其权力来确定战略目标，制定对其成员国有约束力的欧洲立法。虽然其活动最初集中于支持会员国内部的跨境犯罪合作，但很快就在其发展政策框架内或在自由、安全和司法领域的外部活动中引入了反贩运措施。本书一共分为4章。

第 1 章是介绍和框定问题。通过对欧盟所签订的国际协议进行详细概述：说明欧盟反人口贩运政策的主要特征和组成部分，在欧盟条约基础上通过的国内立法和欧盟机构通过的软法文件，使我们认识到反贩运措施的多样性和广泛化。欧盟在处理人口贩运问题上支持的综合方法，成员国在多数领域保持对外行动能力的可能性，使其拥有大量外部能力，这导致了第一个挑战：混淆的风险。宪法原则和义务，如一致性原则或真诚合作的义务，是减轻这一风险的关键，欧盟反贩运协调员（EU Anti-Trafficking Coordinator）的立场进一步为减轻风险提供了保证。

第2章侧重于反贩运政策的单边推进，指的是欧盟试图说服第三国将其自身政策的关键要素转化为其本国法律秩序。单边推进是在稳定和联合进程中促进欧盟的政策，作者通过西巴尔干国家的案例进行说明；同时，欧盟依靠大量的文书和工具，不仅要促使这些国家遵守主要的国际、地区文书，而且要把它们纳入欧盟打击人口贩运的努力中：即允许第三国充分参与打击人口贩运的刑事行动。

第3章是欧盟反人口贩运政策的多边推进。基于欧盟在其对外关系中对多边主义的坚定承诺，本章阐述了欧盟如何将自己整合到一个多层次的治理体系中，阐述了欧盟在多大程度上建立了国际标准并将其纳入自身的法律秩序，同时也支持纳入新措施。欧盟还充分融入各种协调机制，将其多边主义承诺付诸实践，委派一些外部伙伴执行反贩运措施的活动。在这些多边活动中，欧盟与刑事司法组织和人权组织平等合作，这表明欧盟致力于采取全面方法解决人口贩运问题。

第4章讨论了欧盟反对贩运人口政策的最新发展及其带来的挑战。混合迁徙流（mixed migration flows）的出现，使人口贩运的受害者可能与其他类型的移民一起迁徙，或是移民在迁徙中被拐卖，这导致欧盟在应对人口贩运和移民走私方面出现了一定的混乱，这可能影响欧盟反贩运政策外部维度的连贯性。此外，对人口贩运的应对正日益军事化，尽管武装冲突中的贩运作为一种新贩运形式出现在国际层面上，但从欧盟的角度来看，这种军事化源于对共同外交和安全政策的日益依赖。

【本书目录】

导论

第1章　欧盟政策框架及其外部能力

第2章　欧盟政策的单边推进：西巴尔干半岛（the Western Balkans）的案例研究

第3章　欧盟政策的多边推进

第4章　欧盟行动的局限性及未来研究途径

Introduction

Chapter 1　Framing the EU's Policy and its External Competences

Chapter 2　Unilateral Promotion of the EU's Policy: Case Study of the Western Balkans

Chapter 3　Multilateral Promotion of the EU's Policy

Chapter 4　Limits of the EU's Actions and Future Avenues for Research

《超越国界的数据保护》

李通敏

书名：*Data Protection Beyond Borders*
作者：Federico Fabbrini、John Quinn 和 Edoardo Celeste 等
出版：哈特出版社 2021 年版

【作者简介】

Federico Fabbrini 是都柏林城市大学（Dublin City University，DCU）法律与政府学院的欧盟法教授，还是该校法律研究中心的主任和英国脱欧研究所的创始人之一。

John Quinn 是都柏林城市大学法律与政府学院的公司法助理教授。

Edoardo Celeste 是都柏林城市大学法律与政府学院的法律、技术和创新助理教授。

【专著内容】

本书汇集了来自欧盟和美国的知名国际隐私法领域专家的著作，准确分析了跨大西洋背景下数据保护的关键趋势和前景，包括欧盟和美国在隐私法领域的紧张关系和合作空间。通过审查隐私法领域的相关问题，探讨了欧盟和美国最近的立法举措以及法律和政策发展，如《云法案》（*Cloud Act*）和电子证据提案，以及在数据共享领域达成的跨大西洋协议的相关内容。本书一共分为13 章。

第 1 章主要是介绍整本书的框架与主要内容。这本书汇集了来自欧洲和美国的顶尖法律学者的研究成果，介绍了欧盟数据保护领域的最新法律发展，研究了在保护外国公民数据方面正在出现的紧张关系，分析了最近关于欧盟数据保护法域外适用问题的判决及其挑战。作者指出，大西洋地区在数据保护领域的合作已经产生，并且着重研究了数据法律的执行部门。最后，作者阐述了未

来数据保护领域中领事裁判权和主权之间可能存在的紧张关系。

在第 2 章中，作者描述了欧盟个人数据保护的法律架构，研究了其在新冠肺炎疫情背景下的发展，探讨了欧盟数据保护法律的域外适用问题。最后，作者指出，在全球自由民主体系中，不同法域的数据保护框架可能会产生冲突，进一步趋同化是保护隐私权更好的途径。

在第 3 章中，作者阐述了美国是如何在保证其法律独特性的前提下，应对隐私数据监管的挑战。作者提出了一个整体框架，深刻分析了如何创立一个满足当前美国联邦政府和未来几代人对隐私处理需求的平台。作者还提出了隐私保护的解决方案需要在保护个人和鼓励、促进商业创新二者之间取得平衡。

在第 4 章中，作者主要分析了 2019 年谷歌诉法国国家数据保护委员会案中的法院判决，该判决直接涉及《公民权利和政治权利国际公约》第 17 条成功地取消引用请求在欧盟内部的领土范围限制。这一案件影响重大，作者分析了删除权的背景以及被遗忘的权利，以及地理封锁技术在该类案件中的重要作用。最后，作者通过案例分析的方式，研究了相称性问题以及欧盟被遗忘权的实际影响与欧盟法律确定哪些信息可在全球范围内访问之间的紧张关系。

在第 5 章中，作者概述了德国联邦宪法法院（German Federal Constitutional Court）近来关于被遗忘权的案例，介绍了德国联邦宪法法院发展的新法律框架——"平行适应性"（Parallel Applicability）。它决定了德国法律如何区分国内和欧盟基本权利的适用，该框架不仅为国内法提供了相当大的空间，而且也有可能扩大德国联邦宪法法院对不同区域的监管制度的管控力度。最后，作者分析了欧盟法律对这一权利碎片化保护的风险以及由于对国内和欧盟法律标准的分歧而产生不一致的风险。

在第 6 章中，作者重点研究了欧洲法院的域外案例法，旨在通过欧洲法院的案例法研究域外效力问题。并讨论在平衡的过程中，欧盟法制定的各项权利如何对第三国的数字主权产生影响。作者总结了欧洲法院立场的一些思考，分析了欧盟法律的域外效力和可能出现的新趋势。

在第 7 章中，作者探讨了欧盟法域外效力的基本条件，着重讨论了欧盟基本隐私权在跨境数据传输中的适用问题，研究了域外法权的这一特殊方面。作者详细分析了 Schrems I 决定，对法院在 Schrems I 中对域外法权构建的前提提出了批评，认为该案在内部维度上和外部维度上都存在问题。作者研究了 Schrems II 构建的治外法权维度，认为该案划清了欧盟适用数据保护法律规则的实质边界，提出了在更坚实的基础上建立欧盟数字权利保护的建议。

在第 8 章中，作者详细介绍了《云法案》中明示或默示授权犯罪嫌疑人和其他人在国外活动进行持续监控的条款。作者认为该法令在许多方面的措辞非常模糊，尤其是秘密监视的授权问题，并且指出了限制法律的执行司法管辖权对互联网安全和领土主权安全构成的特殊风险。其次，作者分析了《云法案》中跨边界执法合作的新形式，提出现代电子监视的域外影响可能是巨大的，尤其是在远程访问外国服务器和设备，即使是针对纯粹的国内目标，窃听和手机跟踪也是高度侵入性的活动。最后，作者提出了针对美国有关手机追踪和政府黑客行为的法律的不足之处，以及对未来行政的建议。

在第 9 章中，作者介绍了在线数据提供服务系统，以及该系统允许被使用的法律环境。其次，作者分析了爱尔兰政府未立法允许跨境数据访问的情况下，如何将美国《电子通信隐私法》（Electronic Communications Privacy Act，ECPA）的标准移植到爱尔兰的法律中。由此，作者提出并分析了一个案例，认为爱尔兰对自愿披露的宽容违反了《欧洲人权公约》（European Convention on Human Rights，ECHR），因为它缺乏防止任意干涉个人权利的保障措施。最后，作者分析了自愿披露原则、欧洲电子通信代码（European Electronic Communications Code，EECC）和电子证据包（E-evidence Package）的未来发展。

在第 10 章中，作者分析了欧洲委员会提出的促进跨境获取电子证据的提案——电子证据包和欧洲委员会修改的 2001 年《网络犯罪公约》（2001 Cybercrime Convention）的改革进程。作者研究了现行司法协助框架，认为该框架规范了美国和欧洲之间在刑事上的合作和证据交换，这种关系对国家利益和国际公法以及因这些非正式做法而被剥夺了上述正式司法协助系统中某些检查和保证权利的有关个人所带来的挑战。同时，作者还反思了隐私和数据保护在刑事事务中的重要性，提出了数据保护法相关注意事项，阐明了主题与两者结果之间的关系，为进一步的研究提供了建议。

在第 11 章中，作者从一般性和区域性国际贸易法协定的角度分析了数据自由流动（Free Flow of Data，FFD）的问题，批判性地分析了对"数据"这一极其广泛概念的应用，分析了它可能成为"贸易"对象的可能性。其次，作者论述了"最惠国待遇"（Most Favoured Nation，MFN）和"国民待遇"（National Treatment，NT）原则在应用于数据贸易时无法实现的问题。最后，作者提出了初步的解决办法和达成这些解决办法所涉及的法院。

在第 12 章中，作者批判性地论述了欧盟法律获得域外效力的机制。首先，通过对欧盟数据保护法与欧盟其他法律领域的比较，作者认为域外效力并不是欧盟数据保护法特有的，从而否定了数据例外主义的主张。其次，作者研究了欧盟法律域外效力的基本原理，认为它脱离了欧盟法律的新生原则。最后，以英国脱欧后的跨境数据流动问题为例，作者明确支持了欧盟法律域外效力的论点。

在第 13 章中，作者旨在重构数字主权的含义，并理解数字主权作为欧盟近期政策核心价值的意义、理论基础和挑战。首先，作者阐述了数字主权的概念，具体分析了主权概念的历史沿革，结合主权概念在数字生态系统中的应用，提出了"数字主权"的概念。然后考察了这一概念在欧盟是如何被阐述的，提出在成员国和联盟出现的一系列旨在恢复欧盟数字主权的倡议。最后，作者提出尊重国际礼让、和平合作和尊重多元化的原则可以继续维护欧盟的权利和价值观，而不必再次与外国进行适得其反的"掰手腕"。

【本书目录】

第 1 章　引言

第 2 章　欧盟数据保护法，领事裁判权与主权之间的关系

第 3 章　美国联邦隐私法的挑战与机遇

第 4 章　谷歌诉法国国家数据保护委员会：限制欧盟数据保护法的域外效力

第 5 章　数字主权和多层次宪政：被遗忘权的标准？

第 6 章　欧盟以外的数据保护和表达自由：欧盟司法视角

第 7 章　Schrems I 和 Schrems Il：欧盟基本权利领事裁判权案评估

第 8 章　地平线上的云：美国乌德海盗法案下的跨境监视

第 9 章　自愿向执法部门披露数据：美国互联网公司、其爱尔兰子公司和欧洲法律标准的奇特案例

第 10 章　欧洲执法与美国数据公司：十年自由合作

第 11 章　数据的自由流动：国际贸易法是合适的答案吗？

第 12 章　从欧盟法律角度看数据保护法的域外影响

第 13 章　欧盟的数字主权：挑战和未来展望

Chapter 1　Introduction

Chapter 2　EU Data Protection Law between Extraterritoriality and Sovereignty
（Federico Fabbrini、Edoardo Celeste）

Chapter 3　The Challenges and Opportunities for a US Federal Privacy Law
（Jordan L. Fischer）

Chapter 4　Google v. CNIL: Circumscribing the Extraterritorial Effect of EU Data Protection Law（John Quinn）

Chapter 5　Digital Sovereignty and Multilevel Constitutionalism: Whose Standards for the Right to be Forgotten?（Dana Burchardt）

Chapter 6　Data Protection and Freedom of Expression Beyond EU Borders: EU Judicial Perspectives（Oreste Pollicino）

Chapter 7　Schrems I and Schrems II: Assessing the Case for the Extraterritoriality of EU Fundamental Rights（Maria Tzanou）

Chapter 8　Clouds on the Horizon: Cross-Border Surveillance Under the US CLOUD Act（Stephen W. Smith）

Chapter 9　Voluntary Disclosure of Data to Law Enforcement: The Curious Case of US Internet Firms, Their Irish Subsidiaries and European Legal Standards（TJ Mcintyre）

Chapter 10　European Law Enforcement and US Data Companies: A Decade of Cooperation Free from Law（Angela Aguinaldo、Paul De Hert）

Chapter 11　Free-Flow of Data: Is International Trade Law the Appropriate Answer?（Vincenzo Zeno-Zencovich）

Chapter 12　The Extraterritorial Impact of Data Protection Law through an EU Law（Lens Orla Lynskey）

Chapter 13　Digital Sovereignty in the EU: Challenges and Future Perspectives（Edoardo Celeste）

《惩罚与私法》

冯丽芳

书名：*Punishment and Private Law*

作者：Elise Bant、Wayne Courtney、James Goudkamp、Jeannie Marie Paterson

出版：哈特出版社 2021 年版

【作者简介】

Elise Bant 是墨尔本大学（the University of Melbourne）的教授级研究员和西澳大利亚大学（the University of Western Australia）的私法和商业法教授，拥有西澳大利亚大学的文学和法律（荣誉）联合学士学位、牛津大学的民法学士学位和哲学博士学位。Elise Bant 教授在加入西澳大利亚大学法学院之前，曾在律师事务所从事商业诉讼工作。随后在牛津大学任教，并在葡萄牙担任访问学者，于 2008 年加入墨尔本大学法学院。Elise Bant 教授的主要教学和研究领域是不当得利（unjust enrichment）和归还法（restitution law）、财产法、合同法和消费者法等。

Wayne Courtney 于 2015 年加入新加坡国立大学（National University of Singapore）法学院。他之前曾是悉尼大学（University of Sydney）法学院的副院长、副教授。他专门研究合同法，对商法和私法颇有研究兴趣。其作品被澳大利亚、加拿大、新西兰、新加坡和英国的最高法院、香港上诉法院等其他法院引用。他是墨尔本大学法学院的高级研究员，经常在那里授课。

James Goudkamp 是债法（Law of Obligations）教授和牛津大学基布尔学院（Keble College, Oxford University）的研究员。James 的研究方向集中在侵权法（Tort Law）上，还包括民事诉讼法（Civil Procedure Law）。James 曾任卧龙岗大学（University of Wollongong）法学院副讲师、澳大利亚高等法院的法官助理、牛津大学圣希尔达学院（St Hilda's College, Oxford University）法学讲师，

也是美国法律协会（American Law Institute）的成员。

Jeannie Marie Paterson 是墨尔本大学的法学教授。Jeannie 的专业领域是消费者保护（consumer protection）、消费者信贷（consumer credit）和数据保护法（data protection law），以及有关新兴数字技术（digital technologies）、人工智能（AI）和机器人技术（robotics）的法律。Jeannie 的研究专长广受认可，是墨尔本大学以及澳大利亚和英国各地研究中心的指导和咨询委员会成员。Jeannie 在大学里担任过许多领导职务，包括作为法学博士选拔委员会的成员，并在 2015—2017 年担任副院长，负责墨尔本法学院的法学博士学位工作。

【专著内容】

惩罚（Punishment）在私法（Private Law）中的作用是有争议的，而补偿范式的主导地位往往会使人们的注意力偏离这方面出现的困难问题。本书旨在纠正这种不平衡，其研究了私法中惩罚的实例或潜在实例，还涉及一些复杂的争论，如私法是否应该成为惩罚的根据，以及如果是的话，应该如何和何时进行惩罚。本书涵盖了私法的全部内容，并由来自不同司法管辖区的知名学者撰写。本书共分为五个部分。

第一部分共 1 章。

第 1 章引出了一个争论——惩罚究竟是不是国际私法的一部分？刑法和私法之间经常形成鲜明的对比，且一直以来人们都支持"民事诉讼的目的是赔偿，而刑事诉讼的目的是惩罚"这种观点，但是作者认为刑事诉讼中即使承认赔偿的目的通常不如惩罚的目的重要，但它仍然是刑法的一项功能。至于私法上，一方面，毋庸置疑的是，赔偿至少是私法的一部分的核心。与此相一致的是，补偿性损害赔偿是对侵权行为的唯一补救措施，可作为权利使用，而且，私法承认一些公开的非补偿性的补救措施，如惩罚性（或惩戒性）损害赔偿和恢复性损害赔偿，许多反对私法成为惩罚的依据的论点都是在惩罚性赔偿的背景下提出的，这也是私法对报应问题最明确的体现，但是很明显，关于惩罚是否在私法中占有一席之地的辩论远远超出了惩罚性赔偿的制度。

第二部分共 5 章。

第 2 章主要探讨了惩罚的定义、意义和目的。在现代社会，"惩罚"一直被归类为刑法的范围，是刑法学科详细考察和辩论的主题，即使在刑法这个专业语言已经很成熟的领域，对这个概念的性质和它的适当作用也长期存在着认识混乱。无论是在刑法还是在私法领域都有观点认为惩罚通常被认为涉及报应，报应意味着报复，而报复是不文明的、错误的，没有任何有益的社会目的。因此，这个概念需要被取代，或者被更积极地重新定义，以便将其从野蛮的历史联想中解放出来，朝着产生更大社会效益的、更有价值的目的发展。

第3章主要涉及两个方面的内容。首先，探讨在法国民法中正式引入惩罚的历史争议和缄默；其次，参照英国法律，对法律草案中提议的惩罚性制裁进行比较分析，以此表明旨在威慑和惩罚的补救措施已经存在于法国民法中，与作为核心补救措施的赔偿不同程度地、非正式地并存。

第4章认为虽然从历史上看，英澳法律（Anglo-Australian Law）中的隐私保护一直被视为属于私法和私人利益（很大程度上）的主题，并不过多地涉及惩罚。但在当前过高的透明度、极端的言论和严重的有害行为不仅影响到某些个人和团体，而且影响到广大公众的境况下，需要重新评估私法中惩罚权的规范基础，而伤害、不法行为和公共利益的概念为私法中的惩罚提供了合理的依据。

第5章主要讨论保证（Assurance）的禁止和惩罚理论，并阐述其对理解私法中的惩罚的影响，有鉴于此，作者主张私法在某些情况下是有理由实施惩罚的。

第6章中作者提出民事藐视法庭行为（Civil Contempt）与刑事藐视法庭行为（Criminal Contempt）之间的区别并不严格，两者是可渗透和转化的。即使有人认为规定民事藐视法庭行为是为了保护私人利益，而规定刑事藐视法庭则是为了保护公共利益，但对民事藐视法庭行为的惩罚性是很难否认的。

第三部分共5章。

第7章提出人们普遍认为惩罚性赔偿的目的是"惩罚和威慑"，但这种共识掩盖了一个问题：惩罚和威慑是否或者应当是相同的概念？威慑作为一种不同于惩罚的非报应性目的是否应当保持其自身的地位？

第8章主要澄清了关于惩罚性赔偿的十个误解：（1）惩罚性赔偿数额往往过高；（2）惩罚性赔偿的数额是不可预测的；（3）诽谤案是惩罚性赔偿的一个重要来源；（4）惩罚性赔偿是一种不正常的补救措施；（5）惩罚性赔偿有时是一种剥夺性赔偿的形式；（6）判决先例规定，在决定是否给予惩罚性赔偿时，先前的惩罚并不重要；（7）判决先例证明了惩罚性赔偿类别测试的合理性；（8）判决先例证明了对违反合同的惩罚性赔偿的不可用性；（9）过失行为不能适用惩罚性赔偿；（10）惩罚性赔偿金可以因共同过失而减少。

第9章谈到尽管一般来说，惩罚性赔偿适用于违约行为是不合适的，但全面禁止也是不可取的（以新加坡上诉法院 PH Hydraulics & Engineering Pte. Ltd. 诉 Airtrust（Hong Kong）Ltd. 一案的判决为例）。

第 10 章强调了阐述相称惩罚的原则和作用的重要性，如此一来不仅可以解决法院过分强调威慑作用的问题，而且还有助于支持在普通法、衡平法和成文法中建立更加一致的威慑性监管制度。

第 11 章提出的论点是，由于惩罚性赔偿的目的与基于损失的补救措施不同，替代性惩罚与之相比更有所不同，但由于惩罚性赔偿无法在纯粹的补偿模式中得到解释，而且替代性责任目前也无法通过侵权原理得以适用，因此惩罚性赔偿的替代性责任便代表了替代性惩罚，虽然这种责任不当地惩罚了无辜的一方，但因其具有威慑力而被认为是可取的。

第四部分共 3 章。

第 12 章作者对"合同法对协议制裁的控制在多大程度上是基于合同当事人不能同意相互惩罚的准则？"这一问题作出回答，其认为合同法与防止协议制裁没有什么关系，合同法甚至可以在有限的情况下容忍协议制裁，即一方被认为有惩罚的权力和这样做的合法利益。纵观对协议制裁的限制范围，法律主要关注两个问题：首先，它规定了一些作为对违约行为的回应而实施的硬性待遇（不等同于惩罚）；其次，当约定的制裁确实是惩罚，而惩罚又是在可以接受的情况下，法律只会对违约行为和制裁之间的相称性进行审查。

第 13 章通过法律规则和学说之间、普通法和衡平法之间以及英国法和学说之间的对比来阐明在私法中当事人试图在其私人交易中建立惩罚条款的可能性。

第 14 章指出了普通法对雇佣合同中的"不良离职者"（Bad Leaver）惩罚性条款的规定存在明显不足，导致大量雇员被定义为"不良离职者"而受到不当的惩罚，严重损害了雇员的离职权。

第五部分共 1 章。

第 15 章作者们整理出了对私法中有关惩罚概念的未来研究和发展具有参考意义的主题，也强调了未来研究私法中有关惩罚概念的工作必须大量利用普通法、衡平法等丰富材料，还要借鉴刑法、比较法和经济理论等领域的观点与见解，更要立足于坚实的经验基础。

【本书目录】

第一部分　导言

第一章　惩罚和私法

第二部分　历史、理论和概念

第 2 章　私法中的惩罚——没这回事（不再是这样的）

第 3 章　惩罚和私法：一些比较性的评论

第 4 章　隐私、惩罚和私法

第 5 章　私法中的惩罚和处罚，特别是关于信托人的法律

第 6 章　最终的制裁：私法诉讼中规制藐视法庭的目的和作用

第三部分　惩罚性赔偿

第 7 章　惩罚性赔偿转化为社会性损害赔偿

第 8 章　惩罚性赔偿：十大误解

第 9 章　合同法中的示范性损害赔偿

第 10 章　通过相称的惩罚产生威慑力：对成文法和普通法原则的评估

第 11 章　替代性惩罚：惩罚性损害赔偿的替代责任？

第四部分　限制惩罚

第 12 章　协定的惩罚

第 13 章　从三个方面控制私人惩罚：英格兰和澳大利亚的刑罚和罚金

第 14 章　雇佣合同中的惩罚：良好离职者、不良离职者及其丑陋性

第五部分　结论

第 15 章　惩罚与私法：未来的主题和前景

Part Ⅰ　Introduction

Chapter 1　Punishment and Private Law

Part Ⅱ　History, Theory and Concepts

Chapter 2　Punishment in Private Law — No Such Thing（Any More）

Chapter 3　Punishment and Private Law：Some Comparative Observations

Chapter 4　Privacy, Punishment and Private Law

Chapter 5　Punishments and Penalties in Private Law, with Particular Reference to the Law Governing Fiduciaries

Chapter 6　The Ultimate Sanction：The Purpose and Role of Contempt in Private Law Litigation

Part Ⅲ　Punitive Damages

Chapter 7　Punitive Damages Transformed into Societal Damages

Chapter 8　Punitive Damages：Ten Misconceptions

Chapter 9　Exemplary Damages in Contract Law

Chapter 10　Effecting Deterrence through Proportionate Punishment：An Assessment of Statutory and General Law Principles

Chapter 11　Vicarious　Punishment：Vicarious　Liability　for　Exemplary Damages?

Part Ⅳ　Limiting Punishment

Chapter 12　Agreed Punishment

Chapter 13　Controlling Private Punishment in Three Dimensions：Penalties and Forfeiture in England and Australia

Chapter 14　Penalty in the Contract of Employment：The Good, the Bad (Leavers) and the Ugly

Part Ⅴ　Conclusion

Chapter 15　Punishment and Private Law：Future Themes and Perspectives

《作为全球环境保护监管者的欧盟：
以合法性视角》

陈　露

书名：*The EU as a Global Regulator for Environmental Protection：A Legitimacy Perspective*

作者：Ioanna Hadjiyianni

出版：哈特出版社 2019 年版

【作者简介】

Ioanna Hadjiyianni 拥有伦敦国王学院潘迪生法学院（Dickson Poon School of Law，King's College London）博士学位，伦敦大学学院（University College London）环境法与政策法学硕士学位（LLM）和伦敦玛丽女王大学（Queen Mary University of London）英语和欧洲法学学士学位，目前是塞浦路斯大学（University of Cyprus）的法律讲师。她教授欧盟宪法和行政法以及环境和气候变化法的专业课程，主要研究欧盟法律在环境保护领域的全球影响力。她曾是欧洲大学研究所的马克斯·韦伯（Max Weber）计划博士后研究员。她是欧洲大学学院（European University Institute，EUI）环境法工作组和 EUI "世界中的欧洲"跨学科专题研究组的积极成员。她获得了马克斯·韦伯计划教学证书。

本书为她的博士论文，调查了欧盟环境法的域外影响，并于 2019 年在哈特出版社出版，该专著入围 "2020 SLS Peter Birks 杰出法律奖学金图书奖"。

【专著内容】

本书批判性地考察了欧盟环境法为解决全球或跨国环境问题而采取的单边的与贸易相关的措施，使欧盟环境法的适用范围扩展到欧盟之外，此为具有域外效力的内部环境措施（Internal Environmental Measures with Extraterritorial Implications，IEMEIs）。IEMEIs 模糊了欧盟法律秩序的"内部"和"外部"之间的区别：通过同时监管欧盟内部市场和对外贸易，IEMEIs 产生了跨国治理，这对国家主权、管辖权和合法性的传统理解提出了质疑。

本书旨在识别和解释具有域外效力的内部环境措施 IEMEIs 作为欧盟全球监管权的重要体现的新兴法律现象，并从合法性的角度评估欧盟环境法的域外影响。本书研究了可以加强 IEMEIs 合法性的机制，重点关注欧盟和世界贸易组织的法律秩序。本书一共分为三部分，7 章。

第一部分共 2 章，讨论了具有域外效力的内部环境措施是欧盟全球监管权的表现。

第 1 章提到 IEMEIs 虽然是在欧盟法律秩序内创建的，但它们受到在第三国和跨国运作的法律制度的影响。本章的目的是将 IEMEIs 确定为欧盟全球监管权的体现，与不同类型的欧盟对外关系工具一起采用。在分析 IEMEIs 的法律性质时，本章提请注意这样一个事实，即 IEMEIs 既符合欧盟、国内法和国际法（包括 WTO 法）的法律制度，又不稳妥地介于两者之间。因此，它们与第三国法律以及双边和多边协议产生了不同类型的监管互动。

第 2 章讨论了全球监管权的合法性问题。欧盟通过 IEMEIs 采取的单边行动十分有争议，因为它们经常影响发展中国家，而发展中国家可能缺乏适应欧盟标准的必要资源和能力，这就提出了欧盟单边行动是否符合国际分配正义原则的重要问题。此外，IEMEIs 将监管标准扩展到通常在制定和实施过程中没有发言权的参与者。因此，欧盟监管权的行使可能没有考虑到欧盟以外利益受影响的主体的充分问责、考虑或参与，从而造成一系列"外部合法性缺口"。本章认为，在缺乏合法化 IEMEIs 的既定政治或法律基础的情况下，需要在多个法律制度中应用合法性机制和规范的最佳组合，以使 IEMEIs 的创建和运营合法化。本章探讨了理解合法性的三种方式，它们包括：在连贯的法律秩序中发展和应用以国家为中心的合法性理解；与国家间政权国际行使权力有关的谅解；以及更多关于超越既定法律边界行使跨国权力合法化的新颖理解。

第二部分共 2 章，介绍了欧盟的法律对 IEMEIs 的合法化功能。

第 3 章探讨了欧盟行政法程序是否提供了填补外部问责缺口的机制，同时也研究了参与性和代表性以及相关程序正义等更具体的缺口。允许第三国利益集团尽管是以非正式和临时的方式参与讨论。由于软法实践中参与机会的不可预测性、不稳定的游说过程，通过这些过程考虑第三国利益存在局限性。在 IEMEIs 的实施和执行阶段，欧盟的行政原则和程序权利加强了适用欧盟法律的正当程序，为利益受影响的第三国提供了更多的具体保护。

在第 4 章中，对欧盟司法系统内的这些理论和程序以及受影响第三国的行为者在欧盟法院（Court of Justice of the European Union，CJEU）可执行的程度进行审查，进一步证明了欧盟法律使 IEMEI 合法化的潜力。司法审查是一种重要的机制，它有助于掌握监管权，维护法治，并确保行政机构遵守程序要求。在某种程度上，欧盟法院在审查治外法权方面的作用与其在欧盟内部运作中的作用没有太大区别。本章展示了第三国行为者在欧盟法律秩序中对 IEMEIs 提出司法质疑的不同机会（以及它们的局限性）。

第三部分共 3 章，介绍了世界贸易组织的法律对 IEMEIs 的合法化功能。

第 5 章考察了 WTO 实质性义务在支持和约束 IEMEIs 中的合法化功能。IEMEIs 可以提出与《关税与贸易总协定》（General Agreement on Tariffs and Trade，GATT）项下的货物贸易或《服务贸易总协定》（General Agreement on Trade in Services，GATS）项下的服务贸易有关的问题，有时两者都可以。例如，某些 IEMEIs 可以提出根据 GATT 第 11 条的数量限制有关的问题。本章侧重于国民待遇和最惠国待遇的关键：非歧视义务。本章还探讨了某些 IEMEIs 如何可能属于《技术性贸易壁垒协定》（Agreement on Technical Barriers to Trade，TBT）的范围，以及在制定和实施技术性贸易壁垒时需要考虑第三国影响的额外、更详细的义务。

第 6 章讨论到即使 IEMEIs 未能遵守本章讨论的 WTO 实质性义务，欧盟也可以在例外情况下证明此类贸易限制措施的合理性以合法地追求环境保护目标。本章主要关注 GATT 第 20 条，而分析也与追求 GATS 和 TBT 协议下的合法目标相关。根据第 20 条，监管国必须首先表明其措施旨在实现第 20 条各款的合法理由之一，通常与监管措施的法律设计有关。然后，它需要证明其措施也符合导言，通常涉及对第三国适用措施的方式。

第 7 章谈到 WTO 中的世贸组织程序规则和程序可以通过创造跨国问责渠道和机会，就 IEMEIs 的制定、应用和修订进行协商，从而达到合法化的目的。本章审查了 GATT 和 GATS 规定的报告、透明度和通知的程序性义务，并强调了 TBT 规定的义务对 IEMEIs 的合法化潜力。分析主要侧重于争端解决系统（Dispute Settlement System，DSS）以外的程序性义务和程序，同时提请注意世贸组织争端解决系统的相关判例，该判例为程序性义务的适用提供了指导。

最后作出总结。目前，欧盟和世贸组织的法律都倾向于启用 IEMEIs，而不总是对如何行使欧盟全球监管权提供充分的检查。它们都有潜力发挥更平衡的合法作用。本书并没有建议约束功能应该占上风，因为这将使解决全球环境问题的全球集体行动的僵局和挑战卷土重来。本书制定了一个框架，通过合法化机制的组合，分析和评估超出既定管辖范围和跨不同法律框架国家的监管权的行使。本书审查了欧盟和世贸组织法律作为实质上决定 IEMEIs 法律运作的关键法律制度，在多大程度上为使这一新出现的法律现象合法化提供了适当机制。虽然在某种程度上，这两个制度分别解决了与 IEMEIs 相关的合法性差距，但它们可以通过共同努力，要求考虑利益受影响第三国进一步促进 IEMEIs 的合法性。

【本书目录】

前言

导言：调查的范围和框架

第一部分　具有域外效力的内部环境措施是欧盟全球监管权的表现

第 1 章　识别和制定具有域外效力的内部环境措施的法律现象

第 2 章　全球监管权的合法性——以 IEMEIs 案例为例

第二部分　欧盟法律秩序中的 IEMEIs 介绍：欧盟法律对 IEMEIs 的合法化功能

第 3 章　欧盟的决策过程和 IEMEIs

第 4 章　欧盟法律体系中 IEMEIs 的司法审查

第三部分　世界贸易组织秩序中的 IEMEIs 介绍：世界贸易组织对 IEMEIs 的合法化功能

第 5 章　WTO 对 IEMEIs 的影响和法律控制：实质性义务

第 6 章　WTO 例外情况下的 IEMEIs 正当性

第 7 章　WTO 作为讨论 IEMEIs 透明度和磋商的论坛

结论：结合法律秩序使全球监管权合法化

Front Matter

Introduction：Scope and Frame of Inquiry

Part Ⅰ　IEMEIs as Manifestations of EU Global Regulatory Power

Chapter 1　Identifying and Mapping the Legal Phenomenon of Internal Environmental Measures with Extraterritorial Implications（IEMEIs）

Chapter 2　The Legitimacy of Global Regulatory Power—The Case of IEMEIs

Part Ⅱ　IEMEIs in the EU Legal Order Introduction：The Legitimatizing Function of EU Law for IEMEIs

Chapter 3   EU Decision-Making Processes and IEMEIs

Chapter 4   Judicial Review of IEMEIs in the EU Legal System

Part Ⅲ   IEMEIs in the WTO Legal Order Introduction: The Legitimatizing Function of WTO Law for IEMEIs

Chapter 5   WTO Influence and Legal Control of IEMEIs: Substantive Obligations

Chapter 6   Justifying IEMEIs under Exceptions in the WTO

Chapter 7   The WTO as a Forum of Transparency and Consultation on IEMEIs

Conclusion: Combining Legal Orders to Legitimize Global Regulatory Power

《中国履行 WTO 裁决研究》

叶巧华

书名：*China's Implementation of the Rulings of the World Trade Organization*
作者：Weihuan Zhou
出版：哈特出版社 2019 年版

【作者简介】

Weihuan Zhou，新南威尔士大学法学院副教授兼研究主任，曾任 WTO 秘书处的法律顾问，目前是国际经济法协会的常务理事，并在 *Journal of International Trade Law and Policy* 担任中国专刊客座编辑。其研究重点是 WTO 法、贸易救济、自由贸易协定、中国对国际贸易和投资的规定、中国融入国际和区域经济秩序等。他在许多国际和国内顶级期刊上发表了论文，如《美国国际法杂志》《国际经济法杂志》《世界贸易评论》《世界贸易杂志》等。

【专著内容】

本专著首次全面系统地分析了中国遵守 WTO 争端解决机制（Dispute Settlement Mechanism，DSM）裁决的情况。它涵盖了中国在加入 WTO 的 17 年期间作为被告的所有争端，并详细讨论了中国执行 WTO 不利裁决的情况、解决 WTO 争端的方法、对这些方法的解释以及履行后的问题。展示了中国如何利用 WTO 裁决的局限性和灵活性来确保其执行裁决的过程中既能充分履约，又能维护其自身利益。本书一共分为 8 章。

第 1 章概述了 DSM 的基本要素和核心功能、DSM 项下合规的总体记录以及中国参与 DSM 的情况，并列出本书的研究范围、分析框架和大纲。

第 2 章按照时间顺序审查了中国决定通过双边协商解决而未诉诸 WTO 裁决的十个案例，概述了这些争端的事实背景和主要问题，再分析中国解决争端的方法以及采取这种方法的原因，就中国参与 WTO 争端解决机制提出了一些一般性意见。作者认为，通过双边协商解决争端至少会造成两个不确定性：（1）受争议措施的 WTO 合法性仍未解决；（2）当通过双边协商解决争端时，若争议措施未被修改、替代或废除，则其将继续影响贸易。

第 3、4 章分别讨论涉及中国货物进口管制的两个案例（中国–汽车零部件案和中国–出版物和视听产品案），中国货物出口管制的两个案例（中国–原材料案和中国–稀土案），简要概述中国根据其 WTO 义务放宽货物进口管制，以及中国的出口管制被认定违反了 WTO 规则后，中国采取措施执行 WTO 裁决的情况。第 3、4 章都从争端的背景审查了 WTO 专家组和上诉机构的裁决，明晰中国采取的措施与 WTO 裁决不一致的地方。随后将对中国的执行情况进行详细分析，包括中国为遵守 WTO 裁决而采取的措施，以评估是否完全遵守、可能影响中国执行的因素以及对其他 WTO 成员和 DSM 的影响。

第 5 章简要概述中国两个与服务贸易相关的 WTO 裁决履行的情况（中国–出版物和视听产品案和中国–电子支付服务案），表明在几乎没有例外的情况下，中国在"服务贸易"和"货物贸易"争端中，都及时圆满地执行了 WTO 不利裁决。中国的执行方针表明，中国已经成为 DSM 中成熟的参与者，充分理解了 WTO 裁决的要求和限制。

第 6 章研究中国知识产权保护和技术转让方面的监管制度，以及在多边贸易体制下出现的主要问题。对两个悬而未决的"与贸易有关的知识产权"争端提供见解（中国–知识产权案和中国–技术转让案），本部分并不涉及对索赔和潜在违法行为的详细审查，而是讨论中国如何应对争端导致的任何不利的 WTO 裁决。

第 7 章简要概述了中国的贸易救济制度，重点介绍了反倾销法律和实践。本章不侧重于裁决的细节，而是讨论了中国诉诸反倾销与反补贴行动的动因，并阐述与其他类别的争端相比，中国履行 WTO 裁决的独特之处。

第 8 章对中国遵守 WTO 裁决的情况、中国遵守 WTO 裁决的方式和原因以及对 WTO 成员和 DSM 的主要影响等问题作出了一些总体结论，重申了 DSM 对多边贸易体制的重要性。

【本书目录】

第 1 章　介绍
第 2 章　未经世贸组织解决的争端
第 3 章　中国的进口管制与 WTO 裁决的执行
第 4 章　中国的出口管制与 WTO 裁决的执行

第 5 章　中国的服务贸易管制与 WTO 裁决的执行

第 6 章　中国的知识产权管制与 WTO 裁决的执行

第 7 章　中国的贸易救济制度与 WTO 裁决的执行

第 8 章　结论

Chapter 1　Introduction

Chapter 2　Disputes Settled Without WTO Rulings

Chapter 3　China's Regulation of Imports and Implementation of WTO Rulings

Chapter 4　China's Regulation of Exports and Implementation of WTO Rulings

Chapter 5　China's Regulation of Trade in Services and Implementation of WTO Rulings

Chapter 6　China's Regulation of Intellectual Property and Implementation of WTO Rulings

Chapter 7　China's Trade Remedy Regime and Implementation of WTO Rulings

Chapter 8　Conclusion

《国际投资条约对东道国的影响：实现善治？》

王亚春

书名：*The Impact of Investment Treaty Law on Host States：Enabling Good Governance?*

作者：Mavluda Sattorova

出版：哈特出版社 2018 年版

【作者简介】

Mavluda Sattorova 在伯明翰大学（University of Birmingham）获得法学博士学位，后进入利物浦法学院（Liverpool Law School）任教，主要从事国际投资法、欧盟法、国际能源法、WTO 法的教学。同时，她也是劳特派特国际法中心（Lauterpacht Centre of International Law）、剑桥大学（Cambridge University）和新加坡国立大学（National University of Singapore）的访问学者，并在伯南布哥州联邦大学（Federal University of Pernambuco）和名古屋大学（Nagoya University）担任客座教授。她是世卫组织欧洲办事处（WHO Regional Office for Europe）举办的关于法律和非传染性疾病预防的莫斯科会议（Moscow meeting on law and NCD prevention）的报告员。

【专著内容】

本书一共分为 7 章。

第 1 章作者介绍了国际投资法的发展：从有利于外国投资者的善治到有利于所有人的善治；随后作者论述了为什么从善治的角度，以合规性为视角来说明国际投资条约对国内治理的影响。

第 2 章从投资条约实践和仲裁法学中"善治"叙事（"Good Governance" Narratives）的起源入手，批判性地评价了：若东道国未能确保国内遵守良好治理标准则应承担责任及这一论点的理论基础和内在一致性。其主要目的不是提供条约实践和仲裁判例的全面分析，而是通过识别和强调国际投资法的法律基础的不足之处，揭露国际投资法"善治"叙事中的缺陷。

尽管在各种仲裁裁决和学术著作中一再出现，但投资条约促进法治和改善国家治理的主张在理论或实证评估中尚未得到支持。

第3章作者通过实证数据来研究投资条约和政府行为之间的相互作用以填补这一空白，将"善治"叙事放在新兴的实证数据中来处理这些问题。

第4章探讨了投资条约中关于责任的规则能否促使东道国遵守条约中关于善治的规定。此外，作者还论述了诉诸其他补救形式的前景和挑战，例如，具体履行和强制令的补救办法，以促进更大程度地遵守投资条约。

第5章借鉴投资条约实践、投资仲裁法理以及实证案例研究的见解，认为国际投资条约法缺乏善治机制所必需的一些重要特征，如明确性、一致性、可预见性，这与法治要求背道而驰。同时，作者还探讨了投资条约制度是否会有效地使外国投资者免受国内制度缺陷的影响，并以一种更强大、更有效的国际替代方案取代后者，从而降低了东道国改善国内治理机构和实践的动机。

第6章重点讨论投资条约机构未能保持更具包容性和参与性的做法。尽管正在形成一种共识，即全球善治标准应包括责任制和个人参与权利等原则，但投资条约法在很大程度上仍不关心东道国的社会政治，强调需将外国投资者与国家政治进程分离。

【本书目录】

第1章　导论

第2章　国际投资法和学术中"善治"叙事的起源：历史和理论分析

第3章　东道国如何应对投资条约法？

第4章　补救设计在促使东道国遵守投资条约善治标准中的作用

第5章　投资条约法及其促进东道国善治的内部能力

第6章　国际投资法及其反参与意向

第7章　结论

Chapter 1　Introduction

Chapter 2　Genesis of "Good Governance" Narratives in International Investment Law and Scholarship: An Historical and Doctrinal Analysis

Chapter 3　How Do Host States Respond to Investment Treaty Law?

Chapter 4　The Role of Remedy Design in Inducing Host States to Comply with

Investment Treaty Standards of Good Governance

Chapter 5　Investment Treaty Law and Its Internal Capacity to Foster Good Governance in Host States

Chapter 6　International Investment Law and Its Anti-participatory Animus

Chapter 7　Conclusion

《内部市场的社会合法性》

李通敏

书名：*Social Legitimacy in the Internal Market*
作者：Jotte Mulder
出版：哈特出版社 2018 年版

【作者简介】

Jotte Mulder 是乌得勒支法学院欧洲研究所的助理教授。他在阿姆斯特丹大学获得国际法及欧洲法学士和硕士学位，并在伦敦国王学院完成了竞争经济学的研究生学习。在转向学术界之前，作者在阿姆斯特丹和布鲁塞尔从事欧盟竞争法多年。他是每年更新的 Jones/Van der Woude 竞争法手册的编辑，并定期发表有关欧洲经济法的文章。

【专著内容】

本书的主要内容是有关内部市场法的社会合法性的问题，旨在通过讨论被称为来自跨国效应的论点以及欧洲法院可以称为"社会响应"的裁决模式的发展来回答现实中存在的问题。该书深入研究了法院在欧盟自由流动领域的判例法、竞争法和国家援助法。本书一共分为 5 章。

在第 1 章中，作者考察了 1945 年后国际贸易制度结构的发展，介绍了 Karl Polanyi 关于"嵌入式"与"非嵌入式"社会经济秩序的概念，并以此为理论基础分析了欧盟产生社会合法性危机的原因。通过否认关于社会合法性的传统经验观点，作者阐述了社会合法性的规范承诺的观点，提出了以下问题："我们可以采取哪些措施来防止跨国效应的争论陷入经济正当程序的恣意妄为？"并在社会回应（Social Responsiveness）的理论基础上对这个问题给出了答案。

在第 2 章中，作者提出了社会回应的基本原理，承认《欧盟公民自由流动法》的目标与成员国内的社会领域之间的明显冲突。作者分析了法院采用的自由流动裁决的模板并讨论了在该模板内对自由流动冲突的"评估"将如何导致不可通约性问题以及社会合法性的规范性要求的问题。其次，作者具体地研究了法院目前开发的、根据理想类型模型管理欧盟法律领域的裁决技术，指出了目前法院开发的裁决模式缺乏一致形式的回应。除此之外，作者还收集了一些方法并考虑如何将它们重构为更符合社会合法性规范要求的裁决模型，提交的模型根据真实冲突的存在与否来指导判断推理的选择和应用。最后在此基础上，作者建议法院的判例法应当合理化、重组并适应成员国的多样性。

在第3章中，作者探讨了如何通过欧洲竞争法和竞争政策创造、巩固和调动一定的经济合理性，以及在特定市场背景中欧洲竞争法的构建、维护和知识框架转换作用的问题，并通过社会合法性的规范视角对此进行了反思；分析了欧盟竞争规则适用中的价值、不确定性和不可通约性等相关问题，阐述了这些问题如何与欧盟的现有文献相联系、处理竞争法目标以及竞争规则在多大程度上包含"非竞争"利益的竞争法。针对上述问题作者研究了三个案例，并结合社会合法性的要求对欧盟竞争法的适用提出了问题。收集并讨论了法院对社会背景作出回应的判例法，重新构建了一个连贯判例法的社会合法性模型，并展示了这种方法如何在突出案例研究的基础上适应欧盟内部的社会多样性。

在第4章中，作者继续介绍了法院和普通法院（General Court）的裁决技巧和方法，基于市场评估的潜在权宜性，还讨论了国家援助案例中的社会合法性问题。由于相互回应思想（Idea of Mutual Responsiveness）被引入国家援助法，作者描述了欧盟国家援助法的目标，并从社会合法性的角度确定潜在规范关注的领域。并且，作者追溯了判例法中相互回应的片段，采用相互回应的视角重构了法院的一些判例法。最后，作者探讨了欧盟国家援助规则对成员国追求社会目标的潜在影响，将上述碎片化结构重构为一个基于相互回应对话理论的连贯的裁决模型。

第5章是对本书观点的总结。书中提出的论点旨在促进欧盟内部市场的理论辩论以及合法作用和社会目的，在基于相互回应的对话中发生的共同语言，推断和重构了内部市场三个领域（自由流动法、竞争法和国家援助法）之间的相互联系，认为内部市场的社会目的应当成为内部市场的组成部分。

【本书目录】

简介

第1章 社会合法性、社会范围和内部市场的嵌入性

第 2 章 《欧盟公民自由流动法》中的社会合法性

第 3 章 欧盟竞争法中的社会合法性

第 4 章 欧盟国家援助法中的社会合法性

第 5 章 结论：基于相互响应对话的内部市场中的社会合法性

Introduction

Chapter 1 Social Legitimacy, the Social Sphere and Embeddedness within the Internal Market

Chapter 2 Social Legitimacy in EU Free Movement Law

Chapter 3 Social Legitimacy in EU Competition Law

Chapter 4 Social Legitimacy in EU State Aid Law

Chapter 5 Conclusion: Social Legitimacy in the Internal Market on the Basis of a Dialogue of Mutual Responsiveness

《欧洲合同法》

冯丽芳

书名： *European Contract Law*
作者： Reiner Schulze、Fryderyk Zoll
出版： 哈特出版社 2018 年版

【作者简介】

Reiner Schulze 为德国明斯特大学法学教授，研究领域包括民法、法律史和欧洲私法。他是《欧洲私法杂志》《新法律史杂志》等德国重要法律杂志编者，还是《民法典评注手册》《国际买卖法手册》《欧洲私法基础法律文本》等著作的编者。其积极参与欧洲私法一体化进程，是欧洲既有私法研究组（Acquis Group）成员，近年来发表大量该领域的重要论文。

Fryderyk Zoll 为波兰克拉科夫雅盖隆大学和德国奥斯纳布吕克大学法学教授，是欧洲既有私法研究组（Acquis Group）成员，研究领域包括民法、欧洲私法和比较法。

【专著内容】

欧洲合同法不仅是欧洲私法的一个核心方面，也在国家层面的合同法发展中发挥着非常重要的作用。然而，欧洲合同法的贡献和意义往往被忽视，其内容、方法和目标也没有被充分理解。本书于 2016 年出版，经过修订和更新的第二版通过提供关于欧盟中心立法、法院判决和学术课题的基本信息，来展示欧洲合同法的体系是如何从不同来源的对话中产生的，也至此打开了欧洲合同法的大门。此外，第二版还考虑到"数字革命"带来的立法建议和挑战，以及 21 世纪合同法的发展，并纳入了最新的《数字内容指令》（拟议版）（*Digital Content Directive*）、《地理封锁条例》（拟议版）（*Geo-blocking Regulation*）、《抵押贷款指令》（*Mortgage Directive*）和《一揽子旅游指令》（*Package Travel Directive*）。

本书一共分为 8 章。

第 1 章强调合同法是市场组织的核心法律工具，因此也是市场社会中所有形式的商品交换和服务提供的规则堡垒。自 20 世纪中期以来，欧洲的经济和政治一体化已经推动了世界上最大的内部市场之一的建立，在这个市场上，每年有总价值约 2800 亿欧元的商品交易，在不需要支付关税或其他费用的情况下，欧盟内部市场为近 5 亿名消费者提供了从 28 个欧盟成员国购买商品和服务的可能性。在世界其他地区，从中国到美国，这种规模相当的共同市场长期以来一直有一个共同的贸易法（如美国的《统一商法典》）或一个共同的合同法供其使用，相比之下，欧洲内部市场想要消除内部壁垒以求释放经济潜力的愿景却缺乏一个类似的法律体系为之助力。

第 2 章通过对比《欧洲示范民法典草案：欧洲私法的原则定义和示范规则》（*Principles, Definitions and Model Rules of European Private Law Draft Common Frame of Reference*，DCFR）、《消费者权益指令》（*Consumer Rights Directive*）、《消费者销售指令》（*Consumer Sales Directive*）、《线上销售指令》（*Online Sales Directive*）等法律法规中的条款以界定"合同"（Contract）一词的定义，以及到底哪些才是合同的核心要素。

第 3 章主要探讨欧洲私法对于"先合同义务"（Pre-contractual Duties）的重视程度。随着商品经济的发展，欧洲私法越来越关注在合同缔结之前当事人之间是否存在忠诚义务的问题，然而，目前欧盟法律只局限于先合同义务的特定方面，特别是先合同义务中的信息义务。同时，欧盟法律也正在采取更多的措施以保障合同双方当事人的利益，如在其中纳入受诚信和诚实市场惯例原则约束的特定义务就说明了这一点。

第 4 章认为关于合同中的不平等条款是合同法的重要组成部分，比如消费者合同中的不公平条款法构成了欧盟成员国合同法的核心部分，并且是在整个欧洲已经通过了广泛立法的一个领域。现代经济活动的现实是，不受《不公平条款指令》（*Unfair Terms Directive*）约束的消费者合同在很大程度上是一种例外。《不公平条款指令》是欧洲合同法中最重要的法律文书之一，它在实践中发挥了显著的作用，但它不是一个自成一体的系统，其公平原则只能在成员国自己的法律体系框架内实现，而成员国也对该指令实现的协调程度负责。因此，《不公平条款指令》只是作为一个工具，其空白将由国家层面的价值来填补。然而，不得不注意到，这个工具并不是中立的，它传达了欧洲整体对于合同中"诚信"的看法，欧盟法律和欧洲各国法律不可分割地交织在一起的一个典范。

第 5 章谈到合同规定了一方或双方为对方或第三方履行的义务，而这些义务的内容可以是多样化的，因此合同自由的原则主要是确保当事人可以决定其合同义务的内容。目前看来，合同自由在成员国的法律以及欧盟合同法中均得到了承认。因此，国家法律中的强制性规则往往只适用于有限情况下的履约义务。然而，成员国的法律包含广泛的规则，特别是关于履行方式（如时间和地点）以及个别类型的合同中的非强制性义务，如果这些条款没有在合同中具体规定，则是对当事人的合同协议的补充。与国家法律相比，共同体法律并不包含一套相对全面的关于履约义务的规则，但目前的欧盟合同法已经对履约义务作出细化，追求诸如保护消费者或中小企业等目标的指令，确实有助于扩大国家法律中关于履约义务的强制性规则的范围，这也被认为对欧洲内部市场的发展和欧盟进一步发挥作用具有重要意义。

在第 6 章中，作者提出不履行合同义务的后果，特别是对不履行义务的法律反应（补救措施）是合同法的核心部分。尽管一些欧盟指令包含合同义务，但提供相应制裁的责任主要留给了成员国，它们是零散的，但一些欧盟法律为这一领域的法律发展提供了关键特征。因此，可以看到一些成员国对传统的违约后果进行了广泛的改变，有时甚至超出了欧洲立法的预期范围。

第 7 章讨论了在行使、限制或执行权利的时效到期的后果，共同体法律的某些方面包含对有时效限制的权利的近乎完整的规定，特别是对撤回权的时效限制。

第 8 章对未来欧洲合同法的发展前景作出了积极的预测。19 世纪和 20 世纪的欧盟立法和判例对各成员国法律中的法律概念和原则产生了相当大的影响。然而，本书所涉及的所有方面都表明，欧洲合同法在应对 21 世纪的缔约要求方面更具创新性，从先合同义务中的信息义务到合同撤回或终止后的恢复义务，欧洲合同法已经细化了这些问题，也正因为人们的努力才使得欧洲合同法更加协调一致，用"系统化"摆脱了"碎片化"。

【本书目录】

第 1 章　基础

第 2 章　核心要素

第 3 章　结论与合同内容

第 4 章　合同中的不平等条款

第 5 章　履约义务

第 6 章　违约后果

第 7 章　排除条款与时效
第 8 章　展望

Chapter 1　Foundations
Chapter 2　Core Elements
Chapter 3　Conclusion and Content of Contracts
Chapter 4　Unfair Contract Terms
Chapter 5　Performance Obligations
Chapter 6　Consequences of Non-performance
Chapter 7　Preclusion and Prescription
Chapter 8　Outlook

《美国民事律师法：执业指南》

陈　露

书名： *US Law for Civil Lawyers：A Practitioner's Guide*

作者： Kirk W. Junker 等

出版： 布鲁姆斯伯里出版社 2021 年版

【作者简介】

Kirk W. Junker 是科隆大学（University of Cologne）法学教授，担任美国法系主席（Chair in U. S. Law）。他还是科隆大学环境法中心（Environmental Law Center）主任和国际环境科学硕士项目（International Master of Environmental Sciences Program）的委员会主席。

【专著内容】

本书向可能与美国律师互动的执业民事律师的读者解释了美国私人、公共和刑事实践的各个领域，以及美国法律研究。每一章都由在其各自领域内实践和教学的公认专家撰写。此外，第一章介绍了美国民事律师法的"外国"性质，由编辑 Kirk W. Junker 撰写，他在科隆大学担任美国法律教授，作为学生在德国和法国学习了十年的法律，之前在美国作为律师执业了 9 年。作为从业者指南，本书的一个特点是每个法律领域的每个专业术语都有对应的德语和法语表述，并附在每页的脚注中。此外，每章还包括练习技巧、练习检查表和说明性示例，每部分内容都在单独的框中明确标记。一些章节还提供表格、示例草稿文档和模板，使本书易于用作参考书和手册。本书一共分为 15 章。

第 1 章旨在将比较法的一些思想应用到美国法律体系中的一些概念上，这些概念对大陆法从业者来说似乎是最陌生的。对于受过大陆法传统教育和培训的律师来说，美国法是外国法，本书以此为起点，作者假设读者不是美国律师，外国法的研究和实践本质上是比较法领域的一项练习，因为人们总是在脑海中思考外国法的概念和实践与本国法律体系中的思想和实践有何相似或不同之处。而在美国内部，鉴于美国的横向联邦结构，其中各州在许多立法和实施领域拥有主权，而中央联邦政府是有限权力之一，各州在相互关系中采用国际公法原则，执业律师必须充分了解这些"法律冲突"才能在州际执业。

第2章概述了美国联邦法院系统中的民事诉讼。本章首先介绍了美国法律的一般概念。虽然本章的重点是联邦法院系统，但了解联邦法院的关键是了解它们如何与每个州运作的独立法院系统相吻合。然后本章将依照典型诉讼的程序，确定并解释联邦民事诉讼规则。

第3章解释了在美国联邦系统的诉讼期间内向民事法庭提交的书面摘要（Briefs）的作用以及起草策略。由于摘要是律师和初审法官（或上诉法官）裁决案件的重要沟通工具，因此美国律师必须投入大量时间研究、概述、起草和编辑这些法律文件。接着，本章总结了美国律师在联邦民事诉讼的不同阶段撰写的不同类型的法律摘要，并在该框架内解释了美国律师的研究及撰写过程和策略。最后，本章提供了三种常见类型的审判级摘要的示例结构大纲。

第4章介绍了美国（国际）仲裁法律、惯例和文化规范（Cultural Norms）。由于美国法律体系强烈支持美国国际仲裁，并将其视为一种节省时间、具有成本效益的争议解决方式，可以促进当事人的意思自治的同时，减轻法院诉讼的压力，因此世界上大约32%的国际仲裁都在美国进行。

第5章讲到进入21世纪，世界各地的执业律师不断遇到用英文写成的合同协议。其中许多是根据美国法律、美国起草标准或两者起草的。因此，本章旨在成为正确使用英语合同结构和措辞的指南。将合同分解为各个组成部分，然后讨论每个部分本身使用的措辞，以便更轻松地理解英语合同的强大功能，并提高起草和修改现有合同的能力，从而解释如何以及为什么以这种方式起草和构建英语语言合同，并为读者提供工具，使他们的合同起草更容易、更有效。

第6章介绍了美国对保密信息的法律保护。保密信息的法律保护很复杂，索赔的类型和救济的种类都需要仔细关注所涉及的50个州中的一个或多个州的法律。律师必须在帮助公司保护这些信息方面发挥作用，从而鼓励创新。同时，律师也必须警惕保护离职员工的谋生权利。

第7章介绍了背靠背合同（"Back-to-Back" Contracts）这一新型合同。在建筑行业和大型总承包领域，双方同意将主合同的条款和条件以及技术规范向下转包至分包合同的情况非常普遍。本章具有双重目的，从实践的角度来看，它说明了背靠背合同的主要问题以及法院和法规如何解决这些问题。从理论的角度来看，它列出了作者认为现在应该被视为一种新合同类型的主要特征。接受新合同类型概念的好处是我们可以开始强调适用于背靠背合同的一般原则和规则。这使我们能够更好地了解背靠背合同以及背靠背条款的可执行性限制。

第 8 章概述了美国的知识产权——特别是如何获得和实施知识产权保护。美国的知识产权（Intellectual Property）由四个不同的制度组成：版权、专利、商标和商业秘密。与其他一些国家不同，美国不承认工业设计是一种独特的知识产权权利。本章旨在让在美国市场开展业务的公司熟悉美国知识产权法的基本特征，提前规划和准备，并使美国以外的公司能够及时保护其在美国宝贵的无形资产。

第 9 章概述了美国的所得税。第二节重点介绍所得税的实体法，以及美国有权征收所得税的司法管辖区。第三节至第八节仅关注联邦政府的收入征税和税收，特别强调美国国税局（Internal Revenue Service，IRS）在寻求进一步调查所得税申报表的准确性或确定纳税人申报表中存在错误或其他缺陷时采用的程序。另外的讨论将涉及纳税人对税务局所做决定的上诉权。

第 10 章介绍了美国的海商法。美国在核心领域（货物运输、海员待遇、船舶租赁和其他适用于古代帆船和现代集装箱船及油轮的领域）从英国继承了许多传统的实体海商法概念并开发了一套海商法，它是成文法和判例法的混合体。

第 11 章介绍了非营利组织形式及其结构、治理的最佳实践以及适当管理的技巧。美国的第三组织，即非营利组织，在日常商业、慈善捐赠和扩大个人利益的过程中占主导地位，事实上，2018 年美国的慈善捐赠约 4277 亿美元。本章向外国律师介绍了有关非营利组织的独特监管制度。很明显，尽管有"非营利"一词，但这些组织控制着大量资产，拥有相当大的政治影响力，并推动了科学和文化的进步。非营利组织带来了许多好处，也带来了不少坏处，本章将详细对此进行介绍。

第 12 章首先讨论了个人移民，即成为美国公民的过程。接下来，本章将简要介绍美国移民法的历史，并介绍参与美国现行移民制度的机构。然后，本章介绍了"行政法"的概念，并讨论了美国移民法中涉及的具有约束力的机构。还介绍了移民法院系统中的主体。在此背景下，本章接下来探讨了一些寻求进入美国的人使用的签证，如"移民"和"非移民"签证。最后，本章讨论了美国识别和保护难民及庇护者的程序和目标。

第 13 章介绍了白领犯罪这一情况，即犯罪的不是穿蓝领衬衫的工人，而是穿白领衬衫的办公室工作人员。由于对这些人和他们可能犯下的罪行的限制越多，管辖权的重点也随之改变。因此，本章讨论美国联邦法院对各类犯罪的管辖权，尤其是邮件欺诈。

第 14 章讲到环境与法律的关系，法律是一种工具，可以帮助纠正在环境领域发生的不平衡和极端情况，使它们在自然世界中再次可持续。美国环境法至少有两个特点使其区别于其他国家的环境法文化。第一个是美国联邦制的独特概念，称为合作联邦制（Cooperative Federalism），它要求律师始终了解州和联邦的法律。法律从业者会发现的第二个特点是对待诉讼的态度，美国文化对法律的自由放任态度与大陆法系国家有明显不同的区别。

第 15 章介绍了粮食主权这一概念。在美国，"粮食法"并不是单一的法律体系，其涵盖环境、行政、公司、知识产权和国际法。本章将举例说明美国粮食法在实践中将如何发挥作用，通过举例，人们可以看到一个新的法律领域是如何从其他学科和社会需求中出现的。

【本书目录】

导言

第 1 章　作为外国法的美国法

第 2 章　联邦民事诉讼

第 3 章　简要民事诉讼程序起草方案

第 4 章　美国国际仲裁法和实践

第 5 章　合同——起草和内容

第 6 章　保密信息和竞业限制

第 7 章　背靠背合同：新合同类型的诞生

第 8 章　知识产权的保护和执行

第 9 章　所得税和审计

第 10 章　国际海商法的适用：美国独有的问题

第 11 章　慈善组织：非营利组织

第 12 章　移民法：内部视角

第 13 章　白领阶层犯罪

第 14 章　作为外国法的美国环境法

第 15 章　粮食法：在可持续食品体系中实施粮食主权

Front Matter

Chapter 1　United States' Law as Foreign Law

Chapter 2   Federal Civil Litigation

Chapter 3   Civil Procedure Brief Drafting Strategy

Chapter 4   United States' International Arbitration Law and Practice

Chapter 5   Contracts—Drafting and Content

Chapter 6   Confidential Information and Restrictive Covenants

Chapter 7   The Back-to-Back Contract: The Birth of a New Contract Type

Chapter 8   Intellectual Property Protection and Enforcement

Chapter 9   Income Taxation and Audits

Chapter 10   Application of International Maritime Law: Issues Unique to The United States

Chapter 11   The Charitable Sector: Nonprofit Organizations

Chapter 12   Immigration Law: A View from the Inside

Chapter 13   White Collar Crime

Chapter 14   United States' Environmental Law as Foreign Law

Chapter 15   Food Law: Implementing Food Sovereignty in Sustainable Food Systems

《国际法下的国家责任、气候变化与人权》

叶巧华

书名：*State Responsibility，Climate Change and Human Rights under International Law*

作者：Margaretha Wewerinke-Singh

出版：哈特出版社 2018 年版

【作者简介】

Margaretha Wewerinke-Singh，荷兰莱顿大学国际法助理教授、南太平洋大学环境法副高级讲师。Margaretha 的研究建立在十多年来参与可持续发展和人权相关法律程序的基础上，除此之外，她还担任各国政府在国际气候变化谈判中的法律顾问，代表非政府组织出席联合国人权理事会，并就气候变化与非洲人权之间的关系向非洲人权和人民权利委员会提供咨询。她目前向联合国人权事务高级专员太平洋区域办事处提供人权和气候方面的咨询，并担任全球人权与环境网络欧洲区域副主任。

【专著内容】

随着《巴黎协定》（*Paris Agreement*）将气候变化制度的重点转向自愿行动上，气候变化的人道主义影响在世界各地逐渐显现，气候问责制已成为一个日益突出的问题。本专著借鉴国家责任制度，及时全面地分析了与气候变化对人权影响问责相关的法律问题，解释了与气候变化相关的国家行动何时何地可能构成对人权的侵犯，并评估了受害者可利用的各种法律补救途径。本书一共分为两个部分，共 10 章。

第一部分共 5 章，为法律和概念基础。

第 1 章导言部分介绍了本书使用的研究方法不同于人权和气候变化学术研究中最常用的方法，它利用维也纳解释规则来解决将人权法适用于气候变化方面可能存在的困难，即缺乏处理气候变化和人权问题的国际判例。基于此种方法，原则上能够证明将国际人权法原则与气候变化的现实相协调是有可能的。

第 2 章分析了国际人权法的渊源和国际人权体系，以《公民权利和政治权利国际公约》（*International Covenant on Civil and Political Rights*）和《经济、社会、文化权利国际公约》（*International Covenant on Economic, Social and Cultural Rights*）为起点，审查了国家根据国际人权条约所承担义务的领土和属人范围，表明鉴于国际人权条约没有具体涉及气候变化问题，因此必须了解在何种程度上以及如何解释这些条约的规定，以解决与气候变化相关的危害。

第 3 章概述了应对气候变化的国际法律对策，重点是在《联合国气候变化框架公约》（*UNFCCC Conference of the Parties*）主持下通过的条约法律，包括《京都议定书》（*Kyoto Protocol*）和《巴黎协定》（*Paris Agreement*）。此外，本章还讨论了无损害规则，及国家对与气候变化相关侵犯人权行为的责任主张。然而，在气候变化背景下无损害规则的确切含义和范围仍不清楚，部分原因是阐明该规则在实践中含义的判例法有限，《联合国气候框架公约》所载的原则和规则是开放式的，由于该制度缺乏专门的执行机制，因此同样缺乏判例来阐明《京都协定书》《巴黎协定》《联合国气候框架公约》本身所载的实质性规范。

第 4 章讨论了国家责任法作为与气候变化相关人权主张总体框架的可能性，重点是其在国际法律体系中的作用。本章还揭示了国家责任与人权、国际气候变化制度之间的相互关系，经分析表明，无论是国际人权法还是国际气候变化法都不排除国家责任法适用于这两个框架中的实质性义务。这一结论为在分裂的背景下对三种不同的法律框架——人权法、气候变化法和国家责任法采取综合方法打开了大门。

第 5 章讨论了如何分别从气候变化法和人权法衍生的法律规范进行解释，以增强连贯性和有效性，同时兼顾人权法的特殊性。它从关于国际法不成体系的角度探讨了与气候变化和人权相关的体制脱节，并提出如何通过对相关规范的演变性解释，在规范层面克服明显的不成体系的问题。经分析表明，克服分裂是可能的，但需要考虑到国际人权法和国际气候变化法的特点。本章最后阐述了在两种不同制度的实质性规范之间建立规范协同作用的若干方法，允许国家责任法作为一个总体框架，在实际或据称违反与气候变化的人权影响相关的国际准则时生效。

第二部分共 5 章，为国家对侵权的责任和补救措施。

第 6 章阐述了如何根据一般国际法和国际人权法将与气候变化相关的行为

归于国家。鉴于所有国家都实施了导致气候变化的行为，而由此造成的损害是长远的，因此特别注意因果关系和连带责任规则。本章表明，从国际法的角度来看，因果关系和连带责任并不像起初看起来那样是确定国家责任的障碍。

第 7 章试图通过分析条约中所表达并在人权判例中所阐述的实质性人权规范来阐明这些义务。本章还审查了如何在评估人权义务的遵守情况时考虑到《联合国气候变化框架公约》的框架，从而提高国际人权法的效力。

第 8 章探讨与气候变化相关国际不法行为的法律后果及其不利影响。首先列出了国际不法行为发生时自动产生的"次要义务"范围，并利用国际判例来解释这些义务在气候变化和人权背景下的含义。它具体审议了法律因果关系问题，这些问题虽然不是在评估归属时产生的，但在损害赔偿方面确实产生了。之后继续审议被称为加重国家责任的国际法义务，特别是解决气候变化的人权问题。最后，讨论了国家责任的法律后果如何通过一个或几个国家正式援引国家责任而获得实际效力。

第 9 章探讨在国内、区域和国际各级提出基于权利的国家责任索赔的可能途径。回顾了基于权利的气候诉讼中新出现的实践和判例，评估了尚未尝试的、基于权利的气候诉讼途径。

第 10 章对全书进行总结，本书第一部分提出一个法律框架，旨在作为主张气候变化对人权的影响相关的潜在国家责任背景结构，根据大量的例子和案例进行分析，把气候变化、人权和国家责任这三个国际法领域结合在一起，从国家责任一般法的角度抓住将气候变化与人权联系起来的新兴国家间趋势。第二部分利用综合框架解释与气候变化相关的国家行为如何根据人权法被定性为非法。然后讨论了如何向国际、区域或国内司法机构提出国家责任索赔。

【本书目录】

第一部分　法律基础和概念

第 1 章　介绍

第 2 章　国际人权法

第 3 章　国际气候变化法

第 4 章　国家责任法

第 5 章　碎片化背景下的法律框架整合

第二部分　国家对侵权的责任和补救措施

第 6 章　将气候变化相关行为归责于国家

第 7 章　确定受气候变化影响的侵犯人权行为

第 8 章　与气候变化相关的侵犯人权行为的补救措施

第 9 章　向人权机构、法院和法庭提起气候变化诉讼

第 10 章　结论

Part Ⅰ　Legal and Conceptual Foundations

Chapter 1　Introduction

Chapter 2　International Human Rights Law

Chapter 3　International Climate Change Law

Chapter 4　The Law of State Responsibility

Chapter 5　Integrating Legal Frameworks in a Context of Fragmentation

Part Ⅱ　State Responsibility and Remedies for Violations

Chapter 6　Attributing Climate Change-Related Conduct to States

Chapter 7　Establishing Violations of Human Rights Affected by Climate Change

Chapter 8　Remedies for Climate Change-Related Human Rights Violations

Chapter 9　Litigating Climate Change before Human Rights Bodies, Courts and Tribunals

Chapter 10　Conclusion

《国际公法和国际私法交汇
视野下的跨境污染责任》

王亚春

书名：*Liability for Transboundary Pollution at the Intersection of Public and Private International Law*

作者：Guillaume Laganière

出版：哈特出版社 2022 年版

【作者简介】

Guillaume Laganière 是麦吉尔大学（McGill University）法学博士，在 2013—2014 年曾担任过加拿大首席大法官 Beverley McLachlin 的书记员，同时也是伍兹律师事务所（Woods s. e. n. c. r. l.）的民商事诉讼律师。

【专著内容】

本书探讨了国际私法对跨境污染的规制功能，作者以国际法委员会（International Law Commission of the United Nations，ILC）关于跨境污染损害案件中损失分配的原则为基准，据此评估加拿大的国际私法。各国有义务确保向所有跨境污染受害者（当地或外国）提供及时和充分的赔偿；同时也必须采取国内措施，为跨境污染受害者的索赔提供便利。本书以国际环境法为基础，在加拿大的背景下，确定更可取的越境污染管辖权规则和法律选择规则。本书分为两个部分，共4章。

第一部分共2章，探讨国际环境法中的跨境污染责任以及国际私法在此背景下的作用。

第1章认为，国家有责任为跨境污染受害者提供及时和充分的赔偿。作者先介绍了国际环境法中的责任问题，后说明了各国依靠国内法律实施污染者付费原则，认为各国有责任确保迅速和充分的赔偿环境损害，引出了国际私法在履行这一职责方面的作用。

第 2 章论证了国际私法在履行保障及时、充分补偿义务中的作用。本章论述了在国际环境法中通过国内法改善民事责任的尝试是正确的。然而，它们是基于某种国际私法的概念，说明其监管职能以及国内法院参与全球治理的情况等。

第二部分共 2 章，以加拿大国际私法来说明该领域的潜力，涉及管辖权、外国判决和法律选择。

第 3 章探讨了自特雷尔冶炼厂仲裁案（Trail Smelter Arbitration）以来民事诉讼司法管辖权的障碍，以及提出的解决方案。法院现在越来越愿意对跨境污染行使管辖权，这有助于确保及时和充分地赔偿，随后说明了与及时和充分赔偿义务相关的司法管辖权要求，及国际法委员会关于损失分配的原则中提出的解决方案。在这一背景下，结合北美的改革及加拿大的一般管辖权法，研究了在行为地或损害地提起诉讼的可能性、出于管辖目的的跨境污染地以及不方便法院原则和外国判决的执行等问题。其结论是，考虑到确保及时赔偿的责任，加拿大的司法管辖规则是令人满意的。

第 4 章论述了环境政策在法律选择规则和域外法律法规中的实施。在法律选择规则中考虑环境政策，包括污染者付费原则，有助于确保及时和充分地赔偿。介绍了与确保及时和充分赔偿的义务有关的法律要求、国际法委员会关于损失分配的原则中提出的解决办法以及围绕一种特定方法的国际共识：普遍性原则。在此背景下，回顾了加拿大法律选择规则不符合确保及时和充分赔偿的义务要求。

结论部分评估了国际私法处理跨境污染的能力，有助于履行确保及时和充分赔偿的义务，这一评估主要依靠国内法（包括国际私法）追究污染者责任的责任制度的合法性和可行性提供了宝贵的经验教训。

【本书目录】

介绍

第一部分　责任与国际公法和国际私法的交汇

第 1 章　国际环境法中的跨境污染责任

第 2 章　国际私法中的环境规制

第二部分　加拿大国际私法中的跨境污染

第 3 章　跨境污染的管辖权

第4章　跨境污染的法律适用

结论

Introduction

Part 1　Liability and the Intersection of Public and Private International Law

Chapter 1　Liability for Transboundary Pollution in International Environmental Law

Chapter 2　Private International Law as Environmental Regulation

Part 2　Transboundary Pollution in Canadian Private International Law

Chapter 3　Jurisdiction over Transboundary Pollution

Chapter 4　The Law Applicable to Transboundary Pollution

Conclusion

《私法中公司的归因》

李通敏

书名：*Corporate Attribution in Private Law*
作者：Rachel Leow
出版：哈特出版社 2022 年版

【作者简介】

Rachel Leow 获得新加坡国立大学（National University of Singapore，NUS）法学学士（Bachelor of Laws，LLB）学位并且在当地最大的律师事务所的金融服务部门完成培训。2012 年获得新加坡律师资格。同年，她获得了剑桥大学博士学位。现在，Rachel 在剑桥大学的 LLM 课程中负责赔偿法和商业衡平法的教学工作。

Rachel Leow 主要研究领域包括代理法、商业衡平法和不当得利法。她还对侵权法，特别是替代责任和不可委托义务的学说保持着浓厚的兴趣。她的研究成果曾发表在《剑桥法律杂志》（*The Cambridge Law Journal*）、《劳埃德海事和商业法季刊》（*Lloyds Maritime and Commercial Law Quarterly*）、《产权转让律师和财产律师》（*Conveyancer and Property Lawyer*）以及《国际信托法》（*Trust Law International*）等主要期刊上。

【专著内容】

本书探讨了公司如何承担私法责任这个关键问题，为分析和回答私法中公司责任的归因问题提供了一个简洁易懂的框架。作者认为判断公司的归因问题是一个程序，是一个将人类个人的行为和精神状态视为公司的行为和状态的，以确定公司的权利、义务和责任的过程。但是，为什么以及什么时候人或者是公司的行为和精神状态被归因于私法？

同时，本书借鉴了公司法、代理法以及合同法、侵权法、不当得利法和衡平法义务等不同领域的各种材料，本书的核心论点是，公司责任的归因取决于公司自身行动权力的分配和授权，这样的好处是既可以更深入、更清楚地了解归因，也可以使归因更加统一和连贯。纵观整个普通法领域的公司责任的归因，本书希望引起英国、澳大利亚、加拿大和新加坡等普通法界律师的兴趣。本书一共包括9章。

在第1章中，作者介绍了本书的中心论点、本书的三个重要优势、本书的范围并概括了本书的大纲。

在第2章中，作者介绍了公司的责任的归因问题，详细阐述了为什么以及什么时候传统的责任的归因方式是可使用的。通过分析这些传统理由的问题，作者提出了一种新的责任的归因理由。根据该理由，公司责任的归因原因转向公司以自身的权力、分配权力和授权他人依照公司章程行事。当这些权力由被分配或授权的人适当地行使时，这些行为被视为公司的自身行为。这为公司行为归因问题的研究提供了一个有用的分析框架。作者认为行为的归因问题涉及四个问题：（1）公司是否有权实施该行为？（2）权力是否被分配或授权给声称从事该行为的团体或个人？（3）权力的行使是否在授权范围内？（4）权力是否被适当地行使？并且，作者还认为私法上公司的责任的归因具有更深层次的规范基础，通常公司的内部行为会被识别为一个集团的代理行为。

在第3章中，作者审查了合同订立中的公司行为的归因问题，并认为其中代理分析理论占主导地位。虽然根据该理论分析下属代理人的代理合同是合适的，但作者提出了在分析董事会、股东大会的股东或根据公司章程直接分配权力的人员订立合同时，这种理论是不合适的，应当把重点放在公司权力的分配和授权上。另外，作者还解释了其他责任途径的作用，包括内部管理程序、表见代理和法律推定条款。

在第4章中，作者主要讨论了侵权法中侵权行为的归因，即公司侵权行为的责任归因问题。作者指出在传统观念中责任替代学说只赋予赔偿责任而不是行为的归因。因此作者认为侵权法确实有调整归因行为的规则。作者认为在1956年之前，这些归因的规则存在于"替代责任"学说之中。而1956年后，替代责任成为一种归因的学说。通过分析归因学说的历史发展进程，作者提出了侵权行为的责任的归因取决于公司权力的分配和授权。

在第5章中，作者讨论了公司不当得利的归因问题。作者讨论了被普遍认为是不当得利的核心案例：错误付款。有观点认为归还财产索赔中的归因规则比合同或侵权索赔中的归因规则更广泛。作者质疑了这些观点，并提出了自己的观点——这里的归因规则与私法其他分支的归因规则没有什么不同。最后，作者认为这与公司对其权力的分配密切相关，并讨论了三种情况：（1）公司错误地支付了另一笔钱；（2）公司诱使错误付款；（3）公司收到错误付款。

在第 6 章中，作者讨论了明知（Knowledge）的归因。虽然责任的归因行为需要将行为、个人和公司联系起来，但明知的归因要更进一步，必须将知识、行动、个人和公司全面联系起来。作者认为明知的归因会在满足两个条件的情况下发生：明知必须由分配或被授权公司行动权力的人拥有，并且该明知必须对行使这些权力具有重要意义。作者认为这些是可以通过私法中明知的功能来解释，并采用了有关知情接受、不诚信援助、欺诈和法定责任的案例来继续说明。

在第 7 章中，作者讨论了当公司履行其承担的义务时，何时可以将行为和明知归因于公司？作者认为，在公司履行承担的义务时，应适用确定公司义务和责任的相同归因规则。这种"双向"测试与共同过失的测试相同。但是，作者阐述，即使归因于行为或明知，公司的索赔也不一定会失败，因为归因的效力取决于有关的实体法治。之后，参考共同过失、同意、清白、阴谋、默许禁止反言和非法性原则，作者评估了最近的重要案件，以此来证明论点。

在第 8 章中，作者讨论了组合（Aggregation）的问题。作者阐述，前几章审查了单个人的行为或明知的归因，但公司往往是大型、复杂的组织，许多不同的人可能会为它采取行动或同时拥有不同的知识状态。因此，作者探讨了一个难题，即一个人的行为何时可以与另一个人的明知汇总在一起，以便公司对这些行为和明知的综合影响负责。作者认为只有在拥有明知的 A1 知道或怀疑 A2 将执行该行为，并且打算让 A2 执行该行为的情况下，A1 的知识和 A2 的行为的结合才有可能使公司为这些行为和明知的综合影响负责。

第 9 章汇集了本书的核心论点，并提出了一些更深一步的意义。作者论述了如果归因不是"正确的"，而是打开了行为或知识、个人和公司之间的联系，那么原则上没有理由将原因局限于私法，并且同样适用于刑法等其他法律领域的责任归因。此外，该理由还可能适用于其他法人，如皇家。作者认为，虽然公司责任的归因是在私法背景下发展起来的，但本书提供的分析也可能对其他法律领域产生深远的影响。

【本书目录】

第 1 章　简介

第 2 章　权力分配和授权的归因

第 3 章　合同中行为的归因

第 4 章　侵权行为的归因

第 5 章　不当得利行为的归因

第 6 章　明知的归因

第 7 章　执行职责中的归因

第 8 章　组合

第 9 章　结论

Chapter 1　Introduction

Chapter 2　Attribution as Allocated and Delegated Powers

Chapter 3　Attribution of Acts in Contract

Chapter 4　Attributing Acts in Tort

Chapter 5　Attributing Acts in Unjust Enrichment

Chapter 6　Attributing Knowledge

Chapter 7　Attribution in Enforcing Duties

Chapter 8　Aggregation

Chapter 9　Conclusion

《财产与合同：英国法和西班牙法的比较思考》

冯丽芳

书名：*Property and Contract：Comparative Reflections on English Law and Spanish Law*

作者：John Cartwright 等

出版：哈特出版社 2021 年版

【作者简介】

John Cartwright 是牛津大学（University of Oxford）合同法名誉教授，也是欧洲和比较法研究所研究员，也曾任该研究所所长。

【专著内容】

本书在借鉴了其他法域经验的前提下，对英国与西班牙法律中财产法和合同法的一系列问题进行比较，并探讨了两者之间的关系，使读者有机会参与这些私法领域的讨论，而这也正是其他专著很难做到的一点。此外，本书不仅仅是简单地列出了英国法与西班牙法律中关于财产法和合同法规定的相同和不同之处，它更是在比较两国法律制度的过程中，针对一些关键点进行了深入透彻的分析。本书一共分为 10 章。

第 1 章为绪论，介绍了本书的写作背景与写作目的。该书的各章内容均是由塞维利亚大学举行的研讨会上的发言汇编总结而成，该研讨会主要讨论了英国法、西班牙法和其他法域的财产法和合同法的异同及其之间的关系，目的是让读者能够接触到关于合同法以及财产法等私法领域的学术探讨。

第 2 章对西班牙法律和拉丁美洲法律中合同与所有权转让之间的关系作出一般性介绍，因此，作者在章节的开篇就明确了本章内容将不涉及以下几个方面：（1）原始所有权的取得，如先占（Ocupación）（对无主财产的占有）；（2）因死亡产生的继承取得（Acquisition by Succession on Death）（需要单独规定）；（3）无偿转让（Gratuitous Transfers）（典型的赠与并非合同）；（4）对土地有限权利的转让（Transfer of Limited Rights over Land）（而不是转让土地所有权本身）。由于这些方面的特殊性会导致本章的内容变得极其复杂，并不符合概述的要求和特点，故而排除在本章讨论范围之外。

第 3 章以出售不动产的经典案例为例，解释了特殊正式书面文书的使用。公共契约文书（Escritura Pública）是西班牙所有权转让的一种方式，属于西班牙不动产所有权转移的 titulus et modus 体系，具有与交付（Delivery）同等的效力。在作者挑选的这些案例中，都存在着在确定公共契约文书是否（以及如果是的话，何时）具有无须进一步实物交付而转移所有权的效果方面的认定问题。

在第 4 章中，作者主要讨论了从非所有者——非多米诺人（A Non-Owner—A Non Domino）（译者认为可理解为我国民法制度中的"无权处分人"）那里获得不动产的所有权的效力与对不动产第三方购买者的保护问题。本章对西班牙的土地登记制度作了一般性介绍，西班牙的土地登记制度以及土地登记法中均明确了土地所有权一旦被登记就有利于善意购买者，并就这一特点与英国土地登记制度与土地登记法作出比较。

在第 5 章中，作者的注意力从西班牙法律转移到其他法律体系——主要是英国、法国和德国法律，还包括奥地利法律（正如作者在第二章中指出的那样，奥地利财产法与西班牙财产法有着惊人的相似之处）与瑞士法律。本章的重点转移到动产的转让，对比了在货物销售合同的背景下，各国不同的财产转让制度的异同，指出了"单一"制度（合同的合意即意味着财产转让）和"分离"制度（合同和转让是独立的行为）的主要区别，以及转让的有效性取决于合同的有效性（"因果"制度）和两者间不存在这种相互依赖的有效性（"抽象"制度）的区别。在这个分类法中，可以看出法国的体系（单一的、因果的、协商一致的）和德国的体系（完全抽象的）处于两个极端。

第 6 章的主要焦点是英国法律制度中出售或设定土地权益的合同。有关衡平法（Equity）的传统观点认为，只要合同会被衡平法院具体执行，那么衡平法就将该合同视为权利已经转让或已经取得该合同所承诺的其他权利。这其中有两个方面是值得来自大陆法系国家的律师们注意的，首先，这涉及受让人手中的（衡平法）财产权与（尚未）转让或处置的（合法）财产权同时产生；其次，财产权的存在和有效性，财产权的存在和有效性不仅取决于合同的有效性，而且取决于法院是否会批准具体履行合同的补救措施。

第 7 章虽然探讨的内容仍然是通过合同转让所有权的制度，但与前述内容的不同之处在于是将通过合同转让所有权的制度限于货物销售合同的范围，以及比较不同国家制度在所有权转移生效时的规定。然而，本章的落脚点并不是国家体制，而是是否能找到一个普遍而共通的解决方案，将欧洲民法典草案中关于货物所有权转移（Draft Common Frame of Reference，DCFR，第 VIII-2：101 条）的规定作为讨论和分析的模式，并借鉴 Lurger 和 Faber 发表的研究成果（两人在"欧洲合同法共同原则"项目中担任"动产所有权的取得和丧失"工作组主席），从而找到一个通用法则。

第 8 章以法国法律为重点。2018 年《法国民法典》进行修订并承认了"合同转让"的这一概念，但针对其对其定义的形式，即转让"一方的地位"，而不是转让合同本身这一点作者提出了批评。作者反问："我们为什么不将合同本身视为可转让资产？"实际上，这一观点打破了静态继承权（合同）与动态继承权（财产）之间的界限。

第 9 章涉及了一个特殊的法律领域，即对财产的遗嘱处分。他讨论了英国法律中纠正遗嘱错误的三种主要方法："认知和认可"原则、解释和更正。其中第 1 条是在英国遗嘱登记程序（即所谓的遗嘱认证）的背景下发展起来的一种特殊学说：遗嘱人不知道的语句不会进入遗嘱认证，它们会从遗嘱中被删除，从而失去效力。解释（解释）和更正（重新书写遗嘱）是通常用于书面法律文书（包括合同）的学说，作者研究了与遗嘱相关的解释以及现代合同解释规则的发展，认为两者皆抛弃了具有文学主义的解释，而是采用了更具有语境的解释。扩大解释规则作为纠正书面文书错误的一种手段，其效果是缩小法院需要采取更明显的干预性措施来更正文书的情况，以命令更改其（文字）措辞。

第 10 章将讨论了公法范围内的不同领域。作者介绍了西班牙对私人财产强制征用的法律强制，为非西班牙读者揭示了西班牙法律的这一重大问题。对于西班牙来说，这一主题有一些特殊的历史背景：特别是 1978 年西班牙宪法将个人权利（包括财产）宪法化，财产由西班牙宪法法院执行，符合（宪法保护的）财产权直接出国家立法者指定，或者通过（授权性）立法法令加以规定——因为在该国宪法看来，财产权本身并不是"基本权利和公共自由"之一，根据宪法，这些权利和自由的设立都需要经过特殊的立法程序。

【本书目录】

第 1 章　绪论

第 2 章　西班牙法和拉美法律中的合同与所有权转让之概述

第 3 章　在不动产销售中，公共契约的双重作用

第 4 章　西班牙法律体系中的非多米诺人（无权处分人）和对不动产第三方购买者的保护

第 5 章　合同与转让：不同转让制度的深远影响

第 6 章　英国法律中依据合同设立、转让财产权的问题

第 7 章　欧洲民法典草案中关于货物所有权的转移问题

第 8 章　合同的转让：对法国和英国法律的一些比较思考

第 9 章　遗嘱中的错误

第 10 章　西班牙法律目前面临的挑战：私有财产和强制征用

Chapter 1　Introduction

Chapter 2　Contract and the Transfer of Ownership in Spanish and Latin American Law：An Overview

Chapter 3　The Dual Role of the Escritura Pública in the Sale of Immovable Property

Chapter 4　A Non Domino Acquisitions and Protection of Third-Party Purchasers of Immovable Property in the Spanish Legal System

Chapter 5　Contract and Conveyance：The Further Repercussions of Different Transfer Systems

Chapter 6　The Creation and Transfer of Property Rights by Contract in English Law

Chapter 7　The Transfer of Ownership of Goods in the Draft Common Frame of Reference

Chapter 8　The Assignment of Contract：Some Comparative Reflections on French and English Law

Chapter 9　Mistakes in Wills

Chapter 10　Private Property and Forced Expropriation：Current Challenges in Spanish Law

《国际投资法下公司投资者的国籍》

陈　露

书名：*The Nationality of Corporate Investors under International Investment Law*
作者：Anil Yilmaz Vastardis
出版：哈特出版社 2020 年版

【作者简介】

Anil Yilmaz Vastardis 是埃塞克斯大学（University of Essex）法学院的讲师。Anil 在土耳其的马尔马拉大学（Marmara University）学习法律，她是伊斯坦布尔律师协会的一名非执业律师（non-practising lawyer）。她拥有埃塞克斯大学的国际贸易法法学硕士和法学博士学位。Anil 是埃塞克斯大学商业和人权项目的联合主任。她的主要研究兴趣是国际投资法和人权领域。她研究这些领域如何能够互动以及应该如何互动，以便在现代商业背景下实施人权标准，填补了公司法、国际投资法、人权法和侵权法之间的空白。

【专著内容】

本书对国际投资法（International Investment Law, IIL）下的法人国籍进行了详细而独特的分析，涵盖了《解决国家与他国国民间投资争端公约》（《ICSID 公约》）和投资条约的框架。本书让读者回到基本知识，贯穿管辖权、国籍和法人人格的概念，在国际投资由在全球化经济中运营的跨国企业主导的时代，为国际投资法下关于公司国籍的讨论奠定了坚实的基础。

本书探讨了在一系列法域和国际公法下对公司人格和国籍的不同理解。本书还对 ICSID 仲裁裁决和投资条约实践中的方法进行了深入分析，提炼了存在问题的领域，并讨论其影响。本书评估了为解决问题而开发的技术，并就公司国籍和个人投资保护范围问题提出了有效和平衡的解决方案。本书一共分为三部分，共 7 章。

第一部分共 3 章，介绍了国际投资法中公司国籍的基本要素：获得保护的条件、国籍和公司人格。

第 1 章讨论了公司国籍作为投资者获得国际投资法保护的个人范围要求。本章向读者介绍了根据《ICSID 公约》和投资条约获得程序性和实质性 IIL 保护的规则。本章的目的不是对获取要求进行全面分析，而是要证明作为个人保护范围限制的"国籍"与其他获取要求（如同意、物质保护范围和时间保护范围等）之间的联系。本章的分析表明，越来越多地使用投资条约作为同意 ICSID 仲裁的来源，以及将直接和间接持有在东道国经营的公司中的股份归类为"投资"本身，已经改变了 IIL 对公司国籍的评估。

第 2 章首先审查了用于确定国籍的标准，以及国籍对个人、船舶和飞机的法律影响和后果。本章还讨论了国际法规定的关于其国籍的主要争议问题，关于国际法规定的国籍的承认、执行和效力的核心辩论一直是在给予、承认或执行个人或物体的国籍方面，是否存在或应该存在"真正联系"的要求。尽管国际法处理个人、船只和航空器的国籍问题与公司不同，但国籍关系对所有这些对象都具有相同的功能。

第 3 章审查了公司人格的特征和在分析公司国籍方面起关键作用的管理公司的法律。除了公司的独特特征之外，为了进行全面的国籍问题讨论，还必须了解根据国内法和国际私法将公司与国家合法联系起来的常用标准，以便确定管辖公司的法律（Lex Societatis，社会法）。社会法的作用类似于国籍对自然人的作用，因为它管理着公司的存在、能力、内部事务和消亡。在本章的最后作者讨论了跨国企业的主要特征以及空壳公司在全球经济中的用途，企业投资者在其中受益于 IIL 保护。

第二部分共 2 章，介绍了公司国籍。

第 4 章讲述了在外交保护、战时制裁和国际投资法方面，国籍最突出地被用作公司的法律纽带。首先，分析了国际法院在涉及公司外交保护的案件中采取的做法以及国际法委员会外交保护条款草案的有关规定。随后简要介绍了国家在其外交保护政策及其双边或多边冲突后解决协定中关于公司国籍的实践。最后，本节分析了国籍作为适用国内战时制裁的决定因素的用途。自始至终，该分析突出了公司的核心特征和社会法规则如何影响国籍评估。尽管缺乏既定的法律标准，但第 4 章的分析表明，国际法和国内法的来源和实践在确定公司是否与具有国籍纽带的国家有联系时，通常需要足够紧密的联系。

第 5 章描绘并批判性地分析了国际投资协定（International Investment Agreements，IIA）的判例和投资条约标准，将公司国籍作为个人范围要求。本章区分了《ICSID 公约》索赔要求下的公司国籍概念以及通过非 ICSID 机制仲裁的投资条约索赔。在后一组索赔中，问题通常是索赔人是否为缔约国的投资者（或公司/企业），而不是其是否缔约国的"国民"。虽然这种区分可能看起来微不足道，但 ICSID 法庭缺乏对这种区分，这是其公司国籍调查结果推理中的一个根本缺陷。本章揭示了 ICSID 关于公司国籍的判例可以被描述为以结果为主导：法庭在找到令人满意的国籍方面是一致的，但他们为实现这一结果而采取的途径并不一致。

第三部分共 2 章，指出了存在的问题以及解决方案。

第 6 章作者指出了存在的三个问题。在第 6 章的第一部分中，作者讨论并批评了仲裁庭在解释和方法上的选择，这些选择形成了 IIL 对公司国籍和属人管辖权的主要方法。作者论证了仲裁机构为解决《ICSID 公约》下的管辖权问题而对公司国籍进行解释的两个基本方法论缺陷：（1）在仲裁裁决中，《ICSID 公约》的管辖要求与投资条约关于个人范围的条款之间的界限越来越模糊。（2）在 ICSID 和非 ICSID 的程序中，将一个主要涉及个人保护范围（Personal Scope of Protection）的法律问题归结为条约适用范围和/或时间范围（Material and/or Temporal Scope）限制的问题。在第 6 章的第二部分中，作者批评了 IIL 下企业投资者"国籍"概念的侵蚀。在第 6 章的最后一部分，作者讨论了本章前面部分提出的问题的后果。

第 7 章结论性地评估了解决国籍选择问题（Nationality Shopping）和为 IIL 文书的个人范围划定合理界限的两项关键提案的可行性：权利滥用原则（Abuse of Rights Doctrine）和利益拒绝条款（Denial of Benefits Clauses）。作者认为权利滥用原则不适合用以确定对 IIL 保护的个人范围的合理限制，它为对待投资者权利滥用行为设定了一个非常高的门槛，即只有在投资者行为应受谴责的情况下才有效。作者认为更有前景的工具是利益拒绝（Denial of Benefits，DoB）条款。DoB 条款投资条约允许东道国将与母国只有人为联系的公司索赔人完全或部分排除在条约保护之外。作者最后建议采用"住所地"（Real Seat）标准来确定公司国籍，既是为了 ICSID 公约规定的"国籍"，也是为了界定投资条约的个人范围。以这种方式确定的公司国籍为投资者和东道国提供了一个平衡的解决方案，它尊重股东与公司之间的分离，在很大程度上也消除了考虑投资者在构建投资时是否存在滥用行为、恶意或欺诈行为。

【本书目录】

前言

介绍

第一部分　国际投资法中公司国籍的基本要素：获得保护的条件、国籍和公司法人人格

第1章　获得国际投资保护：ICSID、投资条约和机构仲裁规则

第2章　国籍作为国际法中的法律纽带：关于"真正联系"的相关性和意义的分歧故事

第3章　以国籍为目的的公司的显著特征

第二部分　了解公司国籍

第4章　外交保护和战时制裁背景下的公司国籍

第5章　ICSID公约和投资条约下的公司投资者国籍

第三部分　问题与解决方案

第6章　暴露存在的问题

第7章　对国籍选择问题的评估及前进方向

结论

Front Matter

Introduction

Part Ⅰ　Fundamental Elements of Corporate Nationality in IIL：Conditions of Access to Protection, Nationality and Corporate Personality

Chapter 1　Access to International Investment Protection：ICSID, Investment Treaties and Institutional Arbitration Rules

Chapter 2　Nationality as a Legal Bond in International Law：A Story of Disagreement Over the Relevance and Meaning of "Genuine Link"

Chapter 3　Distinguishing Features of Corporations for Purposes of Nationality

Part Ⅱ　Understanding Corporate Nationality

Chapter 4　Corporate Nationality in the Context of Diplomatic Protection and War-Time Sanctions

Chapter 5　Corporate Investors' Nationality under the ICSID Convention and Investment Treaties

Part Ⅲ   Problems and Solutions

Chapter 6   Exposing the Fault Lines

Chapter 7   Evaluation of Responses to Nationality Shopping and the Way Forward

Conclusion

《欧盟基本权利的架构》

叶巧华

书名：*The Architecture of Fundamental Rights in the European Union*
作者：Šejla Imamović
出版：哈特出版社 2022 年版

【作者简介】

Šejla Imamović，马斯特里赫特大学（Maastricht University）法学院的欧洲人权法助理教授、马斯特里赫特欧洲法律中心和马斯特里赫特孟德斯鸠研究所学者，曾在马斯特里赫特大学担任教学研究员，并在哈塞尔特大学（Hasselt University）担任博士研究员和讲师。他拥有马斯特里赫特大学的欧洲人权法博士学位，主要研究领域是欧盟的基本权利法，特别关注其与《欧洲人权公约》（*European Convention on Human Rights*，ECHR）和国家法律的关系。

【专著内容】

这本书主要围绕三个研究问题展开。首先，欧盟基本权利架构的不同组成部分是什么？它们之间有何关联？其次，欧盟和欧洲人权法院之间的分歧在哪些主要领域出现，从国家法院的角度来看，这种分歧在多大程度上存在问题？最后，成员国的国家法院应该如何处理欧盟法律和欧洲人权公约以及斯特拉斯堡和卢森堡法院判例法之间的分歧和潜在冲突。本书一共分为三部分，共 6 章。

第一部分共 2 章，为欧洲基本权利新架构。

第 1 章奠定了欧盟法律中基本权利保护新架构的基础，并讨论了当今欧盟基本权利的作用和地位。欧盟已经成为基本权利保护领域的一个重要参与者，它不同于欧洲其他更"自然"的人权行为者，如《欧洲人权公约》和国家宪法制度。这给欧盟基本权利的解释、欧盟与欧洲人权委员会之间本已复杂的关系，以及最终对国家法律和国家法院的影响带来了难题。

第2章更仔细地分析了欧盟、欧洲人权法院和国家宪法制度之间的关系，以便了解它们之间的运作方式，从斯特拉斯堡、卢森堡和国家的角度看它们是如何被解读的，解释了可能导致斯特拉斯堡和卢森堡法院之间分歧和紧张局势的时间和原因。与此同时，国家法院需要清楚地理解公约和宪章权利的含义和范围，最重要的是它们之间的关系。虽然两个超国家的基本权利来源在成员国的法律地位可能不同，但大多数欧盟成员国及其法院都适当考虑了欧盟法院和欧洲人权法院的判例法。此外，在一些法律制度中，国家法院被要求直接适用《欧洲人权公约》，甚至在某种程度上，它似乎超过了国家宪法权利法案的重要性。因此，这两个欧洲法院有责任促进国家法院在欧洲基本权利司法保护中发挥核心作用。

第二部分共2章，论述欧洲基本权利标准的趋同和冲突。

第3章首先审查了都柏林庇护申请制度，这是欧洲共同庇护制度的核心部分。都柏林体系确定了由哪个欧盟成员国负责审查庇护申请的标准。这些规则旨在确保快速进入庇护程序，并由一个明确的成员国对申请进行实质性审查。这通常是第一个进入欧盟的国家，意味着随后抵达另一个欧盟国家的寻求庇护者原则上应该被送回首次进入欧盟的国家。接下来探讨了欧盟庇护法在欧盟法院判例法中逐步引入基本权利，以及欧盟立法机构在《都柏林 III 条例》（*Dublin III Regulation*）中引入基本权利的变化，对案件的分析侧重于导致斯特拉斯堡和卢森堡法院判例法之间的紧张局势方面。

第4章对法院在签发国存在侵犯人权风险的情况下执行逮捕令案件进行分析，从早期的判例法开始，法院严格坚持《欧洲逮捕令框架决定》（*European Arrest Warrant*，EAW），但似乎否认了框架决定本身没有明确规定的拒绝自首的可能性。然后分析了最近的主要案件，如 Aranyosi 和 LM，在这些案件中，法院有机会重新评估相互信任原则与保护基本权利之间的平衡。与第3章一样，对案例的分析侧重于导致两个欧洲法院（斯特拉斯堡和卢森堡）判例法之间的紧张局势方面。

第三部分共2章，论述欧洲基本权利法的规范一致性。

第5章讨论了国家法院试图为在欧盟和欧洲人权公约之间的冲突找到解决方案时可用的冲突规则，首先提供了条约冲突的定义，区分了狭义和广义的冲突。从国际法和国家宪法中的冲突规则开始，因为这是在面临欧盟和国际人权法冲突时将考虑的第一个源头。随后探讨《维也纳公约》（*Vienna Convention on the Law of Treaties*，VCLT）和习惯国际法中的冲突解决规则，以确定它们是否有助于解决欧盟和欧洲人权法之间的冲突。分析主要集中在《维也纳公约》第30条，该条为处理条约冲突提供了"工具"。最后反思了不同规则对解决欧盟和欧洲人权法之间冲突的有用性。

第6章审查国家法院如何实际处理它们认为欧盟和欧洲人权法产生的相互冲突的义务，借鉴案例对如何处理欧盟和欧洲人权法之间的具体冲突进行了情景分析。其目的是识别和分类国家法院在面临遵守欧盟法律导致或可能导致违反《欧洲人权公约》的情况时，或在确保遵守《欧洲人权公约》可能意味着不遵守欧盟法律义务时作出的不同选择。当面临欧盟法律（或国家实施法案）与《欧洲人权公约》不一致时，国家法院必须决定一个行动方案以寻求一致的解释。根据本国宪法审查这些案件，从而将欧盟法律与《欧洲人权公约》之间的权利冲突重新定义为欧盟法律与国家基本权利之间的冲突，或者向欧盟法院提出初步意见，询问法院应如何解决不兼容问题。最后对研究结果进行了全面评估和分析。

【本书目录】

引言

第一部分　欧洲基本权利新架构

第1章　欧盟基本权利法的发展

第2章　欧洲人权制度网络：欧盟、欧洲人权公约和国家法律体系

第二部分　欧洲基本权力标准的趋同和冲突

第3章　案例研究一：都柏林体系

第4章　案例研究二：欧洲逮捕令

第三部分　欧洲基本权利法的规范一致性

第5章　国内法、欧洲法和国际法中的冲突规则

第6章　对成员国进行情景分析

结论

Introduction

Part Ⅰ　The New European Fundamental Rights Architecture

Chapter 1　The Development of EU Fundamental Rights Law

Chapter 2　A European Web of Human Rights Regimes：The EU，the ECHR and the National Legal Systems

Part Ⅱ   Convergence and Conflicts in European Fundamental Rights Standards

Chapter 3   Case Study Ⅰ: The Dublin System

Chapter 4   Case Study Ⅱ: The European Arrest Warrant

Part Ⅲ   Towards Normative Consistency in European Fundamental Rights Law

Chapter 5   Conflict Rules in National, European and International Law

Chapter 6   Scenarios from the Member States

Conclusion

《治外法权和气候变化管辖权：
探索国际法下的欧盟气候保护》

王亚春

书名：*Extraterritoriality and Climate Change Jurisdiction：Exploring EU Climate Protection under International Law*

作者：Natalie L. Dobson

出版：哈特出版社 2021 年版

【作者简介】

Natalie L. Dobson 在乌得勒支大学（Utrecht University）获得博士学位后，留校成为乌得勒支大学的助理教授，研究重点是国际公法下法律制度和气候变化的相互作用问题，特别是国内气候变化诉讼与国际法之间形成接口的有关问题。

【专著内容】

本书共分为四个部分，共 11 章。

第 1 章是本书的导论部分，作者总结性地论述了单边气候保护的困境，及欧盟在气候领域所做的努力，欧盟已经成为全球环境行为者和气候变化领域的领导者。此外，作者还界定了单边管辖权（Unilateral Jurisdiction）和"治外法权"（Extraterritoriality）等相关概念，最后，介绍了本书的结构和方法。

第一部分共 2 章，通过考察各国应对气候变化的义务和能力之间的差异来分析问题。

第 2 章简要概述了各国减缓气候变化的公开义务，重点关注国际气候变化条约和国家环境法的预防规范，这些规范被视为各国的气候变化义务。

第 3 章论述了国家管辖权的理论基础，为管辖国家的监管权限提供了法律依据；提出并捍卫了管辖权分析的顺序和方法，还具体介绍了有"域外因素"（Extraterritorial Element）的欧盟措施。

第二部分共 3 章，重点介绍了三种特别法制度：WTO 法、《联合国海洋法公约》（United Nations Convention on the Law of the Sea，UNCLOS）和《国际民用航空公约》（Convention on International Civil Aviation）。

第 4 章论述了 WTO 法关于气候保护措施对国际贸易的影响，特别是解决竞争力问题和碳泄漏的方法。WTO 法并没有直接处理国家管辖权问题，有关协定也没有明确规定领土限制，因此，有必要从适用规则中取消管辖权限制。

第 5 章探讨旨在减少域外海洋排放的单方面措施的法律框架。首先强调海洋法制度内的管辖权结构，特别提到了《联合国海洋法公约》，欧盟于 1998 年批准了该公约，适用于欧盟及其成员国。接着侧重于治外法权问题，分析了根据海洋法制度对单方面入境条件存在领土限制的激烈辩论，最后讨论了自 2016 年以来，国际海事组织（International Maritime Organization）关于温室气体排放的政策发展，并考虑其与欧盟单边措施的关系。

第 6 章首先阐述了民用航空法下国家权力的核心部分，重点讨论了《国际民用航空公约》（《芝加哥公约》，Chicago Convention）的治外法权问题和关于机场服务费及免税的争议条款，随后说明了其与欧盟单边航空排放政策的关系。

第三部分共 2 章，介绍了气候变化管辖权的原则，以及在习惯国际法中的规定，也探讨了习惯国际法的基础。

第 7 章首先列出公认的习惯法规定的管辖权基础，随后，说明了刑法和经济法领域中管辖权的一般规则，最后考察了"实质性联系"要求及其与传统原则的关系。

第 8 章利用已有理论和国家实践发展来探讨规定性管辖基础在气候变化领域的适用。首先考虑了气候变化背景下经典原则之间的关系，还有这些原则与具有域外因素的气候保护措施相关的实施情况，最后作者得出结论，从其刑事和经济根源进行类比推理，习惯法为"气候变化管辖权"提供了相当广泛的基础是合理的。

第四部分共 2 章，由于气候变化的原因和影响具有全球性，多个国家可能会证明对同一主题进行监管的司法管辖基础；即使在没有并行立法的情况下，带有"治外法权因素"的措施也可能会干扰其他国家选择不监管某些活动。因此，本部分讨论了可能限制单方面行使管辖权的问题。

第 9 章研究了在法律或国际礼让中是否存在着一种管辖上自我约束的义

务，在美国第四次冲突法重述中，特别关注"合理性"的重构作用。针对此问题，本章提出了"周全设计"（Considerate Design）方法，作为帮助监管机构考虑受其法律影响的域外行为者利益的工具。

第 10 章介绍了在气候保护措施中应用"周全设计"方法时面临的挑战和机遇。它首先探索了可能的"消极"条件，以尊重其他国家的监管自主权平等和不干预；随后将重点放在"共同但有区别的责任（common but differentiated responsibilities）"和各自能力的实施上，作为司法管辖范围内实现公平分担责任的"积极"条件。鉴于整个供应链的负担不断增加，后者的重要性越来越大，而这些负担往往落在发展中国家身上。

【本书目录】

第 1 章　导论

第一部分　保护全球气候的管制：义务与权利

第 2 章　管制义务：开放性的气候保护国际法律框架

第 3 章　管制权：管辖权与治外法权的理论与实践

第二部分　特别法制度中的管辖依据与限制

第 4 章　WTO 法下对国外生产过程排放的管制

第 5 章　海洋法下的国际海运排放管制

第 6 章　国际民用航空法下的国际航空运输排放管制

第三部分　普通法：习惯国际法下"气候变化管辖权"的具体化

第 7 章　习惯国际法下国家管辖权的经典原则

第 8 章　习惯国际法下"气候变化管辖权"的基础探析

第四部分　管辖权限制与"周全设计"

第 9 章　管辖权限制："周全设计"方法

第 10 章　应用"周全设计"方法：机遇与挑战

第 11 章　结语

Chapter 1　Introduction

Part Ⅰ　Regulating to Protect the Global Climate：Obligations and Rights

Chapter 2　The Obligation to Regulate：The Open International Legal Framework for Climate Protection

Chapter 3　The Right to Regulate：Jurisdiction and Extraterritoriality in Theory and Practice

Part II　Jurisdictional Bases and Limitations in Lex Specialis Regimes

Chapter 4　Regulating Emissions from Foreign Production Processes under WTO Law

Chapter 5　Regulating Emissions from International Maritime Transport under the Law of the Sea

Chapter 6　Regulating Emissions from International Aviation Transport under International Civil Aciation Law

Part III　Lex Generalis: The Crystallisation of "Climate Change Jurisdiction" under Customary International Law

Chapter 7　The Classical Principles of State Jurisdiction under Customary International Law

Chapter 8　Exploring the Basis of "Climate Change Jurisdiction" under Customary International Law

Part IV　Jurisdictional Limitations and "Considerate Design"

Chapter 9　Jurisdictional Limitations: The "Considerate Design" Approach

Chapter 10　Applying the "Considerate Design" Approach: Opportunities and Challenges

Chapter 11　Concluding Remarks

《数据保护与隐私：数据保护和人工智能》

李通敏

书名： *Data Protection and Privacy：Data Protection and Artificial Intelligence*

作者： Dara Hallinan、Ronald Leenes、Paul De Hert 等

出版： 哈特出版社 2021 年版

【作者简介】

Dara Hallinan 曾在英国和德国学习法律，并在意大利和爱沙尼亚完成了人权与民主硕士学位。自 2011 年以来，他一直是卡尔斯鲁厄国际金融中心（Leibniz Institute for Information Infrastructure）的研究员。他的研究重点是法律、信息和通信技术（Information and Communication Technologies，ICT）及生物技术与社会之间的相互作用。

Ronald Leenes 是蒂尔堡法律、技术与社会研究所（Tilburg Institute for Law，Technology and Society）所长。他的主要研究方向是技术监管、隐私的概念问题、实践中的数据保护，数据分析、机器人技术、人工智能与人类发展（AI and Human Enhancement）。

Paul De Hert 曾在布鲁塞尔自由大学学习法律与哲学，在鲁汶大学学习宗教科学，在警务、刑事事务国际合作和国际警务等领域有近十年法律研究经验。近年来，他的研究方向主要涉及隐私与科技、刑法等。

【专著内容】

本书汇集了概念分析、热点问题分析、讨论有关隐私、数据保护和人工智能的实践的论文，是 2020 年 1 月在布鲁塞尔举行的第十三届计算机、隐私和数据保护国际会议（Conference on Computers, Privacy and Data Protection, CPDP）的成果之一。

本书是一本跨学科的书，成书于数据处理对社会（个人和社会体系）的

规模和影响变得越来越明显的时候。它讨论了悬而未决的问题以及提出了大胆的但富有前瞻性的方法，对于对计算机、隐私和数据保护感兴趣的读者来说，这是一个极具洞察力的资料。本书一共有 8 章。

在第 1 章中，作者概述了安卓（Android）平台的第三方开源软件生态系统（Third-party Library Ecosystem），并讨论了当今移动端应用平台（Mobile Platforms）的权限系统存在的局限性以及行业整体缺乏透明度而对用户隐私产生的影响。作者运用了软件分析技术（Software Analysis Techniques）和人工分析（Manual Analysis）对以下三方面进行了考察：

（1）比较了最先进的软件开发套件（Software Development Kit，SDK）检测工具的有效性和局限性；（2）作者依照用途对软件开发套件进行分类，比较当前审核工具的分类能力；（3）实践中有关行为和数据收集的经验。其次，作者讨论了解决当前检测工具中存在的局限性的不同方法，并且认为要通过设计和开发新的软件分析工具来提高开发者的警觉和监管执法能力。最后，作者还讨论了有可能缓解当前访问权限模型（Permission Model）中存在的局限性并增强用户警觉和掌控力的方案。

在第 2 章中，作者讨论了在《通用数据保护条例》（General Data Protection Regulation，GDPR）中是否存在关于基于人工智能（Artificial Intelligence，AI）系统所作决策的解释权。根据欧盟法律，作者论述了事实叙述的价值以及哪些类型属于《通用数据保护条例》第 22 条的适用范围，以及《通用数据保护条例》中哪几项条款可以作为解释权的法律依据，即知情权、访问权和不受智能化影响的个人决策的权利。此外，作者论述了解释性质的变化问题，并认为这具体取决于数据主体何时获得数据信息。

在第 3 章中，作者比较了全球主要的汽车行业市场的数据保护法规，分别是欧盟、美国和日本市场，并分别研究了《通用数据保护条例》、《加州消费者隐私法》（California Consumer Privacy Act，CCPA）和《日本个人信息保护法》（Japanese Act on the Protection of Personal Information，APPI）对汽车服务的影响。值得关注的是，作者以自动出租车的服务作为汽车服务的一个例子，研究了如何在遵守预先设定的规定的前提下设计此类服务。由于各国的规定差异很大，作者进一步强调了跨国服务提供商在企图遵守所有预设法规时所面临的挑战。此外，我们还就如何设计一套符合三项法规的服务系统提出了相关的建议，并提供了一套服务系统范例。

在第 4 章中，作者比较了《网络安全法》（Cybersecurity Act，CSA）和《通用数据保护条例》中所规定的认证框架，通过介绍联邦私法中的法律条文，找到支撑执行和政策的原因，并且提供了有关立法选择方面和立法规范方面的想法。其次，本章中作者主要使用了分析性法律比较方法，分析了所比较规则的不同之处和相似之处，以便全面深入地阐释这两种认证框架。

在第 5 章中，作者认为《加州消费者隐私法》和《通用数据保护条例》中所规定的去识别化范围（De-identification Spectrum）过于简单。因此，作者对匿名化控制进行了全新的分析，并解释了其观点在数据分析和机器学习（Machine Learning）背景下的重要性。并且，作者强调了上述观点即使在有分散处理技术的情况下也是适用的。简而言之，类似的方法可以应用于在传统上被认为是"数据集"和数据汇总的产品，此外，作者还提供了指引，以便对《加州消费者隐私法》和《通用数据保护条例》进行更细致的解读，并以此激励更有效的数据治理实践。

在第 6 章中，作者为了促进正在进行的关于增加数据保护作为一项特别的基本权利的学术和政策争论，作者分析了数据保护的范围、功能、性质、本质以及允许的限制。因此，作者介绍了欧盟法院（Court of Justice of the EU，CJEU）最新判例法的解释和适用情况，认为一些研究文献中的现有假设需要重新审视。作者认为，将数据保护作为一项基本权利会在数字时代以及人工智能和大数据带来的新挑战的背景下发挥相当重要的作用。然而，作者分析了当前研究的一个主要弱点是数据保护权的实质和核心"本质"的潜力不足。进而，作者在本章的第二部分提出了通过建立在传统"个人控制"概念上的一个整体"控制"的概念，重新定义数据保护的实质。另外，作者强调了数据保护应当具有预防性和禁止性并且阐释了集体监督机制及其在大数据和人工智能时代中保护更广泛的价值和基本权利方面的重要作用。

在第 7 章中，作者探讨了在医疗保健领域采用的整合几种基于人工智能的技术给现有法律框架带来的挑战。具体来说，作者研究了用于精准医疗的人工智能驱动的分析工具、适应及促进康复和恢复的医疗辅助技术，以及可能促进诊断和筛查等关键过程的各种类型的决策辅助工具，并且重点分析了基于功能、用途和影响的特定类型的问题的法律和道德问题。其次，作者研究了人工智能的使用在医疗保健领域中可能产生的实践方面和理论方面的挑战以及影响。最后，作者讨论了如何积极主动地解决上述问题。

在第 8 章中，作者对允许"西雷纳"局（SIRENE Bureaux）使用多重身份检测系统（Multiple Identity Detector，MID）的法律依据和目的提出了质疑，并以《欧洲联盟基本权利宪章》（*Charter of Fundamental Rights of the European Union*，CFREU）第 52（1）条为基础，分析了这种访问的必要性和相称性。

此外，本章作者还研究了数据主体知情权所面临的风险和多个部门以及不同级别之间数据交换时的数据主体能获得有效补救措施方面的风险。最后，作者认为，可互操作的系统可能会为执法机构打开一扇后门，让它们能够访问存储在无权访问的系统中的个人数据。

【本书目录】

第 1 章　不要接受陌生人的糖果：对第三方移动软件开发套件的分析

第 2 章　人工智能和解释权：GDPR 下的三项法律依据

第 3 章　汽车系统数据保护规则的比较

第 4 章　联盟法律不一致？《网络安全法》和《通用数据保护条例》中认证问题的比较分析

第 5 章　聚合、系统化和匿名化：呼吁对匿名化方法进行风险评估

第 6 章　欧盟数据保护基本权利在算法和大数据世界中的作用

第 7 章　人工智能在医疗保健领域的应用：基于伦理与法律的案例分析

第 8 章　技术实验没有充分的安全保障？可互操作的欧盟数据库和"西雷纳"局对多重身份检测系统的访问

Chapter 1　Don't Accept Candy from Strangers：An Analysis of Third-Party Mobile SDKs（Álvaro Feal, Julien Gamba, Juan Tapiador, Primal Wijesekera, Joel Reardon, Serge Egelman and Narseo Vallina-Rodriguez）

Chapter 2　AI and the Right to Explanation：Three Legal Bases under the GDPR（Tiago Sérgio Cabral）

Chapter 3　A Comparison of Data Protection Regulations for Automotive Systems（Ala'a Al-Momani, Christoph Bösch and Frank Kargl）

Chapter 4　Misaligned Union Laws? A Comparative Analysis of Certification in the Cybersecurity Act and the General Data Protection Regulation（Irene Kamara）

Chapter 5　Aggregation, Synthesisation and Anonymisation：A Call for a Risk-based Assessment of Anonymisation Approaches（Sophie Stalla-Bourdillon and Alfred Rossi）

Chapter 6　The Role of the EU Fundamental Right to Data Protection in an Algorithmic and Big Data World（Yordanka Ivanova）

Chapter 7　Implementing AI in Healthcare：An Ethicaland Legal Analysis Based on Case Studies

（Eduard Fosch-Villaronga, Davit Chokoshvili, Vibeke Binz Vallevik, Marcello Ienca and Robin L Pierce）

Chapter 8　Technological Experimentation Without Adequate Safeguards? Interoperable EU Databases and Access to the Multiple Identity Detector by SIRENE Bureaux（Diana Dimitrova and Teresa Quintel）

《制裁法》

冯丽芳

书名：*Sanctions Law*

作者：Gordon Richard、Smyth Michael、Tom Cornell

出版：哈特出版社 2019 年版

【作者简介】

Gordon Richard 是 Brick Court Chambers 的首席公法律师与大律师。

Smyth Michael 是 Clifford Chance 与 KC 律师事务所的大律师。

Tom Cornell 是 Debevoise&Plimpton 律师事务所的律师与合伙人。

【专著内容】

本书尤为关注制裁措施在实践中是如何运作的，以及这些措施对在众多制裁制度下运作的跨国企业有什么影响。其涵盖了超国家与国家层面的制裁之间的相互关系，并解释了美国制裁制度为何影响深远。本书的目的不是要提供一份详尽的制裁法规清单，而是要提出一个框架以处理相关立法和由此产生的主要问题。为了强化本书的实用性和以商业为重点的特点，每一章都采用了便于阅读和快速理解的写作模式，无论是立法还是判例，相关的材料都会在每一章的开头列出，旨在为复杂的制裁法领域提供一本方便运用、易于理解的指南书目。本书一共分为三个部分，共 11 章。

第一部分共分为 4 章。

第 1 章介绍了联合国制裁法的立法背景、类型与制裁目的。联合国于 1945 年 10 月在第二次世界大战结束后即成立，其目的是开创一个主权国家之间和平合作的新时代。其主要任务就是维护世界和平，正是为了实现这一目标，联合国安全理事会（UN Security Council）被授予《联合国宪章》（*Charter of the United Nations*）第七章规定的制裁权力。这些权力中包括根据《联合国

《宪章》第 41 条实施不涉及使用武力的制裁措施的权力（全面的贸易禁运与特定的资产冻结，通常被认为属于不涉及使用武力的制裁措施的概念）。根据安理会报告，迄今为止联合国实施制裁行动的目标可以分为以下几大类：解决冲突、核不扩散、反恐、民主化、保护平民。

第 2 章主要介绍了欧盟的制裁政策。欧盟的制裁政策属于欧盟总体外交政策的框架，是共同外交和安全政策（Common Foreign and Security Policy，CFSP）的一部分，是欧盟采取共同外交政策立场的机制。它作为欧盟合作的一个体系支柱，于 1993 年根据《马斯特里赫特条约》（*Maastricht Treaty*）而建立，旨在反映冷战结束后欧洲不断变化的形势。此后，在后续条约中得到发展与加强。不得不提到的是《里斯本条约》（*Lisbon Treaty*），该条约设立了欧洲对外行动署（European External Action Service，EEAS）和欧盟外交与安全政策高级代表的职位。根据 EEAS 的说法，制裁是欧盟促进 CFSP 目标的工具之一，体现了对和平、民主、法治、人权和国际法的尊重。对于欧盟和各成员国之间的制裁权限如何划分，主要规定在两个关键的宪法条约中：《欧洲联盟条约》（*Treaty on European Union*，TEU）和《欧洲联盟运作条约》（*Treaty on the Functioning of the European Union*，TFEU）。

第 3 章主要介绍了英国的制裁政策。英国的制裁政策体系由外交和联邦事务部（Foreign and Commonwealth Office，FCO）管理，该部是促进英国海外利益的部门。根据英国政府的文件，"制裁和禁运是对目标国家实施的政治贸易限制，目的是维护或恢复国际和平与安全"。虽然这可能给人一种英国的制裁政策只关注国家行为的印象，但该文件继续澄清实施制裁的主要目的："通常是为了改变目标国家的政权、个人或团体的行为，使其朝着改善该国局势的方向发展"。在实践中，目前在英国生效的大多数制裁措施是由联合国或欧盟决定的，这种情况在 2019 年 3 月英国退出欧盟时发生巨大转变。比如，英国已经制定了一项新的初级立法，即《2018 年制裁和反洗钱法》（*Sanctions and Anti-Money Laundering Act* 2018，SAMLA 2018），该法于 2018 年 5 月 23 日获得了皇家批准，很可能在英国离开欧盟后生效。但是，尽管英国整体的制裁框架在脱欧后必然会修改，但事实上，英国政府一直不遗余力地强调，对英国制裁框架的改变将是形式上的，而非实质性的。

第 4 章主要介绍了美国的制裁政策。作者注意到，尽管美国绝不是第一个将非军事手段引入经济制裁以实现外交政策目标的国家，但自 20 世纪初以来，美国无疑是制裁工具的主要使用者。事实上，在第一次世界大战之后，威尔逊总统以如下措辞认可了经济制裁作为常规武力的替代方案："采用这种经济的、和平的、无声的、致命的措施，就不需要武力了。"因此，毫不奇怪，美国实施经济制裁的法律框架是复杂而又完善的。

第二部分共分为 5 章。

第 5 章讨论了对联合国的制裁措施提出申诉的方式以及原因。鉴于缺乏审查安理会决议的正式司法机制，对联合国制裁名单的申诉必须通过以下方式提出：（1）间接以个人或公司实体的居住国或公民身份提出；（2）直接向协调中心或监察员办公室提出申请；（3）间接通过国内或地区的法院提出申请。正如第 1 章所讨论的，国际法中最高级别的制裁措施来自联合国安全理事会的决定。此外，联合国制裁制度也是由安全理事会根据《联合国宪章》第七章的规定以决议形式出台的。从立法层面上讲，是《联合国宪章》第 41 条赋予了安理会采取"不涉及使用武力的措施"的权力，包括"完全或部分中断经济关系和铁路、海运、空运、邮政、电报、无线电及其他通信手段，以及断绝外交关系"。实践中，联合国制裁制度的设计和实施在 20 世纪 90 年代中后期有了一个关键性的转变，即从全面制裁（旨在破坏一个国家整体经济关系的措施）转向针对个人或公司实体的更为狭窄的措施（所谓的"定向"或"智能"制裁）。正如前述，由于没有任何独立的司法机制来审查联合国安理会实施的措施，被列入联合国制裁制度的个人或公司实体无法对其被列入名单提出直接的法律质疑，因此，越来越多的人通过一些非司法途径以质疑联合国的制裁名单。

第 6 章涉及对欧盟法院（普通法院，General Court）和欧洲联盟法院（Court of Justice of the European Union，CJEU）制裁措施的申诉。本章的重点是在欧盟法院对制裁指定司法审查的直接行动。鉴于欧盟实施的大多数制裁措施具有国际性质，所以对欧盟制裁措施提出的申诉很少是孤立的，通常会有其他区域或国内司法管辖区的平行诉讼来补充。正如第 2 章所讨论的，欧盟现在负责监督和执行其各个成员国的制裁政策，所以欧盟已然发展成为制裁领域的一个主要参与者。针对欧盟制裁提出申诉有三个主要途径：（1）直接向负责实施制裁措施的欧盟机构请愿；（2）在相关欧盟成员国的国内法院对该措施进行司法审查（有可能寻求提交欧盟法院进行初步裁决）；（3）在欧盟法院对该措施进行司法审查。

第 7 章谈及对英格兰和威尔士法院的制裁措施提出申诉。鉴于英国实施的大多数制裁措施的国际性质，对该类制裁措施的申诉也不是孤立的，通常会有欧盟或其他法院的平行诉讼作为补充。英国制裁措施申诉是一个复杂和快速发展的法律领域，作为英国脱欧进程的一部分，这一领域也将发生彻底的变化，尤其要注意的是，英国将不再受欧盟法律的约束，同样，欧盟的制裁措施将不再适用于英国。

第 8 章讨论了对欧洲人权法院（European Court of Human Rights）的制裁措施提出申诉。该法院是《欧洲人权公约》（*European Convention on Human Rights*，ECHR）所规定的最终仲裁者。《欧洲人权公约》为保护某些基本权利建立了一个全欧洲的体系，并由欧洲委员会监督和管理，它是一个完全独立于欧盟的组织，由 47 个缔约国组成。然而，应该注意的是，《欧洲人权公约》以通过《1998 年人权法》（*Human Rights Act 1998*）的方式被纳入英国法律，根据辅助性原则，申请人在向欧洲人权法院提起诉讼之前，必须首先用尽他们可用的任何国内补救措施，在这种情况下，其向人权法院提出的申请实际上只有在相关的国内法院已经处理该案件之后才会提出。尽管人权法院本身非常强调，它的审查将限于所审议的措施是否符合欧洲人权法院的要求，但这种做法往往给人一种印象，即人权法院是一个四审法院。在实践中，最有可能向人权法院提出申诉的制裁措施是定向制裁措施，即个人和公司被列入特定制裁制度（指通常对名单上的人施加一些限制，最常见的包括资产冻结和旅行禁令）。

第 9 章涉及对美国法院制裁措施的申诉。美国的制裁是出了名的难以质疑，相较于欧盟，针对美国制裁提出的司法审查申请很少有成功的。这主要是因为美国法院对美国政府机构如外国资产控制办公室（Office of Foreign Assets Control，OFAC）的决策秉持高度尊重的态度。在涉及外交政策和国家安全问题的制裁案件中，这种尊重体现得更为淋漓尽致。

第三部分共分为 2 章。

第 10 章作者提出制裁有可能通过影响合同义务的履行来破坏商业关系。因此，对企业来说，了解制裁法所规定的监管框架与私法规定的不同互动方式和影响越来越重要。本章将探讨由于英国法律管辖的合同制裁激增所引发的一些问题，以及英格兰和威尔士法院目前为解决这些问题所采取的方法。正如教科书上强调的那样，区分不同的法律制度是很重要的。在商业关系方面，区分国内实施的制裁措施与第三国采取的措施尤为重要。例如，在处理受英国法律管辖的合同时，英国法院会把美国的制裁禁令与国内或通过欧盟实施的禁令区别对待。在英国脱欧后，这一点将更加重要，因为欧盟的制裁将不再直接在英国生效，而将被视为"外国"制裁。制裁如何影响合同的履行将取决于制裁措施本身到底在禁止什么。例如，针对个人实施资产冻结的制裁虽然可能会阻碍当事人根据合同进行某些支付，但这并不一定会使合同本身的效力因非法性而受贬损或无效，换句话说，制裁措施会对商业协议产生影响但并不会完全终止协议。因此，企业应该意识到其商业计划可能会受到不同制裁措施的影响，并考虑在合同中使用不可抗力条款以避免潜在的麻烦。

第11章谈到国家和国际组织在很大程度上依靠私营部门的配合以确保制裁措施的实施和最终效果，针对性的金融制裁尤其如此，它要求银行和其他公司冻结属于指定个人的资产并向当局报告其违规行为。由于国家当局施加的民事和刑事处罚，金融制裁立法中的禁令和其他义务当然会得到支持，但在实际执行过程中，私营实体仍处于一线。进入21世纪以来，随着金融制裁使用范围的普遍扩大，私营部门实施制裁的重要性也随之增加。在这方面，将高层的政治决策转化为有效的执行往往是一个缓慢的过程，特别是在欧盟，一些评论家曾指出了公共和私营部门之间的沟通问题，以及公司并不总是如政府机构预期的那样配合其工作，更有许多金融机构选择"去风险"，完全撤出某些司法管辖区，以避免因日益复杂的金融制裁制度带来的不断上升的合规成本。

【本书目录】

导言

第一部分　制裁制度及其运作方式

第1章　联合国制裁制度

第2章　欧盟制裁制度

第3章　英国制裁制度

第4章　美国制裁制度

第二部分　对制裁提出申诉

第5章　对联合国制裁提出申诉

第6章　对欧盟制裁提出申诉

第7章　对英国制裁提出申诉

第8章　对欧洲人权法院制裁提出申诉

第9章　对美国制裁提出申诉

第三部分　制裁与商业

第10章　制裁与合同

第11章　由私营部门实施的制裁

Introduction

Part I　Sanctions Regimes and How They Work

Chapter 1　UN Sanctions

Chapter 2   EU Sanctions

Chapter 3   UK Sanctions

Chapter 4   US Sanctions

Part Ⅱ   Challenging Sanctions

Chapter 5   Challenging Sanctions at the UN Level

Chapter 6   Challenging Sanctions at the EU Level

Chapter 7   Challenging Sanctions at the UK Level

Chapter 8   Challenging Sanctions at the ECHR Level

Chapter 9   Challenging Sanctions in the US

Part Ⅲ   Sanctions and Business

Chapter 10   Sanctions and Contracts

Chapter 11   Private Sector Implementation of Sanctions

《药品专利独占权的常青化：补充保护证书、罕见药、儿科延期和先进疗法药品》

陈 露

书名：*Evergreening Patent Exclusivity in Pharmaceutical Products*：*Supplementary Protection Certificates*，*Orphan Drugs*，*Paediatric Extensions and ATMPs*

作者：Frantzeska Papadopoulou

出版：哈特出版社 2021 年版

【作者简介】

Frantzeska Papadopoulou 是瑞典斯德哥尔摩大学（Stockholm University）法律系的知识产权副教授和知识产权团队（IP Group）负责人。她是《斯德哥尔摩知识产权法评论》（Stockholm IP Law Review）的创始人之一，在专利法和监管权领域拥有丰富的从业经验。

【专著内容】

本书分析了欧盟药品监管的四个核心内容：《罕见药品条例》（*Orphan Drugs Regulation*）、《儿科条例》（*Paediatric Regulation*）、《补充保护证书条例》（*Supplementary Protection Certificate Regulation*、SPC Regulation）和《先进疗法药品条例》（*Advanced Therapy Medicinal Products Regulation*，ATMP Regulation）。这四项监管工具构成了制药业现代商业和法律战略方法的重点。这些监管文书彼此之间以及与专利制度相互作用的方式，以及它们（作为一个整体）对药品独占权的常青化所产生的巨大影响，都证明了它们的核心作用是有道理的。

本书引导读者了解最新的判例法和立法的发展，并讨论了这些因素如何影响制药行业的战略性法律和商业选择。本书将经常被忽视的欧盟药品监管框架的立法架构重要性放在首位，并通过效率测试的视角评估其结果。本书是对最新判例法和这四个条例的深入分析感兴趣的学者和实践者的重要资源。对于那些对立法研究、立法评估和立法架构的批判性方法感兴趣的人来说，本书也很重要。本书共分为8章。

第1章介绍了医药市场、其特点以及现代监管权制度的历史背景。本章讨论了影响欧盟在该领域立法演变的问题，特别关注欧盟在公共卫生领域的有限能力。最后，本章介绍了本书的方法论框架，即有效性测试。如前文所述，对其在此特定案例中的应用进行了必要的微调。

第2章首先对欧洲药品管理局（European Medicines Agency，EMA）的背景、地位、作用和委员会进行了介绍和批判性讨论，接着评论了上市许可程序、其不同的申请途径以及影响整个系统的实用性。

第3章着重于讨论数据保护的整个系统的不同的参数，以及应用和解释的困难。第2章和第3章的作用是为读者提供一个背景和整体框架，以提高对监管权预期运作环境的清晰度，并构成系统演进的必要理由。第2章和第3章描述了SPC、罕见药、儿科药和ATMP间建立有望"联系"和互动的平台。

第4章对补充保护条例进行了讨论和分析，考察了其背景，但主要关注其主要条款以及这些条款在欧盟和国家判例法中是如何解释的。本章对欧盟法院判例法进行了详细分析，并反思了这些案例是如何影响SPC系统本身和其他的监管权利的。

第5章通过分析和解释《儿科条例》的核心条款以及这些条款如何与其他监管权利相互作用，本章提供了对本条例的作用及其与其他条例相互作用的方式的宝贵见解。

第6章讨论了《罕见药品条例》，并声称它实际上引入了一项新的特殊知识产权。在讨论了该条例的主要条款以及这些条款如何被欧盟和国家判例法解释之后，本章继续分析罕见药与儿科条例和专利制度之间的相互关系，并考虑了一些被立法者忽视的问题领域。

第7章探讨了另一项监管权利，即ATMP。尽管ATMP似乎是系统的局外者，与其他条例的互动有限。ATMP代表了一个被认为是未来的医药研究领域，即个性化医疗（Personalised Medicine）。此外，这些药品的特殊性测试了其他监管权利的适用性，如《罕见药品条例》，以及在如何应用SPC系统和如何遵循上市许可程序（MA Procedures）等方面产生的摩擦。

第8章将第1~7章结合在一起，在有效性测试的视角下进行分析。从有效性角度对SPC、罕见药、儿科药和ATMP进行了批判性讨论。本章对每项条例的目标、内容、背景和结果进行了分析。在本章中，将对这些不同条例运行的系统进行全面评估。

【本书目录】

前言

第 1 章　监管欧盟制药行业：多层次的挑战

第 2 章　为监管权奠定基础：监管机构和上市许可程序

第 3 章　数据独占性

第 4 章　补充保护证书

第 5 章　儿科延期

第 6 章　罕见药

第 7 章　先进疗法药品

第 8 章　监管权领域的有效性测试效果如何？

Front Matter

Chapter 1　Regulating the EU Pharmaceutical Sector：A Multilayered Challenge

Chapter 2　Setting the Stage for Regulatory Rights：The Regulatory Agencies and the Marketing Authorisation Procedure

Chapter 3　Data Exclusivity

Chapter 4　The Supplementary Protection Certificate

Chapter 5　The Paediatric Extension

Chapter 6　Orphan Drugs

Chapter 7　Advanced Therapy Medicinal Products

Chapter 8　How Effective is the Effectiveness Test in the Field of Regulatory Rights？

《反战法：当代国际法中的禁止使用武力》

叶巧华

书名：*The Law Against War：The Prohibition on the Use of Force in Contemporary International Law*

作者：Olivier Corten

出版：哈特出版社 2021 年版

【作者简介】

Olivier Corten，布鲁塞尔自由大学（Free University of Brussels）政治学硕士、国际法法学硕士，布鲁塞尔自由大学法学博士。现任布鲁塞尔自由大学法学院高级教授，布鲁塞尔自由大学法学院国际法和国际法应用社会学中心主任，同时还是《维也纳条约法公约》（*Vienna Convention on the Law of Treaties*）的联合编辑，比利时国际法协会成员、法国国际法协会成员和欧洲国际学会成员等。

【专著内容】

本书的目的是研究当代国际法中的禁止使用武力。自 20 世纪 90 年代冷战结束以来，该领域发生了重大变化。一些学者认为，在当今国际关系背景下，应当将禁止使用武力作为 1945 年《联合国宪章》（*United Nations Charter*）中的一项原则性禁令。本书论点是，《联合国宪章》规定的法律制度是建立在反战法（jus contra bellum）基础上的，反战法传达了规则的精神，该规则仍然是国际公法的基石之一。本书共分为 8 章。

第 1 章提出了在"当代国际法中人道主义干预权"的会议上两种冲突的论点：一是人道主义干预权是"新世界秩序"典型人文价值观进步的结果；二是《联合国宪章》未经修订，不承认在国际法律秩序中存在任何此类权利。作者在本章提出需要确定两个极端来强调选择方法论分歧的宽度，从而确定本书其余部分将遵循的方法论。

第 2 章首先强调单纯的警务措施和真正使用武力之间的界限问题，但各国作出的区分并不将所有域外措施比作《联合国宪章》第 2 条第 4 款所指的使用武力。本章第二部分试图通过确定几个标准来为使用武力"威胁"的定义提供指南。

第 3 章对禁止使用武力和自卫是否可以适用于非国家行为者进行分析，表明传统上大多数学术研究都将反对使用武力的范围限制在国家关系内。然而自 2001 年 9 月 11 日事件以来，"反恐战争"言论的特点之一是承认对恐怖组织采取"自卫"行为的可能性，《联合国宪章》第 51 条不仅仅针对的是国家。作者将从可能承认禁止使用武力适用于私人实体的背景下考虑这一立场。

第 4 章分析了是否可以援引解除不法性的情况来证明使用武力是正当的。通过实践审查发现只有《联合国宪章》承认的理由才能使使用武力成为合法的，对现有文本的审查证实了排除不法性的情况原则上不予受理，在实践中，这种情况很少被整个国家援引，也从未被接受。

第 5 章讨论了在当代国际关系中，一国同意另一国在其领土上进行军事行动是经常发生的事，同意的行动范围从简单的联合演习到击退侵略国的全面军事行动。分析同意在什么条件下可以在法律上证明军事行动是合理的，否则军事行动将视为违反《联合国宪章》第 2 条第 4 款。

第 6 章通过审查《联合国宪章》第七章规定的制度，首先分析了安理会通过授权或者授权机制行使了第七章的职责，那么"授权干预"在何种条件下和限制范围内符合《联合国宪章》的规定。然后探讨了特别有争议的"推定授权"问题，包括授权本身和某种事后批准的武装干预。

第 7 章解释了《联合国宪章》第 51 条中"自卫"一词，表明自卫应被视为一项特殊权利，而不仅仅是可能排除不法行为的情况。自卫被视为禁止使用武力原则的例外，且应由有关国家证明其为自卫行为。

第 8 章确定了"人道主义干预权"的定义，分析了法律文本和各国实践，表明任何单方面干预的意图在法律上都被明显驳回，对实践的审查也证实，几乎在所有先例中，出于人道主义原因的国家都是通过合法的经典理由而不是授予独立干预权来采取军事行动的，没有国家愿意接受人道主义干预权这一理由。

【本书目录】

引言

第 1 章　选择方法论

第 2 章　"使用武力"和"使用武力威胁"是什么意思？

第 3 章　禁止使用武力和自卫是否适用于非国家行为者？

第 4 章　是否可以援引解除不法性的情况来证明使用武力是正当的？

第 5 章　通过邀请进行的干预

第 6 章　联合国安理会授权的干预

第 7 章　自卫

第 8 章　人道主义干预权

结论

Introduction

Chapter 1　A Choice of Method

Chapter 2　What Do "Use of Force" and "Threat of Force" Mean?

Chapter 3　Do the Prohibition of the Use of Force and Self-Defence Apply to Non-State Actors?

Chapter 4　Can Circumstances Precluding Wrongfulness be Invoked to Justify a Use of Force?

Chapter 5　Intervention by Invitation

Chapter 6　Intervention Authorised by the UN Security Council

Chapter 7　Self-Defence

Chapter 8　A Right of Humanitarian Intervention?

Conclusion

《欧洲的泛民主：COVID-19 时期的权力、议会和人民》

王亚春

书名： *Pandemocracy in Europe：Power，Parliaments and People in Times of COVID-19*

作者： Matthias C. Kettemann、Konrad Lachmayer 等

出版： 哈特出版社 2022 年版

【作者简介】

Matthias C. Kettemann 是因斯布鲁克大学（University of Innsbruck）的法律理论和哲学教授，同时也是莱布尼兹媒体研究所（Leibniz Institute for Media Research）的研究项目负责人。

Konrad Lachmayer 是西格蒙德·弗洛伊德大学（Sigmund Freud University）法学院公法、欧洲法和法律基础教授兼研究院副院长。

【专著内容】

COVID-19 疾病突然发生，传播迅速，影响严重。自东亚后，欧洲是发生疫情较早的地区，欧洲各国都毫无防备，这对医疗保健系统提出了较大的挑战。根据约翰·霍普金斯大学（Johns Hopkins University）的数据，截至 2021 年 5 月，欧洲有 100 万人死亡，COVID-19 的影响将在未来几年里显现。COVID-19 给欧洲民主国家的金融和移民方面造成了影响，政府应对 COVID-19 的措施，在社会中引起了反响。因此，欧洲需要制定充分、有效的应对措施，同时也要维护其民主价值观。本书重点介绍了在疫情期间，反 COVID-19 措施对欧洲民主国家的影响，并将政治学、国际关系和法律方面的联系起来。本书一共分为四个部分，17 章。

第一部分共 3 章，关注与紧急情况有关的三个主要方面的理论问题：政治、权力和人民。

第 1 章讨论了 COVID-19 期间法律与政治的关系。在此期间，有些人相信政治可以做任何事情，即使在必要时违反法律。但作者认为，法律不能从例外中思考或构建，只能从规则中思考和构建，不应高估例外的力量，但应该在法律体系中确定如何处理危机情况的明确规则。

第 2 章中，作者关注的焦点是各国应对 COVID-19 时的权力滥用和自我防御。自由宪政理论认为，在紧急情况下权力掌握在行政部门手中，但这会导致立法机构的职能受到限制并导致权力滥用。

第 3 章论述了死亡在欧洲民主国家中的作用，作者认为，死亡不再是不可预知的命运，政府有可能影响死亡。法律合理化有助于讨论关于国家保障生命权、社会权利或健康权的义务，这会影响到政府关于生死的决定。作者认为，有必要将死亡理解为民主国家公共辩论的核心问题。

第二部分共 7 章，对 7 个案例进行研究，每个案例研究都明确关注民主的特定要素，展示了不同国家对 COVID-19 的反应。

第 4 章概述了 COVID-19 对英国议会民主的影响。虽然在疫情初期，行政部门被赋予广泛的权力，快速立法削弱了威斯敏斯特议会（Westminster Parliament）的作用，但议会重新启动了对政府的审查。作者认为，需要构思和通过一些宪法改革，特别是关于编纂宪法、制宪会议、减少中央权力及将更多权力下放给地区及通过改变众议院来将上议院转变为一个具有区域代表性的议会。

第 5 章中，作者介绍了德国对危机的处理，以及应对疫情的法律特征，包括联邦制结构（Federalist Structure）、德国宪法中关于紧急情况的规则、民主进程的变化以及疫情期间对德国基本权利的限制。作者认为，在应对诸如 COVID-19 等危机时，联邦制可以起到促进而非抑制的作用，但前提时"行政联邦制"（Executive Federalism）和"合作联邦制"（Cooperative Federalism）得到恰当的平衡。

第 6 章讨论了意大利如何应对 COVID-19 危机带来的两个主要问题。首先，在议会边缘化时紧急时期的典型后果，导致对行政机关及其活动制约的减少；其次是行政法令对个人权利的影响。作者的结论是 COVID-19 危机不仅影响了代表制度和政治问责制，还影响了权利保护、宪法审查、透明度和法律确定性等关键特征；意大利的机构在议会和行政部门之间以及议会内部多数派和反对派之间的关系上，都表现出支离破碎，有时甚至是不连贯的态度。

第 7 章分析了瑞典宪法的反应，这与其他国家更严格的方法不同。这是瑞典宪法和法律文化特殊性的结果，包括缺乏关于紧急状况的规定、合法性、客观性和透明度的原则，以及价值观、社会信任和政治领域建立共识的强大传统等非法律因素。作者表示，这场疫情表明，在采取影响全社会的措施时，需要有可预见、透明和负责任的程序，即使有关措施不具约束力，而且是由半独立的公共当局采取的。

在第 8 章中，以匈牙利为例，分析了半独裁体制对疫情的反应。作者批评违宪政府的自我赋权，在实践中，议会对紧急措施缺乏控制。作者认为匈牙利政府为法律体系的长期特殊状态做好了准备，将特殊权力和工具制度化，即使在正常情况下，也为行政部门提供了广泛的授权。

第 9 章介绍了在 COVID-19 期间，瑞士的行政部门开展了前所未有的监管活动。作者分析了联邦政府对宪法内紧急权力的广泛使用，紧急情况持续的时间越长，议会在应对紧急情况中发挥积极作用的压力就越大。作者讨论了议会反应的两个方面：首先，对 COVID-19 法案进行了批判性评估；其次，研究了议会如何根据 COVID-19 调整自己的职能，以及在多大程度上成功地保持了应对 COVID-19 的能力，并在危机中采取行动。

第 10 章介绍法国自 2020 年 3 月以来因 COVID-19 导致的医疗危机，在实施封锁的期间，建立了一个新的、特殊的、应对紧急状态的法律制度。这些严重限制权利和自由的决定，不是议会或理事会作出的，而是由共和国的总统决定的。这种前所未有的运作模式，扰乱了行政部门内部的决策过程，削弱了国家和地方民主机构，破坏了法治。

第三部分共 4 章，超越国家分析了国际和欧洲的影响，以及非国家行为者在 COVID-19 期间对民主的影响。

在第 11 章中，以世卫组织紧急委员会（WHO's Emergency Committee）为例，分析其快速处理国际层面问题的决策。由于总干事听取了应急委员会关于是否发生公共卫生突发事件等特定事件决定的建议，有必要评估委员会内的审议情况。作者得出结论，早就应该在国际层面对审议 COVID-19 的投入和产出进行更加和谐的平衡。

第 12 章概述了欧盟应对 COVID-19 的措施。一方面欧盟面临着没有采取足够行动，解决 COVID-19 问题的批评；另一方面，欧盟在这方面的能力有限。作者认为，尽管目前的文书为应对 COVID-19 产生了积极影响，但成员国有充分的理由巩固欧盟在疫情期间发挥有影响力的作用，即在条约中以具体的卫生危机管辖权形式加强准备工作，并允许在未来危机期间采取应对措施。

第 13 章分析了在线平台（Online Platforms）在 COVID-19 期间管理和治理信息方面发挥的作用。作者研究了这些平台如何对 COVID-19 作出反应、如何支持政府的卫生措施，以及如何放大和反击有关 COVID-19 的不实信息的，展示了在日益信息化的社会中，平台是如何成为通信流（Communication Flows）的关键角色的。

在第 14 章中，作者提出了比例赤字悖论（Proportionality Deficit Paradox），即用于监控旅行和疫苗接种情况的社交媒体和基于区块链的二维码能够应用人权规则，但没有能力适用人权原则。这导致社交媒体和区块链技术中缺乏保护隐私权的机制。因此作者得出结论：COVID-19 证实了国家电子信息地位与基本权利之间负相关。

第四部分共 3 章，分析了从危机中吸取了哪些教训，并提供有关民族主义和民粹主义的重要见解。

在第 15 章中，展示了新旧非自由宪法理论如何为某些非自由政权作为对 COVID-19 的反应而引入的专制措施提供规范性理由。在处理这些正当性理论之前，本章简要概述了对 COVID-19 的一些典型宪法反应，特别关注了匈牙利案。新的紧急情况及其规范性辩论再次提出了一个问题："非自由民主"或"民粹主义"是否描述新权威主义危险的适当概念框架。

在第 16 章中，作者认为，目前确定这场危机对民粹主义产生的影响还为时过早。由于民粹主义的主要特征是代表"真实的人民"，并让公民相互对立，这在很大程度上取决于将出现的挫折和经济混乱。作者指出，COVID-19 是一种紧急情况，但紧急情况不自动成为所有民主政治必须停止的例外情况。反对派采取紧急措施是有充分理由的，但如果以"国家统一"的名义使异议失去合法性，是完全不合理的。

在第 17 章中，作者就民主国家的核心要素当前所面临的挑战，特别是对议会的作用和欧洲的多层次治理得出了一些结论。作者确定了欧洲民主国家议会在 COVID-19 中的不同等级，并强烈反对欧洲多层次治理；作者得出结论，即必须克服以政府为基础的关于危机的传统理解，并建立一个以民主为基础的紧急状态概念。

【本书目录】

前言

第一部分　理论——权力、人民和危机

第 1 章　无视法律的放纵：政治的首要主张和 COVID-19 时期的例外状态

第 2 章 滥用权力和自我巩固措施，国家应对 COVID-19 爆发：议会、法院和人民的作用

第 3 章 民主、死亡和垂死：法律合理化的潜力和限制

第二部分 实践——民主国家和流行病

第 4 章 英国的病毒治理

第 5 章 德国——行动中的联邦主义

第 6 章 议会在面对冠状病毒紧急情况时的边缘化：意大利的民主如何？

第 7 章 瑞典宪法应对冠状病毒危机：格格不入？

第 8 章 在匈牙利使用紧急权力：对抗流行病或民主？

第 9 章 瑞士：议会在危机时期的（缺失的）作用

第 10 章 法国的超行政紧急状态

第三部分 超越国家：COVID-19 时期的民主治理

第 11 章 国际层面的流行病、专门知识和审议

第 12 章 欧盟抗击冠状病毒的反应——协调、支持、行动——倾听其公民的呼吁？

第 13 章 流行病与平台：危机局势中信息的私人治理

第 14 章 数字人权在全球危机中的比例性

第四部分 结论：流行病、民粹主义和权力

第 15 章 流行病和非自由的宪法理论

第 16 章 流行病期间的民粹主义与民主：一些初步考虑

第 17 章 结论：泛民主——执政为民，执政不为民？

Front Matter

Part I The Theory — Power, People and the Crisis

Chapter 1 Lawless Extravagance：The Primacy Claim of Politics and the State of Exception in Times of COVID-19

Chapter 2 Abuse of Power and Self-entrenchment as a State Response to the COVID-19 Outbreak：The Role of Parliaments, Courts and the People

Chapter 3 Democracy, Death and Dying: The Potential and Limits of Legal Rationalisation

Part II The Practice—Democracies and the Pandemic

Chapter 4 Virus Governance in the United Kingdom

Chapter 5 Germany—Federalism in Action

Chapter 6   The Marginalisation of Parliament in Facing the Coronavirus Emergency: What about Democracy in Italy?

Chapter 7   Swedish Constitutional Response to the Coronavirus Crisis: The Odd One Out?

Chapter 8   Using Emergency Powers in Hungary: Against the Pandemic and/or Democracy?

Chapter 9   Switzerland: The (Missing) Role of Parliament in Times of Crisis

Chapter 10   The Hyper-Executive State of Emergency in France

Part Ⅲ   Beyond States: Democratic Governance in Times of COVID-19

Chapter 11   Pandemics, Expertise and Deliberation at the International Level

Chapter 12   EU Response to Fighting the Coronavirus — Coordination, Support, Action — Heeding its Citizens' Calls?

Chapter 13   Pandemics and Platforms: Private Governance of (Dis) Information in Crisis Situations

Chapter 14   Digital Human Rights Proportionality During Global Crisis

Part Ⅳ   Conclusions: Pandemics, Populism and Power

Chapter 15   The Pandemic and Illiberal Constitutional Theories

Chapter 16   Populism versus Democracy during a Pandemic: Some Preliminary Considerations

Chapter 17   Conclusions: Pandemocracy—Governing for the People, without the People?

《打破大规模暴行周期：国际刑法中的犯罪学和社会法学研究方法》

李通敏

书名：_Breaking the Cycle of Mass Atrocities：Criminological and Socio-Legal Approaches in International Criminal Law_

作者：Marina Aksenova，Elies van Sliedregt 和 Stephan Parmentier 等

出版：哈特出版社 2019 年版

【作者简介】

Marina Aksenova 拥有阿姆斯特丹大学国际公法法学硕士学位及牛津大学刑事司法和犯罪学硕士学位。她曾是哥本哈根大学法学院国际法院卓越中心（iCourts）的博士后研究员。

Stephan Parmentier 曾是国际法社会学研究所（International Institute for Sociology of Law）、和平大学（University for Peace）和新南威尔士大学（University of New South Wales）的客座教授。

【专著内容】

本书研究了国际刑法在大规模暴行不同阶段的作用，摒弃了传统的狭隘的理解，不仅将其作为惩罚责任者最严厉的工具。这本书认为，集体暴力有不同的阶段，国际刑法对每个阶段都有或多或少的贡献。因此，作者探讨了国际刑法在不同阶段帮助打破恶性循环的各种可能性。本书一共有 12 章。

在第 1 章中，作者介绍了本书的写作意图、结构以及研究方法并且阐述了本书的主要目的是探讨在大规模暴行过程中的不同时间点国际刑法的不同作用并表明了多方式发展国际刑法的紧迫性。作者舍弃传统的对大规模暴行的"从一般到具体"的研究角度，转而研究暴行的各个阶段以及它们之间可能的

因果关系。解释了文章中提及的循环点（Cycle Points）和出口点（Exit Points）将常规的犯罪与大规模暴行的循环过程，进行了对比，认为它们是不同的两个过程，并且解释了让大规模暴行拥有特殊循环的原因。

在第 2 章中，作者构建了一个研究暴行的框架。在这个框架中，作者将生物和心理因素置于了解和解释大规模暴行原因的首要地位。作者认为暴行的产生根源于自然人对于暴力、侵略以及对他人的敌意与怀疑，而这种倾向会被道德、社会和政治因素左右。外部环境，包括经济、自然环境、社会文化因素都有可能成为暴力、敌对和侵略的触发原因。其次，作者讨论了在允许和解决暴行中间擦除含有极端和系统性暴力刺激记忆的作用的后续解决办法，从而研究"原谅和遗忘"的策略最终作用。这一部分的研究主要以石黑一雄（Kazuo Ishiguro）近来的作品《被埋葬的巨人》（*The Buried Giant*）中所虚构的后罗马时期的英国发生的暴行为基础。

在第 3 章中，作者认为犯罪化（Criminalisation）——通过国际或国内法律文书将某种行为定为刑事犯罪，是建立国际刑事诉讼的基础，更是国际社会为解决某些暴行所制定的对策。首先，作者提出了如何定义国际层面的犯罪化以及如何区别定罪机制和平衡机制（Restorative Mechanisms）两个问题。其次，作者提出了将国际刑事作为一个有实用性的知识架构——实用国际犯罪化（Pragmatic International Criminalisation），并且探究了在具有国际刑事司法的司法机构内进行授权以及将有关大规模暴行的开放式信息转化成证据，再转化成个别可审理案件的证据时适用的可能性。最后，作者运用实证分析的方法，以荷兰海牙国际刑事法庭（International Criminal Court）审理多米尼克·昂格温（Dominic Ongwen Case）和乌干达国际犯罪部门（International Crimes Division）审理的托马斯·夸耶洛案（Thomas Kwoyelo Case）的庭前会议阶段为分析对象，论证了实用国际犯罪化的结果在多大程度上取决于法律和体制因素。

在第 4 章中作者探讨了究竟为什么危害人类罪能够被置于现在这个地位。通过使用犯罪学分析方法来考察国际刑事法律（International Criminal Law, ICL），并且着重于考察对于国际侵略行为的犯罪化过程，尤其是危害人类罪。在本章中作者介绍了危害人类罪的历史演变，认为危害人类罪性质的变革反映了一种法律现象——迫于客观情况有些行为会发展成为一个特殊的类别。因此，作者尝试利用埃米尔·涂尔干（Emile Durkheim）犯罪学的相关理论去寻找国际刑法中危害人类罪的社会基础，还尝试用该理论为这些国际罪行建立合法性前提。首先，作者分别阐释了将涂尔干的理论转化为现实研究的原因和危害人类罪固有的复杂性，尝试去解决对于该罪行类别上的分歧。其次，作者将涂尔干的理论与现在立法相结合，并将重点置于对于程序的研究上。最后的结论部分，将危害人类罪的过去、现在以及未来发展联系起来。

在第5章中，作者对于国际刑事法庭的实际作用提出了质疑。首先，作者在前南斯拉夫国际刑事法庭（International Criminal Tribunal for the Former Yugoslavia，ICTY）工作时，有部分人认为国际刑事法院中存在一个综合系统（Hybrid System）应用于各类国际法院。该综合系统由西方的民法、程序法以及在判决、区域仲裁中被应用的传统规则组成。本章中作者主要研究了唯一的永久性国际刑事法律法庭——国际刑事法院对法律综合系统的使用情况。但是，在国际刑事法院中使用这个综合系统是否能够保证判决结果的一致性是存在疑问的。因此，作者在本章中重点考察了举证责任以及对于审判证据的采纳和评估程序的适用情况。最后，作者肯定了国际刑事法院适用的法律系统的不足并希望本书的研究成果能促进其未来的发展以及影响力的扩大。

在第6章中，作者主要研究了监狱警卫案例的相关问题，其目的是阐释国际刑法中固有的"代理悖论"。当被告人都是国际刑事法律的重要代理人但被剥夺了代理权。由于案件不同使用不同的归责原则，强调特殊混淆和国际刑法的总则部分的重要性，对于原则的混淆和不一致性会威胁到国际刑法的连贯性和合法性，从而破坏对人权的认知。

在第7章中，作者对比了国内法院、社区民众法庭（Gacaca）和卢旺达国际刑事法庭（United Nations International Criminal Tribunal for Rwanda，ICTR）三级法院对于卢旺达大屠杀的组织者判决量刑的不同，并更深入地比较分析了国内法庭和国际法庭判决，进一步阐明了上述研究的内容和背景。首先，通过结合"过渡"这一社会政治背景特征，作者阐述了卢旺达刑罚实践层面上的发展。其次，通过对比量刑的差异，作者进一步阐明了大屠杀刑罚实践时的社会背景。同时，作者提供了数据概要和研究方法。最后，通过比较分析成文法和判例法，作者讨论了确定量刑的方法。

在第8章中，作者主要讨论了使前南斯拉夫国际刑事法庭与前南斯拉夫民众的和解任务失败的原因。作者尝试更全面地考察相关因素——刑罚与社会的关系，并强调了惩罚不法分子能够产生积极的社会影响。首先，作者设置了关于刑罚在社会中的作用基础理论假设，讨论了惩罚犯罪的实际功能。随后，作者以此为例阐明了刑罚的作用在国家层面和国际层面的主要区别，这主要源于政体和国体的不同。最后，作者指出国际刑事法庭缺乏适当的道德包容度，而这正是一项刑罚对社会产生积极影响的先决条件。

在第9章中，作者着眼于对法庭叙述作用的考察，并以此阐明在直接的性暴力和谋杀案件中被告离开个人代理的作用。作者认为双方当事人的陈述，实际上是社会结构的缩影，为法庭提供了超出空间限制的见解。首先，作者陈述了在审理过程中应当采用个人叙述方法的理由。其次，以前南斯拉夫国际刑事法庭审理的性犯罪和谋杀罪的几项研究为基础，作者提出了让被告于庭审中再叙述的方式让法官与直接肇事者接触。

在第 10 章中，作者尝试以社会身份认同理论（Social Identity Approach）去解释一些国际犯罪，并认为国际犯罪是个人相互作用和情境特征的产物。其次，作者提出了差异化看待犯罪学理论中不同国际犯罪的地位。群体中的所有犯罪不应当只被理解为行为偏差，也有可能是顺从行为。因此，作者的写作目的是重新发现犯罪学中的社会群体，尝试将其融入现代犯罪行动学理论，尤其是情境行动理论（Situational Action Theory）并寻找到解决方法。

在第 11 章中，作者着眼于研究非洲司法与人权法院（African Court of Justice and Human Rights，ACJHR）提出的区域刑事司法系统。作者详细地阐述了选择研究该提案的三个理由。其次，作者讨论了马拉博协议（Malabo Protocol）是否有价值并与国际刑事法庭保持一致，可否作为未来发展的模型。最后，作者认为这个非洲司法的新颖之处是涉及企业刑事责任，并且对其进行了一些初步的考察。

在第 12 章中，作者分析了国内刑事法律的执法和国际机构的区别，认为第一个区别是范围差异；第二个区别是国际刑事法律的执行发生在超越民族国家熟悉制度的背景下。虽然罗马规约承认缔约方国家对国际罪行具有优先管辖权，但这些国家与国际刑事法庭依旧处于一个敌对的关系中。作者将国际刑事法庭的执行困难归因于其在国家系统之外运行。其次，作者认为大型犯罪和国家对主权的坚持在一定程度上有相似之处，即二者都挑战了国际刑事法庭主导的道德范式。最后，作者坚定地捍卫了国际刑事法院的地位，并提出了改进的建议。

【本书目录】

第 1 章　导言：打破大规模暴行的循环：国际刑法的犯罪学和社会法律方法

第 2 章　生物学和心理学上的暴行与记忆的擦除

第 3 章　国际刑事犯罪化作为实用制度的过程：国际刑事法庭的多米尼克·昂格温案和乌干达国际犯罪部门的托马斯·夸耶洛案的案件

第 4 章　团结作为危害人类罪的道德和法律基础：涂尔干视角

第 5 章　国际刑法综合系统：一项正在进行的工作抑或是一项崇高的实验?

第 6 章　国际刑法中的代理人和代理机构：目的和国际刑法的"特殊部分"

第 7 章　过渡时期的刑罚：卢旺达国内法院和卢旺达国际刑事法庭种族灭绝罪后量刑做法实践比较

第 8 章　不是以我们的名义！国际刑事司法中的社会

第 9 章　解释（离开）个人代理：犯罪学上前南国际法庭的直接肇事者重新陈述

第 10 章　社会认同与国际犯罪："普通人"假说的合法性和问题性

第 11 章　区域刑事司法、公司刑事责任和非理论研究的必要性

第 12 章　打破集体暴力的循环：国际刑法的贡献

Chapter 1　Introduction: Breaking the Cycle of Mass Atrocities: Criminological and Socio-Legal Approaches to International Criminal Law

Chapter 2　The Biology and Psychology of Atrocity and the Erasure of Memory

Chapter 3　International Criminalisation as a Pragmatic Institutional Process: The Cases of Dominic Ongwen at the International Criminal Court and Thomas Kwoyelo at the International Crimes Division in the Situation in Uganda

Chapter 4　Solidarity as a Moral and Legal Basis for Crimes Against Humanity: A Durkheimian Perspective

Chapter 5　The Hybrid System of International Criminal Law: A Work in Progress or Just a Noble Experiment?

Chapter 6　Agents and Agency in International Criminal Law: Intent and the "Special Part" of International Criminal Law

Chapter 7　Punishment in Transition: Empirical Comparison of Post-Genocide Sentencing Practices in Rwandan Domestic Courts and at the ICTR

Chapter 8　Not in Our Name! Visions of Community in International Criminal Justice

Chapter 9　Explaining (Away) Individual Agency: A Criminological Take on Direct Perpetrator Re-Presentations at the ICTY

Chapter 10　Social Identity and International Crimes: Legitimate and Problematic Aspects of the "Ordinary People" Hypothesis

Chapter 11　Regional Criminal Justice, Corporate Criminal Liability and the Need for Non-Doctrinal Research

Chapter 12　Breaking the Cycle of Collective Violence: International Criminal Law's Contribution

《欧盟国际私法中的经济制裁》

冯丽芳

书名：*Economic Sanctions in EU Private International Law*
作者：Tamás Szabados
出版：哈特出版社 2019 年版

【作者简介】

Tamás Szabados 是匈牙利埃特沃斯－洛朗德大学（Eötvös Loránd）法学院国际法和欧洲经济法的高级讲师。在哈佛大学欧洲研究中心（Center for European Studies Harvard）工作期间，他主要研究欧盟法律中的人权问题。

【专著内容】

国际私法发挥着"传送带"的作用，将源于公法的经济制裁传递到私法领域。因此，经济制裁不仅是外交政策的工具，它们也可以（主要是以合同形式）影响私人当事方之间的法律关系（在这种情况下，受理案件的法院或仲裁庭必须决定是否对当事人实施有关的经济制裁）。本书旨在研究国际私法规则如何影响经济制裁的实施及其相关的外交政策目标。本书一共分为 9 章。

第 1 章为引言部分，主要介绍了欧盟成员国的法院和仲裁庭是如何在国际私法规则的基础上决定涉及经济制裁的案件的。作者认为国际私法规范在经济制裁对私法关系的影响方面具有决定性的作用，因为其在很大程度上决定了经济制裁是否必须适用于或考虑到私人当事方签订的合同中，而当事人可以利用一些手段以避免经济制裁的适用，比如选择一个外国法院或仲裁庭来裁决法律纠纷。因此，研究此类手段是否真的可以导致欧盟的经济制裁"失灵"就显得尤为重要。此外，作者还提出另一个值得关注的问题：欧盟成员国法院在作出涉及经济制裁的决定甚至有时会以外交政策为依据，这似乎（至少乍一看）与国际私法传统上的非政治性相抵触，并可能因此产生一个分散的欧洲司法外交政策。

第 2 章通过对联合国制裁制度、双边和多边条约中的经济制裁与欧盟法律中的经济制裁制度的介绍与列举，作者得出结论，即欧盟有实施经济制裁的能力。在实践中，经济制裁决定都是由欧盟通过的，该决定需要分别符合《欧洲共同外交与安全政策》（*Common Foreign and Security Policy*，CFSP）与欧盟条例（*EU Regulation*）。无论欧盟实施经济制裁的权限性质如何，成员国的回旋余地都是有限的。

第 3 章主要从连贯性和法律确定性这两个方面对欧盟国际私法规则和成员国的司法实践进行分析。作者强调进行这种分析很有必要，因为仔细审查欧盟国际私法规则是否一贯有助于统一的欧盟外交政策方针，以及这两者是否一致是本书的目标之一，而经济制裁是否以可预测的方式适用也影响着法律的确定性。

第 4 章谈到，虽然经济制裁属于公法领域，体现了国家对外交政策的干预，但仍可能影响到私人当事方的法律关系（主要是以合同的形式）。作者认为国际私法对经济制裁在私法关系中的应用起着决定性的作用，所以经济制裁就成为国际私法中凌驾于任何条款之上的强制性规则，从这个角度来看，经济制裁干涉了当事人的自主权。

第 5 章提出一个问题，即经济制裁作为压倒性的强制规则，其适用性是有争议的。这是因为《罗马一号条例》（*Rome Ⅰ Regulation*）对经济制裁的适用未作规定。一些法律文献和司法实践表明经济制裁的强制性是不言而喻的。然而，也有一些法学学者和法院实践从狭义上解释了对准据法的适用，即在没有特殊联系的情况下，将准据法限制在外国的私法规范，从而排除了具有公法性质的外国有关经济制裁的法律规定的适用。

第 6 章集中讨论了三个特定司法管辖区内关于适用经济制裁的法院裁决，分别为法国、德国和英国。作者选择这三个司法管辖区的原因有很多。首先，这些国家的法律体系代表了不同的法律家族。其次，在法国的司法实践中，作者找到了排除对《罗马一号条例》第 9 条中未提及的国家进行先行经济制裁的例子，而德国则是一个有着在实体法层面上考虑到外国压倒性强制规定的悠久传统的国家，英国法律以前依靠公共政策的概念将外国经济制裁考虑在内，但其究竟是将外国经济制裁作为法律冲突规则还是作为国内实体法仍然模糊不清，但英国法律很好地展示了欧盟法律冲突的统一是如何影响经济制裁在成员国的适用的。英国脱欧也势必会对英国法院如何适用经济制裁这一问题产生影响。

在第 7 章中，作者认为经济制裁经常被用于治外法权。一些国家，最典型的就是美国确定了经济制裁的主体可以是个人，并将其广泛扩展到由制裁国的自然人或法人控制的外国实体，而相对较弱的领土联系可能就足以使其适用经济制裁。而阻断法超越了经济制裁的影响。即使法律冲突规则指定了包含经济制裁的法律，或者第三国的法律包含经济制裁，但由于法院地国的阻断法的存在会导致经济制裁不被适用。在这种情况下，阻断法是国内公共秩序的具体体现。因此，法院地是以执行本国的阻断法规来对抗目标国的经济制裁。在这个意义上，一些学者称阻断法为消极的法律冲突规范或者消极的凌驾于他国法律之上的强制性规范，而作者认为，后者是一个比前者更正确的名称，因为阻断法规中包含的规范不是法律冲突规范，而是实体法规则。

第 8 章讨论了当事人是否可以通过一些手段使得欧盟经济制裁"失灵"的问题。联合国安理会实施的制裁能够作为国际或跨国公共政策的一部分从而得以执行。然而，欧盟在联合国框架之外采取的单边制裁是否统一适用于仲裁程序？欧盟的制裁制度并不禁止仲裁庭的成立或仲裁员和法律顾问等参与仲裁程序。但就涉及欧盟制裁争端的可仲裁性而言，存在一定争议。相当一部分法律文献和仲裁裁决认为，涉及经济制裁的案件是可以仲裁的。然而，德国和奥地利的法院实践认为，如果仲裁协议存在避免适用压倒性强制条款的风险，那么这些协议就是无效的，这种做法背后的理由是要确保欧盟法律的效力，但是这种做法在法律上的合理性还没有得到欧盟法院的确认，实践中，意大利法院也依据其本国法对此类法律纠纷的可仲裁性提出了质疑。这就引发了一个问题：当第三国不适用与欧盟法律相类似的制裁措施时，当事人就有可能选择此类第三国法院或者仲裁庭对其纠纷进行裁决以规避此类经济制裁，那么在这种情况下，欧盟的经济制裁就"失灵"了。

第 9 章总结到，事实证明欧盟经济制裁的统一适用没有问题，但对于第三国实施的经济制裁，却没有一个统一的做法。成员国的法院对这些制裁的适用不一致，这种情况不仅不利于维护法律的确定性和可预测性，也不能促进欧盟共同的外交政策或方针。如何破解这个问题？作者提出两个可行的解决方案：对受经济制裁影响的合同关系进行公共排序与私人排序。

【本书目录】

第 1 章　引言

第 2 章　实施经济制裁的法律框架

第 3 章　欧盟法律的连贯性和法律确定性

第 4 章　国际私法中的经济制裁

第 5 章　欧盟国际私法中压倒性的强制规则——经济制裁

第 6 章　成员国的司法实践

第 7 章　阻断法

第 8 章　经济制裁的"失灵"?

第 9 章　可行的解决方案与结论

Chapter 1　Introduction

Chapter 2　The Legal Framework for Imposing Economic Sanctions

Chapter 3　Coherence and Legal Certainty in EU Law

Chapter 4　Economic Sanctions in Private International Law

Chapter 5　Economic Sanctions as Overriding Mandatory Provisions in EU Private International Law

Chapter 6　The Judicial Practice of the Member States

Chapter 7　Blocking Statutes

Chapter 8　"Deactivation" of Economic Sanctions?

Chapter 9　Possible Solutions and Conclusions

《联合国制裁的国家执行情况：比较研究》

陈　露

书名：*National Implementation of United Nations Sanctions：A Comparative Study*

作者：Vera Gowlland-Debbas

出版：布里尔·尼霍夫出版社 2004 年版

【作者简介】

Vera Gowlland-Debbas 是瑞士日内瓦国际研究院（Graduate Institute of International Studies，Geneva）的国际公法学教授。她曾是伦敦大学学院（University College London，UCL）的荣誉教授、牛津大学万灵学院（All Souls College，Oxford）的访问学者，以及巴黎第二大学（Université Panthéon-Assas Paris II）和加州大学伯克利分校的客座教授。她的著作涵盖了联合国法律、安理会制裁、难民法和人权法、多边条约制定、国家责任和国际法院等领域。她特别关注国际组织的责任问题，2007 年她在海牙国际法学院（Hague Academy of International Law）开设了着重研究安全理事会的决定所产生的责任问题的课程。她还曾作为执业者，为国家、机构和律师事务所提供咨询，并作为阿拉伯联盟的法律顾问参与了国际法院隔离墙意见的工作。

【专著内容】

本书比较研究了联合国安全理事会根据《联合国宪章》第七章第 41 条采取的强制性制裁的国内执行情况，包括设立两个国际刑事法庭，即前南斯拉夫问题国际刑事法庭（International Criminal Tribunal for the Former Yugoslavia，ICTY）和卢旺达问题国际刑事法庭（International Criminal Tribunal for Rwanda，ICTR），以及最近关于打击资助恐怖主义的决议（Resolution）。本书审查了欧洲、美洲、亚洲、中东和非洲 16 个被选定国家的执行情况，还强调了欧盟、永久中立的前非成员国瑞士以及面临《联合国宪章》第50条所指的特殊经济问题的国家在执行制裁时出现的特殊问题。

本书讨论了三个相互关联的主题。

第一个主题是理论性的，即执行安理会决议，特别在被认为是为了实现国际社会共同目标（Community Objectives）的情况下，是否会带来在某种程度上不同于执行其他常规国际法义务的问题，从而对国际法和国内法之间传统的一元、二元关系产生了不同的认识。

第二个主题涉及从执行国遵守情况的角度来看安全理事会决定（Decision）的有效性。有人指出，有效性在这里只涉及成员国在其国家法律秩序中有效执行安全理事会的决定，以及这种执行很大程度上符合各国在《联合国宪章》下的义务。从狭义上理解，有效性是指所依赖的国内机制的可用性和性质，以及它们迅速和全面处理安全理事会决定的能力。然而，很明显的是，为了完整起见，对制裁实施的有效性的全面研究应该超越对正式执行情况的分析，并考虑到各国执行决议的政治意愿和/或能力。

第三个主题是从国内法律体系的角度看安全理事会决议的正当性（Legitimacy），即安全理事会的决定在多大程度上侵犯了国际或宪法保护的个人权利这一角度，以及国内法院在审查安全理事会的决定中可能发挥的作用这一角度。但这也是各国对安全理事会决定的正当性——相对于安理会决议的合法性（Legality），以及安理会本身在国家执行框架内的权力的看法问题。当然，有效性和正当性是相互关联的，有时甚至是紧张的，因为对安全理事会缺乏正当性的看法可能会削弱各国执行其决定的决心。

本书汇集了29位学者和专家的研究成果，是在瑞士日内瓦国际研究院主持下开展的研究安全理事会制裁项目框架内的项目。

【本书目录】

前言
缩略语列表
第一部分　介绍性调查
1.《联合国宪章》第41条规定的制裁制度
2. 在国内法中执行制裁决议
第二部分　国家研究
3. 阿根廷
4. 比利时

5. 欧洲联盟

6. 芬兰

7. 法国

8. 德国

9. 日本

10. 约旦

11. 荷兰

12. 波兰和捷克共和国

13. 南非和纳米比亚

14. 瑞典

15. 瑞士

16. 联合王国

17. 美国

18. 结束语

Foreword

List of Abbreviations

Part Ⅰ   Introductory Survey

1. Sanctions Regimes under Article 41 of the UN Charter（Vera Gowlland-Debbas）

2. Implementing Sanctions Resolutions in Domestic Law（Vera Gowlland-Debbas）

Part Ⅱ   National Studies

3. Argentina（Emilio J. Cardenas and Mariano Garcia-Rubio）

4. Belgium（Eric Suy and Nicolas Angelet）

5. The European Union（Daniel Bethlehem）

6. Finland（Martti Koskenniemi, Paivi Kaukoranta and Martin Bjorklund）

7. France（Genevieve Burdeau and Brigitte Stern）

8. Germany（Jochen Abr. Frowein and Nico Krisch）

9. Japan（Hisashi Owada）

10. Jordan（Bisher Al-Khasawneh and Adnan Amkhan）

11. The Netherlands（Alfred H. A. Soons）

12. Poland and Czech Republic（Wladyslaw Czaplinski and Pavel Turma）

13. South Africa and Namibia (Hennie Strydom and Tunguru Huaraka)

14. Sweden (Ove Bring, Per Cramer and Goran Lysen)

15. Switzerland (Mathias-Charles Krafft, Daniel Thurer and Julie-Antoinette Stadelhofer)

16. United Kingdom (Christopher Greenwood)

17. The United States (Andreas F. Lowenfeld)

18. Concluding Remarks (Vera Gowlland-Debbas)

《投资者国际法》

叶巧华

书名：*Investors' International Law*
作者：Jean Ho 等
出版：哈特出版社 2021 年版

【作者简介】

Jean Ho 是新加坡国立大学（National University of Singapore）法学院副教授，也是新加坡和纽约律师协会（Singapore and New York Bars）的会员。在进入学术界之前，Jean Ho 在谢尔曼思特灵律师事务所（Shearman & Sterling LLP）专门处理国际投资纠纷。Jean Ho 是国际统一私法学会（the International Institute for the Unification of Private Law，UNIDROIT）土地农业投资合同工作组的专家及英国国际法和比较法研究所（British Institute of International and Comparative Law）投资条约论坛成员。

【专著内容】

尽管关于投资者问责制问题的文献越来越多，但关于投资者义务和责任的实质性规则问题仍然没有得到充分的研究。这本论文集试图通过对一般国际法和习惯国际法、国际人权法、国际环境法、国际人谊主义法以及国际投资法下的投资者问责制问题进行分析，来填补文献中的这一空白。书中的每一章都涉及投资者问责制的不同且未被探讨的方面，从而提供了新颖、综合的国际法研究。这本书将对各种涉及投资者问责制国际文书的设计、起草、适用和改革方面的法律工作者、学者和决策者提供巨大的帮助。本书分为 12 章。

在第 1 章中，Jean Ho 探讨了投资者问责制的三种可能性，一种是程序性的，一种是实质性的，一种是制度性的。多方纠纷解决方案为受投资者不当行为影响最大的人，提供了追究投资者责任的机会，包括受侵害的当地社群。在更传统的投资者—国家双边合同中，要求投资者承担责任包含在强制使用国际法作为管辖争端的法律条款中，各国可以利用这些条款要求投资者遵守国际法。在机构层面，新兴的次区域法院提出了不同的可能性，作为裁决某些类别投资者不当行为的潜在论坛，例如非冲突环境中的投资者犯罪。

第 2 章中 Mavluda Sattorova 批评了以国家为中心的投资者问责制方法。根据新兴的经验数据和投资法学分析，她批评了投资条约法未能承认外国投资活动的赢家和输家，并探讨了为实现社会包容而重组外国投资的机会。Sattorova 质疑是什么阻碍了对外国投资者与社会之间关系新看法的出现，并认为，尽管存在一定程度的怀疑，但管理外国投资者行为的法律机制仍有可能发生变化。

第 3 章的核心是社会包容，Lorenzo Cotula 和 Nicolás M. Perrone 质疑国际投资法的不对称性及其对当地社群的影响。正是将外国投资视为一种投资者与国家的关系，以及随之而来的对国家责任的强调，使当地社群实际上处于无形状态。这反过来影响了投资者责任的法律讨论，并限制了改革议程。Cotula 和 Perrone 认为，只有彻底改革外国投资治理，包括投资保护的实质性和程序性规则，才能实现投资者对当地社群的问责。由于职权范围狭窄，目前正在进行的关于国际投资法改革的讨论，包括在贸易法委员会第三工作组主持下进行的讨论，不足以纠正投资者与当地社群之间现有的不对称关系。

在第 4 章中，Anil Yilmaz Vastardis 剖析了目前支持国际法不对称性的规范性基础，并使投资者能够逃避其在东道国业务负面影响的责任。她以风险为分析视角，质疑国际法如何精心保障投资者相对于东道国政府的权利，同时使投资者免于承担其活动对东道国环境和人权造成的有害影响的责任。

在第 5 章中，Prabhash Ranjan 审查了投资条约实践的最新趋势。本章列出了投资条约文本的最新创新，与第一代模板不同，这些创新打破了投资者义务的沉默。越来越多的投资条约文本载有鼓励外国投资者在环境、人权、反腐败和企业社会责任方面采取更负责任的行为的条款。在分析新出现的投资者责任条款的效用时，Ranjan 认为投资者的义务，即使用薄弱的语言表达，仍然可以影响法庭对投资条约目标的解释，从而改变法庭对投资者不当行为的处理。他相信，即使在没有提及投资者责任的条约中，仲裁庭也可以依靠国内法和人权文书来"导入"投资者义务。

在第 6 章中，Barnali Choudhury 探讨了软法作为旨在指导从人权到环境保护等领域行为的规则而制定的规范，是如何为公司行为制定标准的。Choudhury 与 Ranjan 在第五章中的结论相呼应，认为软法倡议的公司责任的非强制性性质并没有通过澄清缔约国的意图和假设，以及帮助阐明条约的目的和宗旨，减损它们在具体案例中塑造投资条约解释的有用性。

在第 7 章中，Martin Jarrett 将目光转向涉及投资者和东道国不当行为的争议。仲裁庭有时未能制裁投资者的不当行为，而是完全关注东道国不当行为的后果。Jarrett 质疑如何重新平衡这种不平衡状况，以防止投资者逍遥法外，同时维护管理东道国行为的投资条约规范。

在第 8 章中，Tomoko Ishikawa 对反诉采取了类似的基调，以此来追究投资者对其行为的责任。投资条约法授权投资者直接向东道国提出索赔，而东道国不能就投资者不当行为提起反诉，这是国际投资条约在国家和商业行为体之间分配权利和责任的方式上明显不对称的又一个例子。本章介绍了反索赔的现状，然后介绍了"国家主权原则"，作为东道国对外国投资者公共利益捍卫者的新理论基础，通过采取法律行动追究投资者对第三方造成损害的责任。

第 9 章描绘了索赔人对公司行为人造成的损害寻求补救时适用国际人道主义法和国际刑法的情况。Lucas Roorda 和 Julian G Ku 探讨了投资者母国国家法院产生一系列独特的判例，尤其关注美国《外国人侵权法》（Alien Tort Statute，ATS）及其在质疑投资者不当行为案件中的运用。

在第 10 章中，Zrilič承认国际人权法在制定投资者义务规范性内容方面的重要性，同时也探讨了投资者责任在国际刑法和国内民法中的基础。Zrilič分析了投资者在作为受害者和侵害者情况下，投资仲裁在执行人权义务方面的作用。新出现的情况又一次由软法和约束性规范组成，但为投资者问责提供了越来越有希望的基础。

第 11 章的重点阐述投资者的环境义务，Priscila Pereira de Andrade 和 Nitish Monebhurrun 在该章中绘制了各种国际法律文书的投资者责任来源。在这方面，缺乏追究投资者责任的法律依据也源于他们缺乏国际法律人格。尽管这对确定投资者的环境义务提出了根本性的挑战，Andrade 和 Monebhurrun 还是提请注意其他的、探索较少的可能性。

在第 12 章中，José Daniel Amado、Jackson Shaw Kern 和 Martin Doe Rodriguez 质疑腐败是否会升级为一种国际错误。适用于投资者不当行为的国际规范以国家为中心的性质在大量关于腐败的国际反腐败文书中得到了明确体现，所有这些文书都完全依赖缔约国及其在国家立法中执行相关法律的意愿和能力。对重大投资案件的概述表明，法庭充其量只考虑了投资者参与腐败，以拒绝司法管辖权或在国家和投资者之间分摊责任。作者认为，现状并不令人满意，考虑到腐败的严重性及其对生活和生计的破坏性影响，合适的解决方案是利用投资仲裁作为一个平台，让受害者可以就投资者腐败行为的有害影响寻求国际上可执行的补救措施。

【本书目录】

引言

第1章　国际法为投资者问责提供的机会

第2章　作为好公民的外国投资者：投资者做好事的义务

第3章　投资者国际法及其不对称性：以当地社群为例

第4章　从风险到权利：重新定位外国投资治理中公司法律形式和投资条约标准的核心范式

第5章　投资条约中的投资者义务：文本缺失还是适用问题？

第6章　软法公司责任在国际投资协议中定义投资者义务的作用

第7章　应对投资者不当行为：合法和非法回应与分配之间的界限

第8章　投资仲裁中的反诉：东道国是权利人吗？

第9章　将国际法应用于公司：美国《外国侵权法》经验教训的局限性

第10章　武装冲突中的投资者义务

第11章　规划投资者的环境承诺和义务

第12章　将腐败提升为国际侵权行为

结论　投资者国际法：超越当前

Introduction

Chapter 1　International Law's Opportunities for Investor Accountability（Jean Ho）

Chapter 2　The Foreign Investor as a Good Citizen：Investor Obligations to Do Good（Mavluda Sattorova）

Chapter 3　Investors'International Law and Its Asymmetries：The Case of Local Communities（Lorenzo Cotula and Nicolás M. Perrone）

Chapter 4　From Risk to Rights：Reorienting the Paradigms at the Heart of Corporate Legal Form and Investment Treaty Standards in Foreign Investment Governance（Anil Yilmaz Vastardis）

Chapter 5　Investor Obligations in Investment Treaties：Missing Text or a Matter of Application？（Prabhash Ranjan）

Chapter 6　The Role of Soft Law Corporate Responsibilities in Defining Investor Obligations in International Investment Agreements（Barnali Choudhury）

Chapter 7　Responding to Investor Misconduct: The Line between Lawful and Unlawful Responses and Apportionment in Cases of Unlawful Responses (Martin Jarrett)

Chapter 8　Counterclaims in Investment Arbitration: Is the Host State the Right Claimant? (Tomoko IshikawaLucas)

Chapter 9　Applying International Law to Corporations: The Limits to the Lessons Offered by the United States Experience with the Alien Tort Statute (Roorda and Julian G. Ku)

Chapter 10　Investor Obligations Amid Armed Conflict (Zrilič)

Chapter 11　Mapping Investors' Environmental Commitments and Obligations (Priscila Pereira de Andrade and Nitish Monebhurrun)

Chapter 12　Elevating Corruption to an International Tort (José Daniel Amado、Jackson Shaw Kern and Martin Doe Rodriguez)

Conclusion　Investors' International Law: Beyond the Present

《〈联合国残疾人权利公约〉和欧盟：
对法律和治理的影响》

王亚春

书名：*The UN Convention on the Rights of Persons with Disabilities and the European Union：The Impact on Law and Governance*

作者：Carmine Conte

出版：哈特出版社 2022 年版

【作者简介】

Carmine Conte 是移民政策法律分析师，伦敦密德萨斯大学（Middlesex University London）博士，主要研究难民和移民法、残疾人法和平等法（The Equality Act）。

【专著内容】

本书共分为 6 章。

第 1 章介绍了《联合国残疾人权利公约》（*The UN Convention on the Rights of Persons with Disabilities*，CRPD）的制定过程、欧盟在 2009 年成为 CRPD 的缔约方。它采用了一种人权方法，即残疾人被视为权利拥有者，可以与其他人在平等的基础上享有所有人权和基本自由。CRPD 确立了一种承认多样性的实质性平等模式，旨在确保不同情况下的个人得到不同的待遇，远离了"相同的事物应当被同等对待"的平等概念。CRPD 通过扩大享有人权法的个人和物质范围，改善对残疾人保护的法律潜力。本书旨在分析该公约对欧盟法律秩序和治理的影响。

第 2 章概述了民间社会团体在全球治理的出现、残疾人权益倡导组织在 CRPD 谈判、起草中的作用。这表明 CRPD 包含一个参与民主制的模式，要求所有相关利益方以包容性方式从概念到实施参与整个政策链；本章的目的是评估非政府组织能在多大程度上为国际层面的决策过程提供信息、改进决策过程。

第3章探讨平等和不歧视原则在欧盟法律体系中的概念化和实施情况，侧重分析欧洲联盟法院（Court of Justice of the European Union，CJEU）关于法律框架解释和应用的主要判决。评估 CJEU 的判例法如何理解禁止残疾歧视，并审查欧盟法律的解释是否符合 CRPD。

为了全面概述禁止残疾歧视的理由，第4章从法律的角度探讨关联歧视、多重歧视、交叉歧视的现象，目的是确定欧盟法律框架如何处理关联、多重和交叉的歧视，以及这些问题在多大程度上可以根据 CRPD 的规则得到解决。

第5章探讨欧盟机构在 CRPD 的批准和实施过程中发挥的作用，以确定欧盟治理结构在批准 CRPD 后 10 年是如何应对 CRPD 的；展示了 CRPD 第 33 条与欧盟现有治理机制之间的相互作用，并探讨了 CRPD 独立监督框架的结构。分析了欧盟制度平衡以及欧盟制度在 CRPD 实施过程中所发挥的作用，并评估了欧盟治理体系的效率。

第6章总结了本书的主要内容，内容涉及欧盟批准 CRPD 后 10 年对其法律框架的影响，主要包括：一是欧洲联盟法院未能充分适用 CRPD 所载的残疾人"人权"模式；二是欧洲联盟法院对多重和交叉歧视的理解不符合实质性平等模式；三是欧洲联盟法院对 CRPD 在欧盟法律秩序中的地位仍采取"保护主义"和"最低限度"的做法。

【本书目录】

第 1 章　引入 CRPD：实现平等和不歧视的新途径？

第 2 章　CRPD 下民间社会的新作用

第 3 章　欧盟加入 CRPD 十年：从理论到现实

第 4 章　欧盟法律框架：关联歧视和交叉歧视

第 5 章　欧盟治理与监督 CRPD 的框架

第 6 章　结论：释放 CRPD 的全部潜力的时机已到

Chapter 1　Introducing the CRPD：A New Approach to Equality and Non-Discrimination？

Chapter 2　The New Role for Civil Society under the CRPD

Chapter 3　Ten Years after EU Accession to the CRPD：From Theory to Reality

Chapter 4　The EU Legal Framework: Associative and Intersectional Discrimination

Chapter 5　EU Governance and the Framework for Monitoring the CRPD

Chapter 6　Conclusion: Time to Unleash the CRPD's Full Potential

《数字时代下的人权责任：
国家、公司和个人》

李通敏

书名：*Human Rights Responsibilities in the Digital Age：States，Companies and Individuals*

作者：Jonathan Andrew、Frédéric Bernard 等

出版：哈特出版社 2021 年版

【作者简介】

Jonathan Andrew 是日内瓦学院（Geneva Academy）的研究员，先后学习过现代语言包括俄语、捷克语和法语以及经济学，还获得了法律硕士和法学博士学位，研究领域涉及信息数字技术对人权保护的影响。他拥有多元化的学术背景，曾担任过受欧盟资助的监视技术项目的项目经理及丹麦难民委员会（Danish Refugee Council）的高级法律顾问等职务。

Frédéric Bernard，2002 年获得日内瓦大学法律学位，2005 年获得侵权法高级研究文凭，2009 年获得公法博士学位。他的研究领域包括：行政法、宪法、人权和打击恐怖主义。

【专著内容】

本书探讨了数字时代国家、公司和个人的人权责任。数字技术对人类的生活产生了巨大的影响，虽然它明显地促进了人权的发展和实现，但也催生了大量的侵权行为。人们总期望国家可以有效地管控强大的私营企业，但是国家却吸收了这些技术并将其用作于控制自己的公民。科技公司不断地被要求防止其用户违反规定，但是实际上这些公司的商业模式依赖于用户个人数据的积累。同时，社会在支持人权的行使中扮演了重要角色，但是网络上公民在相互攻击

时社会也起到了同样的作用。三方利益相关者（国家、公司和个人）都需要去确保技术的使用不会使人权变得支离破碎。

本书汇集了来自法律、国际关系和新闻等多个学科的专家，详细分析了数字技术对人权的影响。本书一共分为14章。

在第1章中，作者提出数字时代下人类活动转移到网络领域的行为会在多大程度上影响我们的基本人权的问题，并认为我们不应当去寻求网络领域的新权利，而应当将现有的人权扩展到网络领域。首先，作者首次论证了如何扩展现在的立法框架，从而解决科技变革带来的挑战，以及探求法律规则缺失的环境下，我们所需的必要回应以及有效的强制措施。其次，作者强调了法律中"科技中立"（Technological Neutrality）的概念是为了设置一个开放式的程序，即规定在满足清晰、明确以及可适用的同时，给予数字技术相应的发展空间。最后，作者认为数字变革正在重述人与人、政府、企业以及社会之间的关系，也使得利益相关者之间的职责、责任和义务愈发地相互关联。

在第2章中，作者尝试去定义网络安全和人权的关系，并提出了三项主张：（1）网络安全政策的目标是保护人权从而保护人；（2）维护网络安全的措施应当将保护人权考虑在内，并在权衡利弊后重新定义；（3）用现有的法律机制评估权衡利弊后的政策措施对人权的影响是否在合理的范围内。其次，作者探讨了网络安全的特征和定义，否定了网络空间和现实空间存在巨大差别的观点，并依据历史上关于"安全"含义的争论内容给出了网络安全的定义。最后，作者论证了在评估网络安全措施时政策制定者必须考虑的因素。

在第3章中，作者首先以菲律宾为研究对象，强调持续的全球趋势朝向一个更加数字化和互联化的环境发展，在传输数据密集型系统（Data-intensive Systems，DIS）和信息中扮演了中心角色。其次，作者将研究对象转向亚洲大陆，并介绍了常见的数据密集型系统的示例。最后，作者简要分析了数据密集型系统的优缺点，为基础设施较差的国家继续使用数据密集型系统提供了自己的建议。

在第4章中，作者提出网上社交展现了社会文化的转型，从即时、面对面的交流转向网络个人主义（Networked Individualism），即个人成为人际关系的中心并不受物理条件的限制，并探讨了上述变化对于和平集会与结社自由的影响。首先，作者简要介绍了欧盟和美国的相关判例的研究情况，主要是通过数字手段干涉该权利的判例。其次，作者探讨了在数字信息和众多的社交媒体的影响下，结社与和平集会方式的发展情况。最后，作者考察了这些方式如何被执法部门或者其他政府部门使用并在一定程度上侵犯了人们的基本权利。

在第 5 章中，作者首先论述了人工智能的定义，并提出了人工智能技术的应用会威胁到人的隐私权，尤其是收集并再识别匿名信息的行为。其次，在巴勒斯坦和以色列的冲突浪潮中，由于社交媒体的用户言论造成了一定的消极影响，以色列政府要求部分社交软件平台删除巴勒斯坦的用户账号，并建立了预测性警卫防御系统用于监控。作者认为这样的行为严重侵害了人的自由言论的权利，但越来越多的国家采用此类方法维护本国的公共网络秩序和国家安全。最后，作者论证了适用国际人权法的相关规定检测某个人工智能系统的必要性。

社交媒体平台肩负着定义和规范用户们如何表达意见、讨论和划定隐私界限的责任，相应的政策、产品研发以及决策内容都受到了社会各界的密切关注。因而在第 6 章中，作者首先分析了监督委员会（Oversight Board）是否与《联合国工商业与人权指导原则》（*United Nations Guiding Principles on Business and Human Rights*）保持一致。监督委员会是脸书（Facebook）设立的一个独立部门，其审议过程透明并且审议结构对公司本身有约束力，以解决用户对发布的内容提出的诉求。其次，作者介绍了脸书如何管理其平台内的言论，解释了监督委员会的机构是如何设计的以及其如何解决言论内容纠纷。最后，作者以《联合国工商业与人权指导原则》的内容为参考，考察了监管委员会的设置是否有助于脸书履行其保护人权的义务。

在新冠肺炎疫情的背景下，许多公司用线上办公的方式取代了线下办公，其中有公司企图以数据的方式远程监控员工的工作情况。在第 7 章中，作者探寻了公司采用的何种技术监控手段会使个人隐私面临风险，并且由此产生的不透明治理结构，使得隐私保护依赖于程序设计和主管的数据素养。然而，作者更强调了职工和工人低廉的讨价还价根本无法改变公司使用这些工具的决定。最后，作者依据《联合国工商业与人权指导原则》提出了一个系统的解决方式，以对抗侵犯隐私的监控技术手段，即人权尽职调查方法（Human Rights Due Diligence Approach）。

曾经为公民打开获取信息渠道，强化公民社会权利的数字技术，现在被越来越频繁地用于收集个人信息。作者认为这样的做法最终会葬送民主国家。因此，在第 8 章中，作者主要论述了被广泛使用的数字技术是如何影响自由民主国家的政治参与的。首先，作者讨论了言论自由、思想自由、舆论自由以及政治参与的概念。其次，作者探寻了上述民主的核心原则在数字时代所遭受的威胁。

话语权和质疑权是构成民主理论的基础要素，给予公民以公开发表与政治建设有关言论的权利。在第9章中，作者从人权法的视角出发，分析了人权法中是否设置了保护网络空间中民主话语权的义务。首先，作者分析了欧洲人权法院（European Court of Human Rights，ECtHR）的相关案例，以寻求国际人权法是否反映了民主理论，以及多大程度上将其转化成合法的约束性标准。其次，在法律层面，作者分析了人权法是否为国家设置了确保、保证以及保护民主话语权的义务。最后，作者总结了相关的研究内容，即数字技术给保护民主话语权和人权带来的巨大鸿沟和挑战。

为什么对于规制网上仇恨性言论依旧没有统一的解决方法？当私行为主体给了某一项社会公共利益优先权，并且确认某种言论可以不受审查，这将会影响社会整体对基本自由和民主机制的理解。因此，在第10章中，作者首先论证了仇恨性言论不得侵犯的公共利益，指出了在民主环境中这样的行为需要各类社会群体以及私行为主体配合。其次，作者通过考察欧洲人权法院的相关判例，探寻了法院对平台网络的有害言论的监管责任的认定方式。最后，作者讨论了将欧洲判例法所构建的框架应用全球范围的可能性。

在第11章中，作者认为不仅仇恨性言论会对少数民族和弱势群体造成威胁，而且在数字时代新闻报道中的作用也不容小觑。作者提出，不应当让自由媒体人去处理这些仇恨性言论，应当让行业组织和专业团队承担起积极制止仇恨性言论的义务。

在第12章中，新兴的信息通信技术（Information and Communication Technologies，ICTs）对交流、信息获取、学习、研究以及创新都产生了极大的影响，因此，欧盟提出了17项可持续发展目标（Sustainable Development Goals，SDGs）。首先，作者分析了在实现和监控可持续发展的过程中，信息通信技术所扮演的角色。其次，由于信息通信技术的全球覆盖程度并没有我们想象中的高，作者分析了新兴的信息通信技术所带来的不平等威胁。最后，作者讨论了滥用数字技术的危害，并且强调为了实现数据的可持续发展需要限制用途，不可避免会错失发展机会。

在第13章中，作者首先简要介绍了欧洲关于儿童权利保护的法律框架，认为在数字环境下儿童的权利会面临更大的威胁。其次，作者考察了欧洲的相关政策，认为现在需要一个更全面的方法来进一步保护儿童的权利。在联合国儿童权利委员会（United Nations Convention of the Rights of the Child，CRC）的保护下，还需要进一步划分利益相关者、父母、教育行业工作者、看护者以及儿童自己的责任。

第14章总结、归纳前文内容，指出了本书的不足和需要继续完善之处。

【本书目录】

第 1 章　简介

第 2 章　网络安全与人权：了解其中的联系

第 3 章　菲律宾和亚洲数据密集型系统的危险

第 4 章　移动感应和互联网时代的和平集会与结社自由

第 5 章　职业算法：巴勒斯坦和以色列国内人工智能的使用

第 6 章　脸书的监管委员会和联合国工商业与人权指导原则：错失结盟的机会？

第 7 章　工作场所的隐私：人权尽职调查方法

第 8 章　思考和发表政治性观点的自由：自由民主国家政治参与的数字威胁

第 9 章　网络空间中的人权义务是否包含保护民主话语权？

第 10 章　监管线上有害言论的欧洲途径

第 11 章　仇恨性言论和新闻：挑战与策略

第 12 章　数字技术促进可持续发展

第 13 章　数字技术于欧洲地区的儿童权利

第 14 章　总结

Chapter 1　Introduction

Chapter 2　Cybersecurity and Human Rights：Understanding the Connection

Chapter 3　Perils of Data-Intensive Systems in the Philippines and Asia

Chapter 4　Freedom of Peaceful Assembly and Association in an Age of Online Networks and Mobile Sensing

Chapter 5　Algorithms of Occupation：Use of Artificial Intelligence in Israel and Palestine

Chapter 6　The Facebook Oversight Board and the UN Guiding Principles on Business and Human Rights：A Missed Opportunity for Alignment？

Chapter 7　Privacy in the Workplace：A Human Rights Due Diligence Approach

Chapter 8　Freedom to Think and to Hold a Political Opinion：Digital Threats to Political Participation in Liberal Democracies

Chapter 9　Is There a Human Rights Obligation to Protect Democratic Discourse in Cyberspace?

Chapter 10　The European Approach to Governing Harmful Speech Online

Chapter 11　Hate Speech and Journalism: Challenges and Strategies

Chapter 12　Digital Technologies for Sustainable Development

Chapter 13　Digital Technologies and the Rights of Children in Europe

Chapter 14　Conclusion

《人工智能、数据和私法：
将理论转化为实践》

冯丽芳

书名：*AI, Data and Private Law: Translating Theory into Practice*

作者：Gary Chan Kok Yew、Man Yip 等

出版：哈特出版社 2021 年版

【作者简介】

Gary Chan Kok Yew 是法学教授，现任新加坡管理大学（Singapore Management University）新加坡管理大学副教务长，曾任该校法学院副院长。主要研究方向为侵权行为法、新加坡法律体系、卫生法等。

Man Yip 是法学教授，现任新加坡管理大学（Singapore Management University）永丰豪法学院（Yong Pung How School of Law）副院长（主管学院事务与研究），曾任亚洲商法中心主任（Centre for Commercial Law in Asia, CCLA）、亚洲跨境商法中心副主任（Centre for Cross-Border Commercial Law in Asia, CEBCLA）。

【专著内容】

本书为一本论文集，作者们是来自英国、以色列、韩国和新加坡的法律专家，具有丰富的学术和实践经验。本书以亚太地区的某些司法管辖区为比较重点，主要研究内容为人工智能、数据治理与私法规则之间的相互联系，涵盖了数据保护和治理、数据信托、信息受托人、医疗人工智能、自动驾驶汽车的监管、区块链技术在土地管理中的应用、数字资产的监管以及人工智能应用中产生的合同订立问题等主题。各章也讨论了在亚太地区不同的环境、问题和国家利益下，将理论、学说和概念运用到实践中所要面临的挑战。本书一共分为引

言及两大部分，共 11 章。

第 1 章为引言。随着人工智能（Artificial Intelligence，AI）和大数据（Big Data）在现代社会中的作用越来越重要，又因为它们极有可能被滥用为非法牟利的工具，所以有必要就法律如何指导技术开发和使用展开建设性的交流。本书的所有章节都摘自"人工智能与商法：重新构想信托、治理和私法规则"这一会议，探讨了与人工智能、数据保护和治理的有关的主题，以及它们对私法原则的破坏或创新。从"理论与实践相结合"的角度，各章节分别或共同探讨现有的法律框架与创新建议，在采取这种"理论与实践相结合"的调查路线时，各章对亚太地区的某些管辖区采取了一定程度的关注，旨在捕捉和揭示这一地区的各国在将理论、学说和概念运用到实践中所要面临的挑战。

第一部分共分为 5 章。

第 2 章介绍了韩国对数据保护领域的立法情况。2020 年年初，韩国立法机构对数据保护领域的主要法律进行了修订，规定，为统计目的、科学研究目的或为公共利益目的存档而处理个人数据无须征得数据主体的同意，该规定是韩国在适当保护个人数据和促进数据分析及其他类型的利用之间取得平衡的最新尝试。被修订的法规如下：《个人信息保护法》（Personal Information Protection Act，PIPA）、《信用信息保护和利用法》（Act on the Protection and Utilization of Credit Information，"Credit Information Act"）、《促进信息和通信网络利用和信息保护法》（Act on the Promotion of Information and Communications Network Utilization and Information Protection，"IC Network Act"）。这些法律于 2020 年 2 月进行了修订，并于 2020 年 8 月 5 日在韩国生效。不得不注意的是，欧盟（European Union，EU）的《通用数据保护条例》（General Data Protection Regulation，GDPR）对韩国此次在数据保护领域进行法律修订的过程产生了重要影响。本章还涉及推动韩国进行该重大修订的主要因素（比如韩国对加强可用于人工智能（AI）的数据可用性的需求），介绍了立法者修订法律时的重要讨论，并提供了与韩国现行立法有关的理论和实践意见。

第 3 章谈到数据共享绝非易事，随着数据共享伙伴数量的增加，这种困难也会成倍增长，而这些还只是数据共享方之间谈判时面临的困难，一旦考虑到在数据共享的同时还要尊重受到共享影响的人的利益的需要，这一问题就变得更加复杂。但人工智能，或者更准确地说，大部分人工智能所基于的数据分析和机器学习都依赖于数据共享，就机器学习而言，数据库越大越全面，机器学习就越有可能产生"正确"的结果。如何说服个人提供他们自己的数据来建立一个关于全人类的综合数据库是我们要考虑的问题。最后，本章从欧盟和新加坡的法律和法规中选取了一些案例，并对这些案例进行比较，以说明处理数据监管问题的不同方法如何影响数据信托的运作和有效性。

第 4 章涉及对人工智能的一般范围、性质及其对社会的影响的研究，探讨数据保护法是如何发展的，以及政策制定者和法律制定者是如何解决数据处理活动中的人工智能问题。数据已经成为现代经济变革和发展的最重要驱动力。以个人信息为核心资产的新产业已经出现，由于通信形式、产品形式、服务性质的变化以及交付方式的变化与创新，许多传统的商业模式已经被"颠覆"或彻底改变。个人数据是一个重要的数据类别，因为其涉及隐私和个人自我权利问题，同时消费者的个人隐私是数字信息资本主义的组成部分，也是商业机构有效的销售（有效营销）策略的组成部分，人工智能已经成为管理和处理数据（包括个人数据）的一个不可或缺的工具，但在网络安全漏洞的阴影下，人工智能也给监管机构带来了挑战。作者提出将个人数据认定为一种财产形式的建议，以新加坡为背景，将个人数据与知识产权的发展进行比较，并进一步解释个人数据的产权化如何能够加强个人对自身数据的控制，以应对人工智能对个人数据的滥用，消除相关的道德和安全问题。

在第 5 章中，作者感叹道，现代生活越来越多地被量化了，从可穿戴的健身追踪器到网上购物、Instagram 以及带有 GPS 功能的通勤设备的使用，智能设备在不断地监测我们的日常生活。我们在享受科技带来的生活便捷时，也在不知不觉中把大量的个人信息控制权让给了数字设备的供应商，越来越多的消费者面临着成为"数字农民"的风险。可以肯定的是，政府已经通过立法对这种现状作出了立法回应，欧盟议会颁布的《通用数据保护条例》试图规范个人数据的处理、存储和使用方式，是一次较为全面的尝试。新加坡议会颁布了《2012 年个人数据保护法》（*Personal Data Protection Act 2012*），为个人数据的保护建立了基本保障。随着新加坡《2012 年个人数据保护法》的颁布，个人数据现在可以被视为一种独占资源，因为该法规定数据的收集、使用和披露必须经过数据主体的同意，并且只能用于数据主体已经知晓的合理目的。无疑，这样的规定会扩大数据主体的权利，即便权利被侵犯，数据主体也能得到财产的补救，并培养一种尊重个人信息隐私利益的社会文化。

第 6 章的重点是研究"信息信托"（Information Fiduciary）概念的效用，该概念是由美国学者 Balkin 和 Zittrain 倡导的，其提供或激发了一种关于有效保护个人数据和隐私的新思维方式。本章探讨了如何将这一创新理念充分发展为能够适用于亚洲普通法管辖区（新加坡与马来西亚都采纳了英国的信托法学说）的法律概念。这项工作包括三项评估：该方案与现有解决方案的差距是什么？这个方案是否优点多于缺点？这个方案是否可以移植到（或适应）亚洲的普通法管辖区？

第二部分共分为5章。

第7章作者认为，在技术方面，近十年与上个十年发生了很大变化：大众和私人通信现在被一小部分在线社交媒体平台所主导；消费货币正在变得完全电子化和数字化；无人驾驶和稳定的航空成像已经变得更为容易，能够促成这种变化的一个重要因素就是在创建系统方面的空前发展，这些系统可以在最少的人工干预下运行，能够迅速处理新的数据库以提高自身的决策能力。下一个十年我们很可能看到这种系统的另一种应用：自动驾驶汽车（Automated Vehicles，AVs），这将有助于社会实现更高的运输效率、道路使用者的安全和整体经济生产力。但是自动驾驶汽车目前处于测试阶段，那么在测试阶段一旦出现法律问题应当如何解决？本章列举对比了几个国家的相关立法现状。第一个国家是新加坡，尽管新加坡被誉为在各种环境下测试自动驾驶汽车的领先司法管辖区之一，但它仍然没有任何具体的监管制度或法律框架来监管该技术。第二个国家是澳大利亚，它似乎正朝着某种程度的法典化（监管）的方向发展，已经采取了许多努力，让所有相关的利益相关者参与进来，并公开征求意见，这表明，至少可以试探性地认为，对自动驾驶汽车进行有效的监管并非虚无缥缈。第三个国家是新西兰，它目前倾向于采取一种权宜之计，明显是平等主义的方法，比起制造商和驾驶者，该国立法更倾向于保护潜在的受害者。第四个国家是日本，日本已经是汽车行业的主要参与者，而自动驾驶汽车是日本汽车行业发展不可避免的阶段，但是它还没有确定一个法律监管框架。

第8章涉及以直接向患者提供医疗服务为目的而使用医疗人工智能所产生的侵权责任，重点讨论新加坡和马来西亚法中关于谨慎标准的侵权规则，以及如何应用或调整这些规则来确定因使用医疗人工智能而产生的责任。除了通常的司法推理技术，如通过使用类比推理和渐进主义来扩展现有的法律规则外，作者提出了一个疑问：在没有过错的情况下，医生和医院是否应该对医疗人工智能所产生的错误负责？

第9章主要考虑合同法如何应对算法合同这一非常实际的新现象。机器学习现在使复杂的算法能够像人类员工一样完成任务，而不仅仅是一种工具，在商业领域便有了算法合同的产生，即一方或多方使用算法确定是否受约束、如何受约束以及合同各项具体条款的合同。作者认为必须了解算法合同背后的底层技术，为法律问题的解决提供必要的背景。

第10章介绍了四种不同类型的数字资产。第一种是数字货币，与加密货币不同，这些货币在电子游戏中最常用，除了在为其创建的游戏平台通用之外，大多数游戏中的数字货币都没有任何现实价值。然而，它们在游戏之外和现实世界的持续扩张，使得对它们的监管变得越来越重要。第二种类型也与电子游戏有关，是指在各种虚拟环境中通过劳动和努力获得的真实世界资产的复制品。通常，这些资产没有实际的财务价值，但它们可能具有重大的情感价值，因此会在遗嘱中考虑。第三类是电子邮件和私人文件。继承人可能拥有知识产权本身，但平台可能因受到其他法律（如隐私法）的约束而阻止继承人访问这类电子邮件与私人文件。第四种类型与在线账户有关，特别是在社交媒体账户。在极少数的情况下，这些账户可能具有实质性的价值。

第11章主要探讨如何将区块链技术用于土地管理实践中。首先，作者解释了区块链技术的基本特征，以及其变体和利益权衡，所有这些都将帮助我们理解该技术可以做什么和不能做什么，区块链技术在土地管理应用中的先决条件是土地所有权的记录，明确该技术是否符合有关司法管辖区目前正在采用或打算采用的物权法体系等问题。但有一个问题：区块链的特点之一就是记录不可磨灭，而大多数国家的土地管理系统都允许基于各种理由修改土地所有权记录，那要如何保证这两者的兼容性？最后，作者强调区块链技术应用于土地管理方案的可取性，以及如何衡量方案是否成功，取决于各国司法管辖区遇到的具体问题，必然会因国家而异。

【本书目录】

第1章　人工智能、数据和私法：理论与实践的衔接
第一部分　数据保护、治理和私法
第2章　在韩国个人数据如何不被身份识别：一个不断演化的故事
第3章　合法人工智能数据共享的数据信托
第4章　新加坡个人数据保护法的未来：人工智能的应用和个人数据的合理使用
第5章　个人数据是一种专有资源
第6章　借鉴数字信息信托人的概念
第二部分　人工智能、技术和私法
第7章　监管自动驾驶汽车：责任范式和价值选择
第8章　医疗人工智能、过失和侵权法中的谨慎标准
第9章　机器学习时代的契约性同意
第10章　数字资产：考虑其他因素以平衡资产的流动性

第11章　土地管理中的区块链？——实践中被忽视的细节

Chapter 1　AI, Data and Private Law: The Theory-Practice Interface

Part I　Data Protection, Governance and Private Law

Chapter 2　How to De-identify Personal Data in South Korea: An Evolutionary Tale

Chapter 3　Data Trusts for Lawful AI Data Sharing

Chapter 4　The Future of Personal Data Protection Law in Singapore: A Role for the Use of AI and the Propertisation of Personal Data

Chapter 5　Personal Data as a Proprietary Resource

Chapter 6　Transplanting the Concept of Digital Information Fiduciary

Part II　AI, Technology and Private Law

Chapter 7　Regulating Autonomous Vehicles: Liability Paradigms and Value Choices

Chapter 8　Medical AI, Standard of Care in Negligence and Tort Law

Chapter 9　Contractual Consent in the Age of Machine Learning

Chapter 10　Digital Assets: Balancing Liquidity with Other Considerations

Chapter 11　Blockchain in Land Administration? — Overlooked Details in Translating Theory into Practice

《理解国际仲裁》

陈 露

书名：*Understanding International Arbitration*

作者：Tony Cole、Pietro Ortolani

出版：洛特里奇出版社 2020 年版

【作者简介】

Tony Cole 是美国司法仲裁调解服务股份有限公司（Judicial Arbitration and Mediation Services，Inc. 简称 JAMS）和贝德福德街 33 号（33 Bedford Row）的仲裁员，也是莱斯特法学院（Leicester Law School）仲裁和投资法的准教授（Reader）。

Pietro Ortolani 是荷兰拉德伯德大学（Radboud University）研究国际仲裁和跨国争端解决的助理教授。

【专著内容】

本书向学生介绍了理解仲裁所需的基本概念，并在整个过程中使用案例分析和法律实践参考。本书在每一章中采用独特的两部分结构，首先介绍清晰而简单的规则，随后详细讨论了这些规则背后的理念，并用相关的比较法和案例加以说明。本书以仲裁专业学生为设计对象，对该学科进行了清晰的介绍，并提供了全面的课程文本，以帮助学生准备考试和实践评估。

本书的结构和起草是由国际商事仲裁的最鲜明的特点指导的，也是使仲裁成为一个令人着迷和愉快的领域的一个特点：仲裁从根本上讲与理念（Idea）有关。也就是说，仲裁是灵活的，可以用任何我们想要的方式进行仲裁。但这种自由的另一面是缺乏结构，几乎没有关于仲裁如何运作的规则：没有通用的"民事诉讼规则"来规定仲裁程序应如何运作，也没有普遍的专业资格规定谁能和谁不能担任仲裁员或律师。此外，即使有规则，这些规则的起草方式也是为了保护仲裁的灵活性，所以只施加了最小的限制。

这样做的重要后果是，仲裁最终是一个由理念主导的法律实践领域。仲裁会议和期刊当然包括对国家法律和哪些程序最有效的技术讨论，但也经常包括由从业人员主导的理论讨论，讨论什么是真正的仲裁、仲裁员的适当职能是什么、仲裁应该或不应该与国家法律制度互动等。实质上，由于缺乏有约束力的规则，仲裁变成了一个实践者的领域，他们把重点放在为客户赢得争端或作为仲裁员裁决争端上，同时说服社会上其他人以他们认为正确的方式对待仲裁。简而言之，我们从事仲裁的方式，在很大程度上取决于我们对仲裁是什么以及它应该如何运作的想法，越是思考仲裁是如何运作的，为什么这样运作，我们就越能理解仲裁。

出于这个原因，本书以仲裁的基本理念为基础。虽然许多讨论仲裁法律和实践的书籍对那些对该领域感兴趣的人来说都是必不可少的，但它们只能是仲裁教育的一部分。你可以了解某些事情通常是如何做的，但除非你了解为什么要这样做，否则你无法真正参与仲裁实践，即使只是为了说服法庭以不同的方式做事。因此，本书的目的不是要取代或替代已有的关于仲裁的出色的一般性讨论。相反，它是对这些讨论的补充，重点不是某些司法管辖区如何进行仲裁的技术细节，而是仲裁实践以这种方式发展的原因、仲裁中出现的问题以及如何思考这些问题。

作者提到，读者可能会读到一位或两位作者对如何最好地处理一个问题的看法，但这些都只是建议。本书中没有任何观点是读者不能完全合理地反对的。作为作者，我们的目标是帮助读者开始思考仲裁，而不是规定读者应该有的某些观点。但是，无论你学习仲裁的目的是在这个领域工作、通过一门课程，或者其他目的，只要读者努力解决了促使仲裁实践的问题，本书所期望的目标就达到了。

本书每章分为两部分，即规则（Rules）和分析（Analysis）。规则是对基本原则的简单陈述，每条规则后面都有简短的解释。学习这些规则将为读者打下坚实的仲裁基础，对该章讨论的仲裁方面的主要指导思想有一个清晰的基本概念。然而，仲裁的基本现实是，根本没有固定的规则；因此，任何"仲裁规则"的列举都是不完整的，甚至是误导的。因此，每一章的第二部分都对每一条规则进行了更详细的讨论，介绍了规则背后的理念，并强调了规则的简单陈述不可避免地隐藏的复杂性。在章节结束时，读者或许不会成为该领域的专家，但会开始认真思考，为什么会采用这些特定的方法，并能更好地批评这些方法的优劣。

本书一共分为7章。

第1章介绍了"什么是仲裁"。（1）仲裁是一种私人的、第三方的、基于规则的裁决性争端解决机制。（2）当事人意思自治是仲裁的核心。（3）仲裁排除诉讼。（4）仲裁裁决是终局的并具有约束力。（5）并非所有争议都可以提交仲裁。（6）仲裁可以是国内或国际仲裁。（7）仲裁并不总是在私人当事人之间进行。（8）仲裁可以是机构的或临时的（Arbitration can be institutional or ad hoc）。（9）仲裁的优势。（10）仲裁的缺点。

第2章介绍了适用于仲裁的法律和规则。（1）不同的法律可以管辖仲裁的不同方面。（2）仲裁程序受仲裁地法律和任何适用的仲裁规则的约束。（3）仲裁庭必须根据适用的法律裁定双方的争议。（4）仲裁员应适用仲裁地的任何公共政策或强制性规则。（5）若当事人没有选择实体法，仲裁员必须进行选择。（6）仲裁协议的适用法律可能与包含仲裁协议的合同适用的法律不同。

第3章介绍了关于仲裁协议的10个规则。（1）仲裁是自愿的，但仲裁协议具有可执行性。（2）并非所有争议都可以提交仲裁："可仲裁性"存在限制。（3）仲裁协议可以在争议发生前（争议前仲裁协议）或争议发生后（争议后仲裁协议）订立。（4）仲裁协议是与其所在的合同不同的合同：可分离性原则（Doctrine of Separability）。（5）法院和仲裁员都可以对仲裁协议的存在和有效性作出裁决：仲裁庭自裁管辖说。（6）当事人可以约定仲裁协议适用的法律。（7）用于确定仲裁协议的存在和有效性的标准将由适用的法律决定，并且可能因司法管辖区而异。（8）即使仲裁协议有效，但其范围可能不明确。（9）仲裁协议既可以被视为程序性协议，也可以被视为实体性合同。实践中有不同观点——这些差异可能对违反仲裁协议的后果以及可用于执行的机制产生重要影响。（10）仲裁协议在技术上仅对协议当事人具有约束力，但非当事人可以在有限的情况下受到约束。

第4章介绍了关于仲裁庭的16个规则。（1）选择您的仲裁员就是选择您的仲裁。（2）当事人对仲裁员的选择几乎不受限制。（3）当事人可以在仲裁协议中说明如何选择仲裁员。（4）仲裁规则和法律通常包含选择仲裁员的"备用"方法。（5）仲裁庭可以包括任意数量的仲裁员。（6）选择仲裁员的失败很少会导致仲裁结束——不会导致仲裁协议无效。（7）独立第三方可以代表当事人指定仲裁员。（8）几乎任何人都可以成为仲裁员。（9）仲裁机构经常编制备选仲裁员名册。（10）仲裁员必须独立且公正。（11）与候选仲裁员（Prospective Arbitrators）面谈变得更加普遍。（12）仲裁员可能因缺乏独立性或公正性而受到当事人的"质疑"。（13）在某些情况下，即使当事人没有提出异议，仲裁员也可能被免职。（14）离开仲裁庭的仲裁员通常会被替换，但在某些情况下不会或者通过适用仲裁规则或所在地法律的机制。（15）仲裁员根据与当事人的合同工作。（16）仲裁员因其在履行其职责时所采取的行为很少承担法律责任。

第5章介绍了仲裁程序的7个规则。（1）当事人可以自由选择自己的仲裁程序，尽管存在限制。（2）当事人可以自由选择仲裁地。（3）仲裁是否保密取决于所在地的法律。许多人认为仲裁本质上是保密的，但事实并非如此。（4）仲裁的典型程序发展。（5）国际商事仲裁中的证据方式通常试图在不同的法律传统之间取得平衡。（6）诉讼程序可能涉及两个以上的当事人。（7）仲裁是快速的，但还可以更快速，即"速决仲裁"。

第6章介绍了仲裁裁决的9个规则。（1）仲裁裁决是具有公共后果的私人决定。（2）有不止一种类型的裁决。（3）裁决可以包含和解协议。（4）仲裁裁决必须符合正式规则。（5）可以规定必须如何或何时作出裁决的规则。（6）仲裁庭可以采取广泛的救济措施。（7）裁决可以说明由谁支付仲裁费用。（8）裁决具有既判力。（9）仲裁员可以在裁决之外发表单独的意见。

第7章介绍了与仲裁裁决的异议和执行有关的20个规则。（1）撤销和执行仲裁裁决的请求越来越多地采用相同的标准来裁决。（2）可以对仲裁裁决提出异议。（3）需要在一定时间内对仲裁裁决提出异议。（4）当事人可以放弃请求撤销裁决的权利。（5）仲裁裁决的承认和执行是不同的事情。（6）承认和执行仲裁裁决所涉及的程序由当地法律决定。（7）适用于承认和执行裁决的法律可能因仲裁是国内仲裁还是国际仲裁而有所不同。（8）《纽约公约》是规范承认和执行仲裁裁决的主要法律文件。（9）根据《纽约公约》，各国有义务承认仲裁裁决。（10）如果一项裁决要得到承认或执行，《纽约公约》对此规定了一些正式要求。（11）对仲裁裁决提出异议的理由非常有限。（12）可以基于仲裁庭没有裁决权对仲裁裁决提出异议。（13）如果裁决涉及仲裁协议未涵盖的事项，则可以对其提出异议。（14）仲裁庭的组成和仲裁程序必须符合双方的协议或仲裁法。（15）可以基于仲裁的程序对仲裁裁决提出异议。（16）如果争议不可仲裁，则可以对裁决提出异议。（17）可以基于仲裁员的法律错误对仲裁裁决提出异议。（18）可以基于公共政策对仲裁裁决提出异议。（19）仲裁裁决的撤销和承认/执行可以重要的方式互动。（20）除了在仲裁庭上质疑裁决外，还有其他办法。

【本书目录】

案例表

引言

第 1 章　什么是仲裁？

第 2 章　适用于仲裁的法律和规则

第 3 章　仲裁协议

第 4 章　仲裁庭

第 5 章　仲裁程序

第 6 章　仲裁裁决

第 7 章　仲裁裁决的异议和执行

Table of Cases

Introduction

Chapter 1　What Is Arbitration?

Chapter 2　The Laws and Rules Applicable to Arbitration

Chapter 3　The Agreement to Arbitrate

Chapter 4　The Arbitral Tribunal

Chapter 5　Arbitral Proceedings

Chapter 6　The Arbitral Award

Chapter 7　Challenging and Enforcing Arbitral Awards

《安全与国际法》

叶巧华

书名：*Security and International Law*
作者：Marry E. Footer 等
出版：哈特出版社 2016 年版

【作者简介】

Mary E. Footer 是诺丁汉大学（University of Nottingham）国际经济法名誉教授、诺丁汉国际法与安全中心（Nottingham International Law and Security Centre，NILSC）前联合主任，曾任国际法协会可持续发展和国际贸易法中的绿色经济委员会主席。Mary E. Footer 教授因其在软法方面的研究获得了纳菲尔德基金会（Nuffield Foundation）的资助。在她的学术生涯中，她广泛发表了关于国际经济法和治理、商业和人权、生物技术和粮食安全的文章。

【专著内容】

本书为 2012 年 4 月在诺丁汉举行的国际法协会（International Law Association，ILA）英国分会的春季年会论文集，涵盖了人类、政治、军事、社会经济、环境和能源安全等问题，并提出了两个主要问题：国际法在多大程度上能够解决威胁我们的生活方式或在 21 世纪生存的自然和人为安全风险和挑战？国际法在解决各种危险局势中出现的问题，且应该如何解决这些不足之处？本论文集分为两部分，第一部分讨论了安全的不同方面，包括国际环境法和国际刑事司法等不同的国际法律制度如何与传统上被视为受集体安全法保护的概念或价值观相交叉。第二部分侧重于具体的威胁，并审议了一般国际法和适用的具体制度如何应对已知和实际的安全威胁。本书共分为 14 章。

第一部分共分为 6 章，主要阐述安全概念和国际法。

第 1 章为"安全议程与国际法：新技术案例"。Nigel D. White 教授首先探讨了对安全及其在国际法中适应和保护的理解。他解释了从国家角度来看，安全的发展如何受到冷战后安全议程激增的挑战，包括经济安全、环境安全、粮食安全、生物安全、健康安全和人类安全；介绍了本书包含的主题，并解释了国际安全法（International Security Law）适用的理论框架。

第2章为"人类安全与国际法：安全分析框架内法律发展的潜在范围"。Hitoshi Nasu 回顾了人类安全概念的法律发展，并考虑了阻碍其在国际法其他领域得到更广泛利用的法律限制。在威斯特伐利亚体系（Westphalian System）形成之前，采取以人为本的多部门安全方针，强调赋予人民权力，以便通过协调一致的努力，制定系统，解决不安全问题的规范、程序和机构。然而，它直到1994年才进入政策讨论，当时它被列入联合国开发计划署的年度"人类发展报告"（Human Development Report）。"以人为本"（people-centred）的概念被认为是将安全范式扩展到军事关切之外。自那时以来，人类安全的概念促进了旨在保护平民免遭武装暴力条约的通过，也为有关国际人道主义法现有规则的解释和适用的辩论提供了信息。Nasu 认为，人类安全理念不仅在其基于主权的法律框架方面，而且更重要的是，质疑决策者和法学家所共有的安全概念，对国际法提出了挑战。

第3章为"人类安全与环境安全：在法律问题上"。John Pearson 探讨了人类安全和环境安全之间的对立关系。1994年的"人类发展报告"（Human Development Report）将环境安全与经济、粮食、健康、个人、社区和政治安全并列为核心人类安全范式的七个关键方面之一。2007年，气候变化在联合国安理会的一次辩论中被宣布为"全球安全的最大威胁"。Pearson 认为，1994年人类安全与环境定义的其他组成部分之间存在着不可分割的联系，应该将环境安全作为国际法和国际关系的最高优先事项。然而，环境在保护和利用方面仍然是最具争议的国际问题之一，主要原因是各国不愿意将全球环境问题置于国家利益之上。

第4章为"区域安全与国际法"。虽然"国际"安全的概念可能意味着对这一概念的普遍共识，但更可能的是，在区域层面上可以实现更深层次的意义和理解。在第四章中，Julia Schmidt 探讨了另一个重要关系，即区域安全与国际法之间的关系。

第5章为"国际刑事司法与安全"。Olympia Bekou 探讨了国际刑事司法与安全之间不可分割的联系。这种关系不仅适用于在大规模暴行发生后作为恢复国际和平与安全的手段而设立的国际刑事司法机构，也适用于常设国际刑事法院，该法院可在联合国安全理事会提交后获得管辖权，即使被提及的国家不是

《罗马规约》（*Rome Statute*）的缔约国，2011 年的利比亚也是如此。在国际刑事司法术语中，这种关系也体现在"和平与正义"的辩论中。通过研究国际刑事司法机构的创建、运作和终止及其与安全的互动，Bekou 教授的这一章揭示了这种关系。国际刑事司法在加强安全方面发挥的作用突显了这种互动所产生的紧张局势、成功和陷阱。

第 6 章为"安全与国际法：保护责任"。Alexandra Bohm 探索了"保护责任"（Responsibility to Protect，RtP）理论在保护弱势群体免受暴力侵害方面的作用。尽管 RtP 不是一种法律学说，但它构成了国际法在应对冷战后时代安全威胁方面不"适合目的"论点的一部分。现有的法律文书（如《灭绝种族罪公约》或维持和平行动中的平民保护任务）是不够的，没有提供一个普遍适用的行动蓝图。RtP 是一种填补国际和平与安全法律架构空白的方法，也是一种限制使用国家主权理论的手段，以防止政府对本国人民犯下或允许发生暴行的情况进行干预。

第二部分共分为 8 章，主要阐述安全威胁与国际法。

第 7 章为"国际法与伊朗核危机：国际安全和军备控制的教训"。Tom Coppen 重点介绍了国际法和伊朗核危机，对伊朗和西方国家在讨论伊朗核计划时使用的论点进行法律分析。Coppen 根据《核不扩散条约》（*Nuclear Non-Proliferation Treaty*，NPT）规定的义务分析了伊朗核计划的关键方面，强调了追求核不扩散与将核能用作替代能源之间的紧张关系。他重点阐述了国际原子能机构（International Atomic Energy Agency，IAEA）和联合国安理会向伊朗伊斯兰共和国提出的两项要求：伊朗必须批准并执行附加议定书、必须暂停某些"扩散敏感"活动。

第 8 章为"当代海盗行为对国际和平与安全构成的威胁"。Alexandros XM Ntovas 探索和评估当代海盗行为对国际和平与安全构成威胁的性质。从某种意义上说，这是对国际刑法的回归，但是以更传统的形式，而不是（尚未）被纳入国际刑事法院的职权范围。Ntovas 称，与 21 世纪的其他安全威胁一样，海盗行为的范围已显著扩大，从对特定商业海上贸易航线的安全构成威胁的狭义国际犯罪，到危及航运和保险业的普遍经济威胁，对国际贸易和全球供应链产生重大影响。Ntovas 认为，在地理范围扩大的同时，海盗行为也已发展成为一种多方面的国际犯罪，包括各种因素，如融资、规划、实施和牟利。特别是海盗目前要求为从旅游胜地劫持的人质支付赎金的做法表明，存在有效的跨国系统，使海盗能够通过现有的洗钱网络支付赎金，以获取资金。

第 9 章为"恐怖主义：对安全的威胁？"Lydia Davies-Bright 回顾了国家和

个人的行为，并通过审视恐怖主义历史上的关键事件研究了过去几十年来如何感受、应对恐怖主义行为的社会、法律和政治影响。

第 10 章为"作为威胁的暴虐政府"。Jure Vidmar 继续以国家表现形式对个人构成的威胁为主题，重点探讨了滥用权力的政府对安全构成的威胁，并考虑了对冷战后时期非民主政府行动的规范基础和集体反应。

第 11 章为"国际投资法中的担保权益保护"。Prabhash Ranjan 通过关注在国际投资法中保护国家担保权益，将讨论从个人之间的关系转向考虑国家与投资者之间的关系。Prabhash 着眼于可能允许暂时偏离或中止投资条约义务的基本担保权益的性质。

第 12 章为"通过国际法确保极地地区的安全"。Jill Barrett 研究了南极和北极面临的安全威胁，从领土和海洋划界争端到武器试验、危险废物处理以及争夺生物和矿产资源。这些地区独特的生态系统具有与人类中心问题无关的内在价值，对科学气候研究和海平面上升的影响至关重要。由于国际环境法律保护比南极弱得多，北极目前正面临重大威胁，因为预测约 20 年后将出现无冰夏季，这带来了航海、石油和天然气开发以及旅游业快速增长的前景。这一风险导致人们呼吁根据《南极条约》（*Arctic Treaty*，AT）的内容制定一项新的北极条约；然而，北极和南极之间有许多关键的差异，因此这种呼吁是不合适的。因此，这个问题成为一个全球性问题，需要使国际社会对社会负责并遵守环境可持续的资源开发标准，这可能会促使北极国家为该地区谈判需要具备法律约束力的文书。

第 13 章为"气候变化对国际安全构成的威胁"。Mattia Fosci 回到环境及其对安全影响的问题，具体地将气候变化作为对国际安全的威胁来考虑。Fosci 关注的是人为温室气体排放导致的气候变化日益加剧，这被广泛认为是21 世纪不稳定的根源和对国际安全的威胁。

第 14 章为"网络威胁与国际法"。Russell Buchan 和 Nicholas Tsagourias 专注于网络攻击和威胁，确定了网络空间内和网络空间出现的最严重威胁，考虑了适用于此类威胁的适当国际法律制度，并询问国际法是否能够充分应对此类威胁，或者是否需要新的国际法律规范。与本书中讨论的其他安全主题一致，重点是其他国家或非国家行为者对国家实施的类似军事打击的网络攻击，并评估使用武力保护国家免受这种新的安全威胁的国际法律制度是否充分。

【本书目录】

引言

第一部分 安全概念和国际法

第 1 章 安全议程与国际法：新技术案例

第 2 章 人类安全与国际法：安全分析框架内法律发展的潜在范围

第 3 章 人类安全与环境安全：在法律问题上

第 4 章 区域安全与国际法

第 5 章 国际刑事司法与安全

第 6 章 安全与国际法：保护责任

第二部分 安全威胁与国际法

第 7 章 国际法与伊朗核危机：国际安全和军备控制的教训

第 8 章 当代海盗行为对国际和平与安全构成的威胁

第 9 章 恐怖主义：对安全的威胁？

第 10 章 作为威胁的暴虐政府

第 11 章 国际投资法中的担保权益保护

第 12 章 通过国际法确保极地地区的安全

第 13 章 气候变化对国际安全构成的威胁

第 14 章 网络威胁与国际法

Introduction

Part I Conceptions of Security and International Law

Chapter 1 Security Agendas and International Law：The Case of New Technologies

Chapter 2 Human Security and International Law：The Potential Scope for Legal Development within the Analytical Framework of Security

Chapter 3 Human Security versus Environmental Security：At Legal Loggerheads

Chapter 4 Regional Security and International Law

Chapter 5 International Criminal Justice and Security

Chapter 6 Security and International Law：The "Responsibility to Protect"

Part II Security Threats and International Law

Chapter 7 International Law and the Iranian Nuclear Crisis：Lessons for International Security and Arms Control

Chapter 8 Contemporary Maritime Piracy as a Threat to International Peace and Security

Chapter 9   Terrorism: A Threat to Security?

Chapter 10   Abusive Governments as a Threat

Chapter 11   Protecting Security Interests in International Investment Law

Chapter 12   Securing the Polar Regions Through International Law

Chapter 13   Climate Change as a Threat to International Security

Chapter 14   Cyber-Threats and International Law

《监管跨境欺诈：资本市场的国际刑法保护》

王亚春

书名：*Regulating Fraud Across Borders：Internationalised Criminal Law Protection of Capital Markets*

作者：Edgardo Rotman

出版：哈特出版社 2021 年版

【作者简介】

Edgardo Rotman 是迈阿密大学（University of Miami）法学院的教授，这本书是其多年心血，直到退休后才完成。

【专著内容】

本书介绍了保护金融市场的刑法动态集合，重点是金融市场遭受破坏的负面结果，即内幕交易和市场操纵等跨境金融犯罪的扩张。金融犯罪的国际化引发了犯罪管制的国际化，本书的中心目的是介绍两种市场滥用行为及其犯罪的国际化现象。对于保护金融市场免受诚信问题，损害投资者信心而言，这种监管国际化是必不可少的。本书一共分为 5 章。

金融市场的全球化导致金融犯罪空前扩大，限制金融犯罪的立法也逐步国际化。第 1 章主要介绍了证券欺诈法律的国际化的不同方式，包括：国家法律的域外适用、国际合作、相互承认、美国法律模式的扩散、禁止条约和公约、通过欧盟指令和法规实现国际化、协调一致等。最后，本章介绍了国际化的经济基础：金融市场全球化是引发证券欺诈国际化的经济动力，说明了经济与商业犯罪之间的关系。

证券市场的国际化大大增加了证券欺诈的频率和规模，也导致证券市场刑法保护的国际化。第 2 章首先探讨了证券市场国际化作为一种社会、经济和技术现象：世界资本市场从国家或地区转变为全球、通信和交易技术的巨大进步导致电子交易的扩展。为了保护金融市场的效率和完整性，要求对严重的违法行为进行刑事制裁；同时，刑事法律规制也从国家层面转为国际层面，成为监管和制裁市场滥用现象的工具。

美国法律的域外适用是资本市场国际化刑法保护的基本形式。第3章详细分析了美国诉维拉尔案（United States v. Vilar）的每一个支持论点，来说明该判决的重大缺陷。根据刑法理论的现代发展，对美国《证券交易法》（Securities Exchange Act）第32（a）条进行解释。考虑到受该条款保护的市场完整性和公共财富价值的跨国性质，最终通过对第32（a）条的上下文和动态解释，为证券交易法的域外执行提供了理由。

第4章以美国的内幕交易法为首例，因为内幕交易思想的现代起源始于美国，在20世纪60年代末，内幕交易得到法律承认，成为"现代美国证券监管的核心特征"，美国法律在许多国家的普及表明了内幕交易禁令国际化并成为一种普遍形式。在全球范围内，针对内幕交易的法律在20世纪80年代才开始扩散，到20世纪90年代才成为一种普遍现象。美国模式从1980年开始，之后影响了法国、英国、德国、欧盟等国家和地区，本章介绍了这些国家和地区法律规制内幕交易的情况。

欺诈性股票市场操纵的刑事定罪已在欧洲和全球范围内进行。2014年市场滥用监管和关于刑事制裁的指令代表了欧洲层面刑法的国际化发展。在全球层面，国际证券委员会组织（International Organization of Securities Commissions，IOSCO）发布了一份关于"调查和起诉市场操纵"的报告，指出需要采取国际协调行动来发现、调查和起诉市场操纵行为。第5章介绍了市场操纵的传统形式和新形式，详细说明了欧盟、英国、德国、法国、美国等国家和地区对欺诈股票市场操纵的法律规定。

金融市场的逐步全球化扩大了欺诈者的地盘，危及金融市场的完整性并损害投资者的信心，从而影响了整个经济。为消除这种现象，催生了证券欺诈刑法的国际化扩展。本书分析证明了对证券欺诈进行刑事制裁的必要性，并记录了这种制裁如何以多种方式国际化，包括：国家法律的域外适用、美国法律模式的差异化、欧洲指令和法规、立法趋同，以及全球层面由IOSCO协调的国家证券监管机构之间的非正式国际合作。

【本书目录】

导论

第1章　国际化进程

第 2 章　证券欺诈刑事法律的国际化

第 3 章　美国法律的域外适用

第 4 章　对内幕交易行为的国际化抑制

第 5 章　对操纵股票市场行为的国际化抑制

结语

Introduction

Chapter 1　The Internationalisation Process

Chapter 2　The Internationalisation of Securities Fraud-Related Criminal Law in General

Chapter 3　Extraterritorial Application of United States Law

Chapter 4　The Internationalised Repression of Insider Trading

Chapter 5　The Internationalised Repression of Stock Market Manipulation

Conclusions

《信息科技革命及其对国家、
宪政和公法的影响》

李通敏

书名： *The IT Revolution and its Impact on State, Constitutionalism and Public Law*

作者： Martin Belov

出版： 哈特出版社 2021 年版

【作者简介】

Martin Belov，1979 年生于保加利亚（Bulgaria），系索菲亚大学（Sofia University）宪法学博士。曾任华沙大学（University of Warsaw）和罗兹大学（University of Lodz）的客座讲师。他的主要研究领域包括宪法、人权与民主、法学理论等。

【专著内容】

新科技时代宪政、国家和法律的未来是什么？本书探讨了信息与技术革命对国家、宪政、公法不同方面的影响。宪法、行政、金融和欧盟法律领域的欧洲著名学者回答了一些概念性问题，包括：

1. 信息和技术革命对主权的挑战是什么？

2. 信息和技术革命将如何影响民主和公共领域？

3. 社交媒体平台对民主意志形成过程会产生什么破坏性的影响，我们如何规范数字时代的民主进程？

4. 在算法社会中，法院和行政部门面临的主要挑战是什么？

5. 人工智能对行政法以及社会和卫生服务有何影响？

6. 信息和技术革命对数据保护、隐私和人权有何影响？

本书一共分为 16 章。

在第 1 章中，作者探求了信息和技术革命对宪政的核心思想——人文主义（Humanism）的影响。作者认为当今宪政主义和人文主义已经深深地交织在一起，因此后人类宪政主义（Post-human Constitutionalism）挑战着宪政主义的每一个概念。首先，作者指出了作为宪政主义基本思想的人文主义的主要特征，批判性地分析了算法社会下人本主义和人本主义宪政所面临的挑战。其次，作者比较了人性（Humanity）、兽性（Animality）以及科技性（Technicity）三个概念，将其作为构成宪政主义和宪法中不同的主观性关键概念，强调了人文主义解构带来的风险。最后，作者对"算法宪政主义"（Algorithmic Constitutionalism）一词给出了自己的定义，并且强调了它将会给人文主义和人文主义宪政带来的威胁。

在第 2 章中，作者致力于研究宪法层面的信息革命，探寻了信息和科技革命对民主的影响。作者追寻了信息发展的各个阶段，探寻了信息的传播方法及其对法律的影响。通过对革命这个抽象概念的分析，作者给出了当代信息革命的概念。最后，作者探究了信息革命对本就紧张的自由民主的宪政范式的影响。

在第 3 章中，作者论述了科技革命在国家层面的重要影响。作者重点讨论了当国家作为一个监管者和公共服务的提供者，以及在算法社会和迅速发展的信息与科技革命中管控的私人代理机构的义务。此外，作者还强调了研究与开发风险的分配，认为规定这种风险分配的基石是责任和保险。本章中作者讨论的另一重点是人工智能作为工具提高了执政的透明度但也扩大了操纵力。因此，作者指出算法社会中信息对公法带来的挑战和威胁，以及对全球信息进行监管的重要性。

在第 4 章中，作者探寻了设立全球信息法以应对信息和科技革命、数字化和算法社会的可能性，同时超越国内公法秩序的限制。同时，作者认为全球信息法为研究信息的产生、发展和颠覆性技术进步如何与法律相互作用提供了研究途径。首先，作者阐述了信息方面的国际法发展历史以及全球信息法的出现，强调了合法性原则的要求导致了全球信息法的产生及其对人类生活和不平衡的社会法律系统的影响。随后，作者在强调合法性基本概念的同时，探讨了一些行政概念的定义，例如第二层级（Second-tier）——合法性的提供者，及其带来的风险和利益。最后，作者论述了最终在互联网治理领域数字法律的出现，强调重视依赖于集体自决的民主治理方式所带来的风险。

在第 5 章中，作者探讨了社交媒体平台对自由选举造成的破坏性影响。作者认为这类社交平台的使用不仅改变了我们私底下沟通的方式，并且在很大程度上也改变了公开场合交流的方式。因此，作者首先阐述了自由民主国家中，大型媒体和民主意志形成过程的关系，探讨了科技革命对这一过程造成的影响。此外，作者分析了民主意志的形成过程被社交媒体平台打乱的几种途径。最后，作者指出了科技革命对民主过程的有利影响和不利影响，并针对如何应对此类负面影响给出了解决方案。

在第6章中，作者探寻了数字革命对于公共意志形成过程的影响。他考察了数字时代规范民主程序的方式，并认为数字革命会引发自由民主危机。因此，作者的论述主要着眼于大数据分析的影响以及这种危机的微观定位和社交媒体的作用。作者还重点关注了大数据的收集、加工、微观数据分析、过滤气泡（Filter Bubbles）、群聊（Closed-group Communication）和选民分割（Voter Segmentation），认为法律规范应当朝着减轻大数据分析和微观数据分析对政治运动产生的不利影响的方向发展。最后，作者评估了一些试图解决民主过程参与权和话语权缺失的方法。

在第7章中，作者首先整体回顾了货币主权的主要性质，探讨了传统货币法中的货币国法律，强调了合同法中货币层面的问题。此后，作者分析了货币主权和科技发展的关系，主要着眼于电子货币的问题，还着重分析了货币主权和加密货币的关系。最后，作者总结了自己在信息交流频繁和科技革命背景下对货币主权概念的思考。

在第8章中，作者简要定义了网络货币的特征，并且回顾了货币革命的历史。首先，作者从经济和法律层面分析了当下的货币革命。其次，作者还考察了不同时代网络货币的主要特征、优势与劣势。最后，以对国家货币主权、货币政策和金融政策的影响程度不同为视角，作者比较了不同类型的网络货币的特征和发展情况。

在第9章中，作者考察了算法革命对税收平衡、社会契约理论和全球治理的影响。首先，作者定义了算法革命的基本特征，概述了算法革命的两个主要方面。此外，作者阐述了算法革命带来的影响，并以数据跨国公司为例，提出了数字经济下税收问题的解决方案。通过分析算法革命下金融法和税收领域发展趋势以及其带来的主要问题，作者提出了"第三条路"的解决方式，是介于干预主义和自由放任主义之间的一条道路，是基于多边主义的一种全球税收治理模式。最后，作者总结了新算法革命与税收原则之间的交织关系。

在第10章中，作者探讨了信息与通信革命对宪法法院的影响。其主要的研究内容是分析宪法法院参与政治传播（Political Communication），尤其是法院自身传播策略的发展趋势。首先，作者探讨了宪法法院的传播方式从间接到直接的改变以及从独白到与公众对话的转变。此外，作者还概述了宪法法院传播方式革命的背后原因，并提出了化解法院政治化风险的解决办法。

在第 11 章中，作者着眼于研究数字司法的宪法局限问题。围绕着数字公平的概念和构建当代宪法秩序的问题，作者论述了数字司法的优势及其面临的挑战，试图寻找到数字司法和主要的宪法原则之间的平衡。有鉴于此，作者探讨了数字司法下基本人权的保护问题，并提出依据欧洲人权法院（European Court of Human Rights）的判例法同意是否能作为认定的基石。因此，作者从审慎司法的角度给出了宪法层面的解决方式。

在第 12 章中，作者致力于研究人工智能（Artificial Intelligence）对行政相关法的影响。首先，作者探讨了行政管理工作中人工智能的引入，被称为"行政网络"（Administrative Network）。其次，作者研究了人工智能和行政管理行为的结合，行政措施的电子化处理程序，处理者的内容准备和产生影响上的增加，以及相关方面的条件和司法保障问题。最后，作者解释说明了人类智商计算程序（Human Intelligible Computational Procedure）和人工智能计算程序（Artificial Intelligible Computational Procedure），探讨了渐进式计算机化的行政程序（Progressive Computerisation of Administrative Procedure），并且作者认为面对科技和法律的双重挑战，行政管理行为中人工智能的引入问题应当重点关注法律方面。

在第 13 章中，作者讨论了信息与科技革命对宪法基本权利的影响，并重点强调了关于个人数据保护的问题。首先，作者分析了现代科技革命的发展水平对数据化和人工智能的连接作用。其次，作者从宪法维度考察了人工智能、算法歧视的新形式以及如何行使隐私权以对抗算法社会的风险三个问题。作者将个人信息比作新的数字原油（New Digital Oil），因为它是开发和训练人工智能的基本燃料。并且，作者概述了这一宝贵资源所带来的风险以及如何选择恰当的保护方法。此外，作者批判性地分析了新科技和人工智能带来的"非人化效应"所带来的风险。

在第 14 章中，作者致力于研究数字革命以及其对宪法中隐私保护规定的影响。因此，作者比较分析了法国和瑞典关于隐私保护方面的横向规定与纵向规定。首先，作者介绍了瑞士和法国针对新科技保护隐私的最新的宪法规定，概述了两者在方式上的相似之处与不同之处。随后，宪法对于加强隐私保护的需求，以此更好地回应新科技带来的挑战。此外，作者还强调了宪法中的隐私保护和多维保护的重要性。最后，作者建议颁行新的法律以应对数字社会的挑战。

在第 15 章中，作者对社会工作和卫生服务领域人工智能的影响进行了深入的分析，探讨了在确保宪法权利方面公权力面临的新挑战。首先，作者研究了在社会政治活动和卫生服务领域使用人工智能应当采用的概念和管理框架，强调了在应用新科技尤其是包含人工智能的设备时，遵守主要宪法原则的重要性。其次，作者分析了在社会卫生服务适用人工智能与技术发展的机会之间的关系，概述了欧盟的监管框架——推动人工智能在社会工作和医疗保健领域的应用。最后，作者分析了新科技尤其是人工智能应用后，宪法权利和人权的保护问题，探讨了病人的健康权、隐私权和社会健康信息数字化之间的关系。

在第 16 章中，作者重点研究了基因编辑的电子机器学习（Gene Editing e-Machine Learning）有关问题，并以国际和欧盟法律中的规定为研究对象。因此，作者先阐述了欧盟和国际法有关规定的法律框架，探讨了数据保护、人权、生物伦理学和生物信息学下基因编辑的有关问题，并强调了对基因组数据的保护以及隐私权问题。随后，作者要求禁止在基因编辑方面的歧视，并阐述了基因编辑应遵循的非污名化原则（Principle of Non-Stigmatisation）。最后，作者强调不歧视原则、非污名化原则、和平等原则是基本人权原则和健康权的组成部分。

【本书目录】

第 1 章　后人类宪政？算法社会中对人类中心主义和传统人文主义的批判性辩护

第 2 章　信息革命的宪法层面

第 3 章　科技革命对国家角色的影响

第 4 章　全球信息法：如何增强国内外信息规范的合法性？

第 5 章　社交媒体平台对民主意志形成过程的破坏性影响

第 6 章　数据革命与公共意志的形成：规范数字时代下的民主进程

第 7 章　科技革命背景下的货币主权

第 8 章　网络货币对国家公共秩序的概念与法律的挑战

第 9 章　算法革命：公平税收、社会契约和全球治理

第 10 章　信息与通信革命对宪法法院的影响

第 11 章　数字司法的宪法局限

第 12 章　人工智能对行政相关法的影响

第 13 章　信息与科技革命对宪法权利的影响，特别关注个人数据保护问题

第 14 章　数字革命和宪法秩序下保护隐私的纵向和横向挑战

第 15 章　社会和卫生服务中的人工智能：公权力机关在保障宪法权利方面的新挑战

第 16 章　基因编辑的电子机器学习：国际法和欧盟法律框架

Chapter 1　Post-human　Constitutionalism?　A　Critical　Defence　of Anthropocentric and Humanist Traditions in Algorithmic Society

Chapter 2　Constitutional Dimensions of Information Revolution

Chapter 3　The Impacts of Technological Revolution on the Role of the State

Chapter 4　Global Information Law：How to Enhance the Legitimacy of the Information Order in and beyond the State?

Chapter 5　The Disruptive Effects of Social Media Platforms on Democratic Will-Formation Processes

Chapter 6　Data Revolution and Public Will Formation：Regulating Democratic Processes in the Digital Age

Chapter 7　Monetary Sovereignty in Conditions of Technological Revolution

Chapter 8　Conceptual and Legal Challenges to the Public Order of States Stemming from Cybercurrencies

Chapter 9　The "Algorithmic Revolution"：Fair Taxation, Social Pact and Global Governance

Chapter 10　The Impact of Information and Communication Revolution on Constitutional Courts

Chapter 11　The Constitutional Limits of Digital Justice

Chapter 12　The Impact of Artificial Intelligence on Administrative Law

Chapter 13　The Impact of the Information and Technology Revolution on the Constitutional Rights with Particular Attention to Personal Data Protection Issues

Chapter 14　The Digital Revolution and the Constitutional Orders' Vertical and Horizontal Challenges to Protect Privacy

Chapter 15　Artificial Intelligence in Social and Health Services：A New Challenge for Public Authorities in Ensuring Constitutional Rights

Chapter 16　Gene Editing e-Machine Learning：The International and EU Legal Framework

《跨国法下的欧盟：多元化评价》

冯丽芳

书名： *The European Union under Transnational Law：A Pluralist Appraisal*
作者： Matej Avbelj
出版： 哈特出版社 2018 年版

【作者简介】

Matej Avbelj 是研究方向为欧洲法的副教授，任教于斯洛文尼亚政府与欧洲研究所的研究生院，是该院研究小组的负责人，同时在斯洛文尼亚卢布尔雅那的欧洲法律学院以及商业研究学院授课。

【专著内容】

本书的创新之处在于它的双重重点，即跨国法与欧盟。本书通过探讨跨国法给欧盟带来的实际具体问题，阐述了跨国法与欧盟这两个框架之间的关系，从法治、民主、保护人权和正义这四个关键原则来探讨这两个体系间的关系问题，并通过推进原则性法律多元论框架来协调二者之间的关系，在此过程中，法律多元主义理论也为如何发展和促进欧盟与跨国法之间的关系提供了明确的规范性指导。本书一共分为 8 章。

第 1 章重点介绍了跨国法的现象、演变以及伴随的争议及其本身存在的理论缺陷。作者提出了跨国法的广义和狭义概念，根据政府当局参与跨国规范制定的程度，对跨国法的公共机构、行政机构和私人机构进行了清晰的区分，在将跨国法概念化时提出了"跨国法的真正法律性质是什么"这一问题，还揭示了跨国法与传统法律概念在形式和实质两个维度上存在着相当大的不协调性。这些讨论都为本书主要理论的提出铺平了道路。

第 2 章提出了原则性法律多元论，解释了为什么需要一种新的理论方法，而这种新的理论与该领域现有的主要理论方法（宪法论与多元论）有何不同，以及它的核心要素是什么。本章认为，原则性法律多元论对跨国法和欧盟法提供了令人信服的定义和准确的描述。此外，原则性法律多元论对跨国法和欧盟法以及两者之间的关系都是一种非常有说服力的解释，有着规范性的吸引力。

第3章提出了欧盟作为一个联盟的法律多元化概念，这是一种特殊的多元主义宪法形式，由国家、超国家和共同体三个层面组成。在撰写本章时，这三个层面汇集了29个自治的法律秩序和同等数量的政体。与其他（原）联邦政权不同，联邦政权由一定程度的社会同质性和/或等级法律结构维系在一起，联邦是一种异质结构，在没有同质性的情况下，这种结构是可行的，因为它渗透着多元主义的规范精神。原则性法律多元论证明了自己的确是一种理论，能够准确地描述和有力地解释欧洲一体化，并且在规范方面有助于欧洲一体化的可行性。此外，它还为欧盟的概念提供了一个理论基础，是本书在当代欧盟法律学术中推出的一种独特的宪法形式。

第4章谈及跨国法影响下的法治，也是跨国公法的表现之一。通过审视臭名昭著的卡迪案（European Commission and Others v. Yassin Abdullah Kadi）就能观察到跨国法对欧盟法治的影响。众所周知，由于欧盟内部宪法结构与国际法之间的双向特殊作用，让卡迪先生陷入了法律困境，未能体现法治应有的正当、实质和社会学要求。有人认为，如果欧盟法律和国际法之间的关系是按照原则性法律多元论的规定进行的，那么欧盟的法治条件以及卡迪先生的权利就会得到更好的保障。

第5章重点分析了跨国公司法和跨国行政私法对欧盟民主的影响。本章表明，在经济危机期间，这两种形式的跨国法与欧盟内部宪法结构之间的相互作用导致了在欧盟国家和超国家层面的机构、实体和经济领域的民主形成了先发制人的局面。信用评级机构充当了全球金融市场的看门人，市场更多地依赖于它们的评级，而不是新资本的国家和欧盟的政治保证，由此产生的结果就是欧盟和跨国法之间的僵局，这种局面对欧盟的民主产生了侵蚀性影响，在缺乏资金的情况下，欧盟无法履行其作为一个基于真正自决的政府体系的基本职能。本章解释了如何通过遵循原则性法律多元论的规范性规定，重塑欧盟与跨国法之间的关系，从而更好地服务和保护欧盟的民主目标。

第6章重点介绍了跨国法对欧盟人权保护的影响。论述的重点是欧盟法律与跨国私人法律制度（体育法和信息法）交汇处的隐私权。通过原则性法律多元主义理论的视角，结合欧盟法院（Court of Justice of the European Union, CJEU）在体育法和信息法领域的主要案例（包括最近的谷歌和Facebook裁决）进行分析。该章还起草了多元化指导方针，以优化所涉及的不同法律秩序的目标，尤其注重保护案件当事人的人权。

第 7 章通过一个案例研究探讨了跨国法对欧盟司法的影响。司法问题是一个长期存在的问题，但令人惊讶的是，尽管近年来，由于跨国法及其行为者的增多导致欧盟的司法困境加剧，欧盟与跨国法之间的关系仍然没有受到关注。因此，作为本书的一项开创性贡献，本章讨论了跨国法给欧盟造成司法不公正的三种不同方式。第一个是缺乏正当理由的不公正，这直接源于整个跨国法；第二个是由特定部门的跨国经济法间接造成的经济不公正；最后一个是对人类尊严的侮辱带来的不公正。本章再次表明，如果欧盟法律和跨国法之间公认的动态复杂关系是按照原则性法律多元主义的规范指导进行的，就会减少给欧盟内外造成的不公正现象。

第 8 章以概述本书的主要理论和实践成果来概括本书的主要内容。作者坚信，无论是新一元论还是旧一元论，只要它们凌驾于多元主义之上，对跨国法中的特定实体、法律秩序和政体，乃至对全球秩序和整体稳定都不会产生有利的后果。因此，我们应该对多元化理论的成功抱有希望，作者也正是带着这种期待创作本书，以期为多元化理论作出一些贡献。

【本书目录】

简介

第 1 章　跨国法的出现和发展

第 2 章　原则性法律多元论

第 3 章　欧盟的多元主义概念

第 4 章　跨国法律与欧盟的法治

第 5 章　跨国法律与欧盟的民主

第 6 章　欧盟法、跨国法和人权保护：隐私案例

第 7 章　司法、欧盟与跨国法

第 8 章　原则性法律多元论、欧盟法和跨国法

Introduction

Chapter 1　The Emergence and Growth of Transnational Law

Chapter 2　The Theory of Principled Legal Pluralism

Chapter 3　A Pluralist Conception of the EU

Chapter 4　Transnational Law and the Rule of Law in the EU

Chapter 5　Transnational Law and Democracy in the EU

Chapter 6　EU Law, Transnational Law and Human Rights Protection: The Case of Privacy

Chapter 7　Justice, the EU and Transnational Law

Chapter 8　Principled Legal Pluralism, EU Law and Transnational Law

《国际商事与投资争端中的调解制度》

陈 露

书名：*Mediation in International Commercial and Investment Disputes*
作者：Catharine Titi、Katia Fach Gómez
出版：牛津大学出版社 2019 年版

【作者简介】

Catharine Titi 是法国行政科学研究中心（French National Centre for Scientific Research、法国巴黎第二大学（University Paris II Panthéon-Assas）的副研究员（Associate Professor）。除了是欧洲国际法学会（European Society of International Law，ESIL）理事会成员外，Catharine Titi 还担任投资者–国家争端解决（Investor-State Dispute Settlement，ISDS）学术论坛指导委员会的副主席，并担任美国和国际法中心（American and International Law，CAIL）跨国仲裁研究所（Institute for Transnational Arbitration，ITA）的学术委员会成员。Catharine Titi 也是国际法协会（International Law Association，ILA）法治和国际投资法委员会的成员和并担任《国际投资法和政策年鉴》（*Yearbook on International Investment Law & Policy*）的编辑委员会成员。Catharine Titi 是英国特许仲裁员协会会员（Fellow of the Chartered Institute of Arbitrators，FCIArb），也是艺术仲裁院（Court of Arbitration for Art，CAfA）的仲裁员小组成员，并被任命为美国–墨西哥–加拿大协议（United States-Mexico-Canada Agreement，USMCA）附件 31-B 小组成员。Catharine Titi 的工作语言是英语、法语、希腊语和西班牙语。

Katia Fach Gómez 是西班牙萨拉戈萨大学（University of Zaragoza）法学院的终身教授（Tenured Professor），在萨拉戈萨大学教授国际仲裁、国际商事交易和法律冲突。她是福特汉姆大学（Fordham University）的兼职教授、哥伦比亚大学法学院（Columbia Law School）的访问学者，以及马克斯普朗克研究所

（Max-Planck Institute）的博士前和博士后受资助者（Pre- and Post-Doctoral Grantee）。她还曾在许多欧洲和拉丁美洲大学讲学。她还是马德里康普顿斯大学（Complutense University of Madrid）欧洲法律和区域一体化研究所（Institute of European Law and Regional Integration，IDEIR）的成员和西班牙的认证调解员，被西班牙王国指定为国际投资争端解决中心（International Centre for Settlement of Investment Disputes，ICSID）官方名单中的调解员。

【专著内容】

调解虽然是国际社会一直讨论的主题，但由于现在对于调解的需求正在急剧增长，而全面涵盖这一主题的出版物却相对较少，因此本书填补了这一空白领域。在回顾了过去十年间为鼓励跨境争端调解所做的许多努力后，以及调解当事人表示愿意通过合作解决争端，本书将为调解员和调解当事人提供全面的与调解有关的信息。

近几十年来，国际商事和投资争端的解决一直由国际仲裁主导。调停和调解虽是一种补充机制，但与过去相比，人们认识到调解可以通过自由的适合调解各方当事人需要的程序，为民事和商事事项的争端提供具有成本效益和快速的法外解决方式。而且调解更有可能被自愿遵守，并维护各方之间的友好和可持续关系，可以实现裁决过程中所没有的定制解决方案。因此，国际调停和调解已经成为广泛流行的机制，几乎被闲置的调解规则得到了新的发展。ICSID正在引入并推广新的调解规则；欧盟鼓励商事和投资领域的国际调解，调解条款被纳入欧盟二级立法和新的欧盟国际投资协议中；联合国国际贸易法委员会（United Nations Commission on International Trade Law，UNCITRAL）的一项新举措旨在确保调解产生的国际商事解决协议的执行。第一起投资者与国家之间的争端根据国际律师协会（International Bar Association，IBA）的规则进行调解；国际投资争端解决中心的调解机制比过去更经常被使用；国际商会（International Chamber of Commerce，ICC）近期处理了第一个基于双边投资条约的调解案件。一个新的调解市场正在蓬勃发展，涉及商事和投资纠纷等诸多领域，因此，学术界、投资条约谈判者、律师和争端各方都开始逐渐了解这种替代性的争端解决方法。

由于认识到调解的便利以及调解对节省司法行政费用的贡献，世界各地的司法管辖区正在越来越多地促进当事人采取调解这一方式。调解规则也随之增加，巴西在2015年颁布的《调解法》就是一个例子。世界银行在2016年发布了《调解丛书》（*Mediation Series*），提供学习资源，协助各国制定调解政策和法律，了解调解要领。2015 年伦敦大学玛丽皇后学院（Queen Mary University of London）和美国伟凯律师事务所（White & Case）的调查发现，对于鼓励调解，包括在仲裁期间使用调解，调解当事人认为律师可以发挥其更大的作用。全球庞德会议（The Global Pound Conference）于 2016—2017 年期间，在 24 个国家的 28 个会议上召集了 4000 名争议解决利益相关者，该会议确定的一个关键共识是：调解当事人开始更多地寻求使用非裁决协议（Non-adjudicative Protocols）来解决争议。

本书各章讨论了商事主体和投资者与国家之间的争端，以及如何设计调解过程以最大限度地提高成功解决争议的机会的创新方法。本书详细地介绍了在 ICC、ICSID 等主要机构进行调解的程序，以及关于不同地理区域的调解信息。作者不仅讨论了现在经常使用调解的行业部门的调解情况，而且还讨论了包括迄今尚未广泛使用调解但会受益于使用友好解决程序的领域，例如金融纠纷。最后，作者提供了实用的指导，例如在商事和投资领域的调解中选择调解员等。本书共分为四部分，共 19 章。

第一部分共 4 章，介绍了商事和投资调解的边界、趋势和前景。

第 1 章介绍了目前调解在解决国际商业争端中发挥的作用。本书包含了十几位来自调解领域的知名作者的贡献，他们都巧妙地处理了国际商业调解的广泛方面。因此，本章的主要重点是概述和讨论一系列具体问题，旨在补充本书中其他作者所作的分析。

第 2 章重点讨论了投资调解，并讨论了一些类似于调解的争端预防政策（Dispute Prevention Policies，DPPs）。投资仲裁是解决国际投资争端的默认模式。因此，虽然在其他情况下，仲裁被讨论为替代性争端解决机制（Alternative Dispute Resolution，ADR），但在国际投资法中，替代性通常是指非仲裁或国家法院程序。特别是在这种情况下，ADR 往往是指"软"的、无约束力的程序，如谈判、协商和调解。ADR 有时也用来指 DPPs。

第 3 章的内容如下：首先，第二节通过概述围绕国际商业诉讼、仲裁和调解的法律环境的异同，对国际商业争端解决制度目前如何运作进行了结构性分析。接下来，第三节描述了现有法律制度的各种特征是如何促使各方走向某些程序的，即使这种行为不一定是理性的。然后，第四节讨论了如何重新设计国际争端解决的机制，以使该系统更加有效并优化国家和其他国际行为者认为重要的某些价值。最后，第五节总结了各方面的分析，并提出了一些前瞻性的意见。

第 4 章介绍了同时进行调解的合作模式。作为对投资者−国家调解提出的许多问题的持续审查的一部分，本章回到了"同时"或影子（"Concurrent"or "Shadow"）调解的主题。这里的"同时"或"影子"一词是指第三方中立者的活动将与调解员（或仲裁员）的活动相一致。重点是采用两名调解员，而不是一名调解员的模式，这种方法被称为"团队调解"或"合作调解"。

第二部分共6章，介绍了调解规则和实践中的调解。

第5章试图从ICC的角度围绕国际商业和投资者-国家调解进行思考。在介绍了ICC调解规则的主要特点和国际商会调解服务的灵活性之后，它审视了与提交给ICC国际替代性纠纷解决中心的案件有关的一些趋势。虽然作者研究得出的数据只适用于ICC的案件，但希望与其他机构的研究结果一起，能对跨境商业和投资调解的学术研究有所帮助。本章还探讨了ICC大部分调解案件的来源——调解条款。本章还试图与读者分享ICC在适当起草和使用这些条款方面的经验，提供了两个涉及国家调解的有趣案例，这可能也是推广使用投资调解的一个宝贵工具。本章最后表明，只有投资于教育未来的争端解决者，如ICC的国际商事调解竞赛，才能更好、更多地使用国际商业和投资调解。

第6章介绍了国际争端解决中心的调解实践和经验。国际争端解决中心（International Centre for Dispute Resolution，ICDR）是美国仲裁协会（American Arbitration Association，AAA）的国际部门，根据其各种规则和程序管理国际仲裁、调解和其他争端解决服务。ICDR希望，国际社会将接受调解作为一种有价值的争端解决程序，各方将调解纳入其合同条款，并寻求调解来解决国际争端。调解，作为一个由当事方驱动的过程，允许争端各方积极参与其争端的结果。国际争端解决者明智地考虑将调解作为裁决决议的一个可行的替代方案。ICDR有能力帮助各方作出这一决定，并指导他们完成调解过程。

第7章回顾了与ICSID公约中的调解条款有关的历史背景和起草历史（第二节），然后总结了该公约的调解和仲裁框架之间的相似之处（第三节）和不同之处（第四节）。随后则审查了ICSID的调解实践（第五节），最后对友好解决投资争端进行了展望（第六节）。

第8章探讨了调解在政治风险保险方面可能发挥的作用。它的重点不是调解本身，即调解的规则、原则和技术，而是存在政治风险保险的背景下，确定可以用调解来解决争端的情况，第五节讨论了这种情况。为了确定这些情况，有必要通过几个初步的步骤。首先，第二节讨论了政治风险的定义。第三节接着讨论了防范政治风险的方法。最后，第四节简要介绍了政治风险保险的一些主要提供者。

第9章讨论了亚洲区域调解中心日益增长的重要性。现代商业调解模式首先在美国流行，后来主要由其他普通法系国家（如澳大利亚、英国和新西兰）采用，亚洲对这一模式的研究已经有一段时间了，但直到过去十年，它才真正成为该地区争议各方的首选争端解决方式。反过来，这种成功导致了区域调解中心的建立，以及仲裁机构、政府、法律和律师协会以及其他机构集中努力在亚洲地区推广其本地服务。

第 10 章介绍了欧洲商事调解情况，包括欧洲联盟（EU）在国际层面的行动。它介绍了这一领域的主要文书，特别是 2008 年 5 月 21 日第 2008/52 号关于民商事调解某些方面的指令，以及专注于消费者事务的具体文书，特别是第 2013/11 号关于消费者替代性争议解决方式的指令和第 524/2013 号关于消费者在线争议解决方式的条例，包括对这些文书的评价或初步经验。本报告还考虑了欧盟的具体部门举措——金融服务的跨境庭外投诉网络。本报告进一步强调了欧盟在国际层面的相关举措，特别是正在筹备的关于承认和执行民事及商业事项判决的世界公约（预计将包括执行司法和解）和关于执行和解协议的国际公约和/或示范法。报告研究了这些不同的倡议和文书之间的关系，并对欧盟跨境商业调解的未来进行了思考。

第三部分共 5 章，介绍了商事和投资纠纷的专题调解。

第 11 章揭示了调解和相关安排在批发金融业中的潜力，但不包括仲裁。近年来，人们对金融领域的调解越来越感兴趣，尽管据说调解落后于它的潜力，这首先是由于市场参与者的不了解，或者认为调解本身不适合于解决金融纠纷的印象。为了证明这一说法，本章的中心内容是调解批发金融纠纷的潜在好处（第二节）和限制（第三节）。本章的结论是，金融市场的调解范围仅限于金融机构之间相关关系的非金融方面，立法者有必要澄清并支持在批发金融纠纷方面使用调解，包括法院附设调解的情况（第四节）。

第 12 章介绍了主权债务纠纷的调解。当经济危机导致一个国家无法偿还债务时，主权债券持有人和国家必须谈判达成新的融资协议。然而，各种因素破坏了这种集体谈判，导致许多债权人通过诉讼或最近的投资仲裁企图全部收回他们的投资。对这些机制的批评者认为，它们不仅破坏了未来的重组努力，而且还破坏了在发生经济危机的时候，它们会进一步消耗国家急需的资金，并推迟经济复苏。本章探讨了投资调解是否以及如何为解决主权债务争端提供有利的补充手段。

第 13 章介绍了国际能源争端的调解。作者认为，能源争端中的调解实践远比争端解决和能源法的教科书所认为的要多，而且，作为加强各方友好和快速解决的一种方式，它的前景可以——而且确实应该——更广阔。如果上述问题得到充分的解决，前景肯定会更加光明。

第 14 章解释了世界知识产权组织（World Intellectual Property Organization，WIPO）调解规则下程序的主要特点，以及这些程序是如何在案例中应用的。本章还提供了 WIPO 争端解决示范条款，并讨论了条款起草的关键要素。

第 15 章本章首先确定了最常见的建筑纠纷（第二节），并对替代性纠纷解决方法进行了总体概述（第三节）。在描述不同的方法时，它同时探讨了服务提供者和趋势。第四节提到了争议委员会，因为它们的使用在最近几年有所增加。第五节特别考虑了裁决是作为一种法定机制存在。第六节讨论了调解的意义，以及尽管调解有多种优势，但承包商和律师对其认识不足。最后，它提供了基本的建议和参考，从中选择和起草争端解决条款（第七节）。报告最后提出，避免争端比解决争端更可取，中立者的早期调解有利于项目的最终完成（第八节）。

第四部分共 4 章，介绍了商事和投资争端调解中的特别议题。

第 16 章试图通过研究用户在选择国际商事调解员时应考虑的素质、收集潜在备选人信息的过程、审查入围备选人的过程以及与选择国际商事纠纷调解员有关的特殊问题，来提炼并加强对调解员选择的理解。第二节讨论了各方在选择国际商事争端调解人时应考虑的目标。此外，这些章节还探讨了当事方在选择过程中应考虑的某些个人特征，并确定了当事方在选择国际商事调解人时应考虑的程序取向。第三节讨论了各方可用来收集调解人信息的机制，从而建立一个合适的备选人库。第四节审查了审查入围备选人的机制，包括与备选人的面谈和推荐信。最后，第五节讨论了与挑选调解人有关的两个特殊问题：最初未能就备选人达成一致，以及任命后对调解人失去信任和信心。

第 17 章探讨了国际仲裁中保密性和透明度辩论的起源，以及它在仲裁环境中是如何展开的。与调解一样，仲裁的一个广泛理解的特点是仲裁程序的保密性，无论是通过当事人的协议还是通过仲裁法的运作（不同的司法管辖区可能不同）。虽然仲裁程序的保密性在许多司法管辖区的商业背景下继续存在，但在过去的二十年里，ISDS 出现了透明度明显增加的趋势。为了提高投资领域的透明度，采取了各种机制来提高透明度水平。其中包括修订机构规则，如《国际投资争端解决中心仲裁规则》，制定 UNCITRAL《基于条约的投资者与国家间仲裁透明度规则》（透明度规则），以及将透明度标准纳入国际投资协定（International Investment Agreement，IIA）。

第 18 章介绍了商事和投资调解员的行为守则：努力实现一致性和普遍的全球方法。随着调解的使用在世界各地的增长和发展，如何最好地确保调解人遵守一套共同标准的问题变得越来越重要。许多利益攸关方认为，这对于建立调解的信心和建立调解人的信誉至关重要，而这又是继续采用和发展调解的基本要求。本章旨在有选择地提供欧洲（第二节）和全球（第三节）的一些关键调解员行为守则的概述，这些守则在撰写本报告时已经存在。特别是它研究了采用这些守则如何能促进更大的一致性。

第19章介绍了新加坡新的跨境调解解决公约。2018年2月9日，联合国国际贸易法委员会第二工作组完成了为期三年的跨境调解协议公约起草工作。作者从一个积极的"观察员"的角度而不是以国家代表团成员的身份来介绍这一公约。作者代表着两个具有观察员地位的非政府组织，即国际调解协会（International Mediation Institute，IMI）和国际调解人学会（International Academy of Mediators，IAM），参加了三年来的大多数起草会议，并参加了多次讨论。作者介绍了仲裁员、调解员以及25年来争端解决领域的全职学者的观点，他们定期撰写关于谈判、调解和国际冲突解决的文章。作者希望这一章将有助于为今后讨论和选择提供信息。

【本书目录】

前言

第一部分　商事和投资调解：边界、趋势和前景

第1章　调解在国际商事争端中的作用：对一些技术、伦理和教育挑战的思考

第2章　在乌托邦和现实主义之间：调解与投资争端的解决

第3章　将国际商事仲裁的经验教训应用于国际商事调解：争端系统设计分析

第4章　同时进行合作调解模式：在投资者与国家之间的争端解决中建立更具协作性的重心

第二部分　调解规则和实践中的调解

第5章　国际商会调解：铺平前进的道路

第6章　国际争端解决中心的调解实践和经验

第7章　国际投资争端解决中心调解规则的实践

第8章　政治风险保险和调解

第9章　亚洲区域调解中心日益增长的重要性

第10章　欧盟跨境商事纠纷的调解

第三部分　商事和投资纠纷的专题调解

第 11 章　金融纠纷的调解

第 12 章　主权债务纠纷的调解

第 13 章　国际能源争端的调解

第 14 章　世界知识产权组织调解：在法院之外解决国际知识产权和技术纠纷

第 15 章　国际建筑争端中的调解和其他替代性纠纷解决方式

第四部分　商事和投资争端调解中的特别议题

第 16 章　调解员的选择

第 17 章　商事和投资调解中的保密性和透明度辩论

第 18 章　商事和投资调解员的行为守则：努力实现一致性和普遍的全球方法

第 19 章　新的新加坡跨境调解解决公约：一种关键选择

Part Ⅰ　Commercial and Investment Mediation：Boundaries，Trends and Outlook

Chapter 1　The Role of Mediation in International Commercial Disputes：Reflections on Some Technological，Ethical，and Educational Challenges（Katia Fach Gómez）

Chapter 2　Between Utopia and Realism：Mediation and the Settlement of Investment Disputes（Catharine Titi）

Chapter 3　Applying the Lessons of International Commercial Arbitration to International Commercial Mediation：A Dispute System Design Analysis（S. I. Strong）

Chapter 4　Concurrent Co-Mediation-Toward a More Collaborative Centre of Gravity in Investor-State Dispute Resolution（Jack J. Coe，Jr.）

Part Ⅱ　Mediation Rules and Mediation in Practice

Chapter 5　ICC Mediation：Paving the Way Forward（Alina Leoveanu and Andrija Erac）

Chapter 6　The International Centre for Dispute Resolution's Mediation Practice and Experience（Eric Tuchmann，Tracey B. Frisch，Giovanna Micheli，and Yanett Quiroz）

Chapter 7　The ICSID Conciliation Rules in Practice（Frauke Nitschke）

Chapter 8　Political Risk Insurance and Mediation（Kaj Hobér）

Chapter 9   The Growing Importance of Regional Mediation Centres in Asia (Danny McFadden)

Chapter 10   Mediation of Cross-Border Commercial Disputes in the European Union (Karen Vandekerckhove)

Part Ⅲ   Subject-Matter Mediation of Commercial and Investment Disputes

Chapter 11   Mediation of Financial Disputes (Ilaria Forestieri and Philipp Paech)

Chapter 12   Mediating Sovereign Debt Disputes (Calliope Sudborough)

Chapter 13   Mediating International Energy Disputes (Peter Cameron and Abba Kolo)

Chapter 14   WIPO Mediation: Resolving International Intellectual Property and Technology Disputes Outside the Courts (Heike Wollgast and Ignacio de Castro)

Chapter 15   Mediation and Other ADR in International Construction Disputes (Alberto Fortún and Alfonso Iglesia)

PART Ⅳ   Special Topics in the Mediation of Commercial and Investment Disputes

Chapter 16   Selection of Mediators (Charles H. Brower II)

Chapter 17   The Confidentiality and Transparency Debate in Commercial and Investment Mediation (Chester Brown and Phoebe Winch)

Chapter 18   Codes of Conduct for Commercial and Investment Mediators: Striving for Consistency and a Common Global Approach (Joe Tirado and Elisa Vicente Maravall)

Chapter 19   New Singapore Convention on Cross-Border Mediated Settlements: Key Choices (Hal Abramson)

《武装冲突中的投资和人权》

叶巧华

书名：*Investment and Human Rights in Armed Conflict*

作者：Daria Davitti

出版：哈特出版社 2019 年版

【作者简介】

Daria Davitti 在瑞典隆德大学（Lund University）法学院担任国际公法副教授。在加入学术界之前，她曾担任联合国阿富汗援助团（联阿援助团）（UN Assistance Mission in Afghanistan，UNAMA）的人权实地官员、联合国人权事务高级专员办事处（UN Office of the High Commissioner for Human Rights）的顾问，以及各种人道主义非政府组织的监测、评估和性别问题官员。Daria Davitti 同时是 IEL 集体的创始成员，也是发展金融新前沿（New Frontiers in Development Finance，NeF DeF）指导委员会的成员。

【专著内容】

这本书分析了冲突国家在自然资源开采背景下如何有效利用国际人权法（International Human Rights Law，IHRL）和国际投资法（International Investment Law，IIL）。它具体分析了国际投资法保护对东道国经济、社会和文化权利（Economic，Social and Cultural Rights）的平行保护，特别是水权的影响。作者认为目前的回应并不令人满意，并批判性地提到"保护、尊重和补救"框架和《商业与人权指导原则》（*Guiding Principles for Business and Human Rights*）（联合框架）的出现是一种可能的分析工具。作者通过该框架"重新校准"国际投资法的优缺点，然后调查了这种重新校准对参与长期武装冲突的东道国——阿富汗的国际人权法和国际投资法相互作用的影响。通过阿富汗这一具有代表性的例子，这本书展示了一个法律分析的实践层面。它独特地描述了武装冲突持续肆虐、全面经济结构调整远离公众视线的东道国国内这两大国际法体系之间难以捉摸的交集。本书共分为5章。

在第1章中，作者概述了冲突背景下采掘活动对人权的影响，强调了冲突东道国吸引外国投资的必要性与保持其执行公共政策的监管能力，包括尊重、保护和实现其人民人权之间的紧张关系。至关重要的是，采掘活动有可能会加剧本已岌岌可危的政治、经济和人权状况，使平民陷入武装冲突。作者还阐明了国际人权法和国际投资法赋予关键术语"保护"的不同含义。作者认为，应当以最终防止侵犯人权的方式，认真处理采掘活动的影响和向其提供的国际人权法保护的影响。在本章的最后一节中，作者还谈到了阿富汗自然资源开采的具体情况，指出了建立有效的人权保护机制防止企业滥用的三大挑战，包括：使用软法机制来解决公司侵权行为的普遍趋势、人权实地行动确定优先权的方式、最终形成阿富汗长久冲突的复杂政治背景。理解这些挑战对于作者在接下来的章节中进行的分析至关重要。

在第2章中，作者探讨了在武装冲突局势中根据国际投资法保护外国投资的法律框架，特别关注投资保护的四个标准，在最近的投资仲裁裁决中，这些标准一直处于投资与人权关系的接口。它们包括：公平公正待遇（Fair and Equitable Treatment，FET）、充分保护和安全（Full Protection and Security，FPS）、防止征收、最惠国待遇（Most-Favoured Nation，MFN）。鉴于这项研究的范围，作者还考虑了投资条约中有时包含的特殊条款，即所谓的"战争条款"，以扩大或限制武装冲突情况下的适用保护。

虽然本书的研究重点是冲突地区采掘业的外国投资，但本章讨论的一些案例可能与采掘业或武装冲突局势没有直接关系。这是因为在本章中，作者概述了通过投资仲裁员的推理制定保护标准的方式，目的是了解这些标准的范围及其是如何侵犯人权保护的。对这些投资保护标准的调查也是分析本书剩余部分与国际人权法相互作用的第一步。

第1章侧重于武装冲突局势中，国际投资法保护的性质和范围：国际投资法的目标是在某种程度上，使外国投资免受政治变化带来的潜在风险，而政治变化可能会对投资结构所处的监管环境产生负面影响。理解投资保护的关键在于"投资"一词的未定义和不断演变的性质，以及投资仲裁员在定义各种保护标准的内容和适用性时采用的扩展方法。为了讨论国际法与国际人权法之间的相互作用，作者讨论了相关的投资裁决，以表明投资的定义越来越多地留给仲裁员，由仲裁员根据具体情况决定什么是投资。通过这样做，他们不断重塑自己管辖权的范围，以及根据国际投资法保护的合法范围。

在第 2 章中，作者分析了与本研究项目最相关的四项投资保护标准（FET、FPS、征收保护和最惠国待遇）和战争条款，通过观察这些标准和条款通过仲裁庭的解释而演变的方式，作者考虑了已向公众提供的相关裁决。因此，作者主要审查国际投资争端解决中心（International Centre for Settlement of Investment Disputes，ICSID）投资法庭的工作，因为自 2006 年 4 月 ICSID 仲裁规则修正案以来，这项工作变得更容易获得。通过制定与武装冲突局势下的投资保护最相关的实质性投资标准，本章的分析为进一步讨论国家保护外国投资者的义务有时与保护人权免受在冲突东道国投资的采掘公司损害的平行义务重叠和冲突铺平了道路。

在第 3 章中，作者通过概述水权的法律基础和规范性内容，分析了与本研究相关的人权保护法律框架，概述了导致水权框架化的争议，以适应而非对比自由市场对水的私有化、商品化和商业化需求的争议。然后，作者将重点讨论来自这项权利的国家义务，包括领土和域外义务。作者首先解释选择这一权利的原因及其与阿富汗背景的相关性。然后，研究了这项权利的争议内容及其法律基础，因为正如我们将看到的那样，水权主要是《经济、社会、文化权利国际公约》（International Covenant on Economic, Social and Cultural Rights，ICESCR）第 11 条第 1 款规定的适足生活水准权的一个组成部分。对法律基础的分析旨在消除关于水权的非法律性质的一些错误假设，并有助于讨论与这项权利有关的义务，这是本章的主要重点。接下来，作者考察了缔约国义务的三方性质——尊重、保护和实现经济、社会和文化权利（ESC权利），并讨论了《经济、社会、文化权利国际公约》第 2 条第 1 款规定的具体义务，试图根据缔约国受约束的即时生效义务，为逐步实现的概念提供内容。作者关注与本研究最相关的即时生效义务，即最低核心义务。然后，作者通过阐明水权的规范性内容，概述了与水权有关的核心义务和非核心义务，并解释了通过国际援助与合作的视角分析的最大可用资源的概念。后一种分析对于澄清国家的域外义务（Extraterritorial Obligations，ETO）至关重要，并为进一步讨论第 4 章中国际投资法和国际人权法之间的交叉点，以及第 5 章中母国的更高义务和阿富汗等冲突国家投资者的更高责任奠定了基础。

在第 4 章中，作者通过分析国际人权法和国际投资法两个主要的宏观领域，详细探讨了国际人权法和国际投资法之间交叉的性质，在这两个宏观领域，国际法的这两个分支之间的当前关系呈现出冲突的维度。首先，作者关注投资义务可能直接或间接阻碍国家监管能力的方式，尤其是在与保护人权有关的领域。作者用了四个关键的仲裁裁决来发展论点。在研究这四项裁决时，作者认为，关注反诉或国际法与国际人权法之间的其他"协调"和再平衡方法只会有助于这些国际法体系的合法化和自我保护，从而进一步巩固支持和维护这些体系的基本意识形态结构。这四项裁决加在一起，也表明了国际投资法的某些条款在多大程度上以不同的方式和不同的水平与人权保护发生了严重交叉和侵犯人权。至关重要的是，公平公正待遇似乎是投资法庭加强和发展外国投资保护的关键标准，尽管它们的解释方法缺乏一致性和连贯性。国际投资法系统缺乏内在确定性，这引起了评论员的担忧，尤其是国际投资法项目的系统合法性。

作者选择的第二个宏观领域，它与投资条约仲裁本身的当前性质有关。作者研究了它的起源和程序，以便批判性地评估它是否适合解决与公共领域有关的争端。作者的目的是证明，特别是由于国际投资法的意识形态基础，以及投资条约仲裁最初所依据的争端解决制度的私法性质，存在固有的缺陷，使其根本不适合作为公法中的一种裁决性审查机制。这些缺陷不仅引发了有充分理由的批评，还引发了一系列关于如何确保国际投资法恢复其合法性的建议。在本章的最后一部分，作者提出了最受欢迎的建议，以调和国际投资法和国际人权法之间现有的紧张关系，即反复呼吁在"投资者权利"和人权之间取得平衡。

在第 5 章中，作者考虑了 2005 年至 2011 年制定的商业与人权框架，该框架是联合国前秘书长、商业与人权问题特别代表（Special Representative of the Secretary-General on Business，SRSG）工作的一部分。作者分析了该框架的内容，更具体地说是联合国商业与人权指导原则（United Nations Guiding Principle，UNGP），并强调了作者认为的弱点，考察了联合国大会所载的标准是否可以成为在武装冲突局势中实现人权和投资保护的有用工具。因此，在本章中，作者特别关注联合国大会的原则 7 和原则 23（c），以及与之密切相关的其他原则，看看它们能否帮助在冲突地区采掘业投资的背景下澄清国家（东道国和母国）义务和商业责任的内容。

【本书目录】

导言

第 1 章　冲突国家的采掘业投资：阿富汗局势

第 2 章　相关法律框架：冲突环境中的投资保护

第 3 章　人权保护的相关法律框架：ESC 权利和水权

第 4 章　人权与投资：分析关系

第 5 章　商业与人权：武装冲突中投资和人权保护的工具？

结论：对阿富汗的影响

Introduction

Chapter 1　Extractive Sector Investment in Conflict Countries：The Situation in Afghanistan

Chapter 2　The Relevant Legal Framework：Investment Protection in Conflict Settings

Chapter 3　The Relevant Legal Framework of Human Rights Protection：ESC Rights and the Right to Water

Chapter 4　Human Rights and Investment：Analysing the Relationship

Chapter 5　Business and Human Rights：A Tool for Investment and Human Rights Protection in Armed Conflict？

Conclusion：Implications for Afghanistan

《私行为主体作为国际法参与者：
对海洋法下主体资格的批判性分析》

王亚春

书名：*Private Actors as Participants in International Law*：*A Critical Analysis of Membership under the Law of the Sea*

作者：Armando Rocha

出版：哈特出版社 2021 年版

【作者简介】

Armando Rocha 是葡萄牙天主教大学（Universidade Católica Portuguesa, UCP）的博士，本书便是在其博士论文的基础上修改而成。

【专著内容】

本书一共分为 6 章。

第 1 章，引出问题。私行为主体是国际法上的权利拥有者吗？这是一个有争议的问题，国际法仍缺乏私人主体资格的既定概念或标准。本书中所说的私行为主体包括有国内法支持的个人或法人，例如公司、基金会、协会或非政府组织。本书的目的是证明，解释是促进私人参与国际法的有力工具。

为了评估国际法中的私人参与，作者列举了国际法规则赋予私行为主体的权利和义务，讨论了国际法中对私人参与的解释性偏见，及其三种表现方式。第一，面对模棱两可措辞的条文，将私行为主体排除在外；第二，尽管规则措辞明确，但排除或限制私行为主体的作用；第三，缺乏对系统解释和跨界互动的正确理解。

在第 2 章中，首先阐述了一个观点：国际法对国家或私人主体资格的态度是不可知的，即它是中立的，但对国家和私人参与是开放的。传统观点认为，在特殊情况下，如果私行为主体拥有特定国际法规定的权利或义务，便有权行使此类权利，可视为特定制度下的国际法人。但作者并不认同此观点，他认为此种假设是反事实的，方法上也是不准确的，实际上是剥夺国际法中私行为主体权利的工具。因此，作者假定不存在国际法律人格，因为私行为主体具有单一的法律人格，该资格优先于任何特定的法律秩序，且在所有法律秩序下（包括国际法）都是有效的。

第3章介绍了解释性偏见的第一种表现形式：面对模棱两可的措辞，将私人权利排除在外。本章分析了《海洋法公约》（*Law of the Sea Convention*，LOSC）中规定的航行权利，特别提到了无害通过权和赔偿权的详细法律制度。这些权利分配给船舶，而不是国家或私行为主体，但对其结构及事前事后责任的分析表明，私行为主体是 LOSC 航行权利的最终持有者。因此，这证明了国际法中解释性偏见的影响：排除了对特定法律规则可能的、替代性的解释，不是因为该规则不能容纳这种解释，而是因为解释者对私行为主体的偏见。

第4章介绍了解释性偏见的第二种表现形式：尽管规则措辞明确，但排除或限制私行为主体的作用。作者以私人矿工为例，其拥有 LOSC 第 11 部分规定的权利和义务（实质性和程序性），以及 LOSC 第 292（2）条授权其代表船旗国及时提交释放申请。在第一种情况下，只有通过将私人采矿者的国际法律地位与其担保国（Sponsor State）联系起来；在第二种情况下将私人申请人与船旗国联系起来，才有可能根据 LOSC 授予这种权利和义务。在这两种情况下，尽管措辞明确，但国际法中对私人参与的偏见干扰了条约解释，限制私人矿工的作用，并将私人申请人排除在 LOSC 之外。

第5章介绍了解释性偏见的第三种表现形式：缺乏对系统解释和跨界互动的正确理解。结合海洋法和人权法，本章讨论了《欧洲人权公约》（*European Convention on Human Rights*，ECHR）和 LOSC 之间的互动如何揭示私行为主体的权利。这种互动并不新奇，但在海洋法中，对碎片化和跨界互动的认识相对较新：作为一种特殊制度，海洋法几乎不会与一般国际法或其他特殊领域发生互动。这就解释了为什么保护生命和禁止奴隶制被纳入 LOSC，却与人权法所表达的意义不同。然而，如果两个领域共用一个传统准则，则人权条约可适用于 LOSC，且应结合起来解释 LOSC 和人权条约。如果抛弃解释性偏见，作者得出一个结论：如果在 LOSC 下某些规范涉及国家主权，跨界互动有可能将这些权力转变为国家对私行为主体的义务。

【本书目录】

第 1 章　引言

第 2 章　私行为主体作为法律主体

第 3 章　揭示私行为主体的权利

第 4 章　狭义解读明确的私行为主体权利

第 5 章　认真对待系统解释

第 6 章　结论

Chapter 1　Introduction

Chapter 2　Participation of Private Actors as Subjects of Law

Chapter 3　Unveiling Private Actors' Entitlements

Chapter 4　The Narrow Reading of Explicit Private Actors' Entitlements

Chapter 5　Taking Systemic Interpretation Seriously

Chapter 6　Conclusion

《数字时代的监控与隐私：
欧盟、跨大西洋和全球视角》

李通敏

书名： *Surveillance and Privacy in the Digital Age：European，Transatlantic and Global Perspectives*

作者： Valsamis Mitsilegas and Niovi Vavoula 等

出版： 哈特出版社 2021 年版

【作者简介】

Valsamis Mitsilegas，伦敦玛丽女王大学（Queen Mary University of London）教授、刑事司法中心主任。其研究领域包括：欧洲刑法领域；移民和庇护；安全和人权，包括大规模监控对隐私的影响以及跨国犯罪包括有组织犯罪和洗钱的法律应对措施。

【专著内容】

数字时代监控的演变和扩散对基本权利产生了什么影响？本书从欧洲、跨大西洋和全球视角对该问题进行了分析与评价，主要了关注四个关键角度：数字化、私有化、非政治化或者非立法化和全球化。本书还探讨了跨部门的问题，通过对私营企业与国家合作的要求来研究私有化问题。最后，本书着眼于全球化数字世界中的法律适用。这本书探讨了大量的前沿问题，为我们在这个新的数字环境中理解隐私作出了重大贡献。本书一共分为 10 章。

在第 1 章中，作者讨论了数字领域对跨国调查的传统刑法的司法个人权利观念的挑战。在欧盟成员国的紧密联系区域内，交换证据仍然需要国内取证权力机关的协助。尽管如此，欧盟委员会提议的"电子证据数据包"（E-evidence Package）还在商议和讨论之中。但是，将通过签署直接的强制性跨境合作法律文件简化对相关机构储存云空间内信息的访问程序。这个数据包类似于已被美国采纳的立法——《云法案》（Cloud Act）。此外，作者采用了批判性的研究方法，概述了人权和法治观的立法发展。为此，作者首先阐述了传统上跨境证据共享的作用和不断深化的数字化带来的挑战。随后，作者审查了必须从云端下载的跨境证据信息传输的欧盟途径与美国途径，并重点关注了数字时代的个人权利保护。大洋两岸的国家新立法允许直接跨境获取云计算信息但是却没有规定个人权利的保护，特别是尊重私生活将司法协助的传统置于危险之中。最后，作者提出是否跨境信息交换需根据证据的保存方式不同而作出不同的处理。

在第 2 章中，作者将欧洲委员会的两项立法提案和两种一般方式作为论述的前提和跳板。首先，在指出欧盟当下适用的司法协助模型的局限以及非正式直接协作的出现是实践对模型局限的回应后，作者以欧盟法律为基础论述了欧盟委员会电子证据立法提案的主要特征。其次，作者详尽地分析了备受争议的改革措施并提出了立法方面的解决方案。并且，作者还更进一步分析了欧盟面临的主要立法困境的关键点，即直接协作是否应当超越欧盟自由、安全和正义区（EU Area of Freedom, Security and Justice, AFSJ）被正式化和标准化，或是选择更传统的"EIO+"《欧盟调查指令》（European Investigation Order, EIO）的解决方式。最后，作者认为上述关键点恰好是直接协作与互相承认判决和裁决的契合点，并研究了其与《欧盟调查指令》、欧盟政策的关系和可能造成的影响、欧盟法院（Court of Justice of the European Union, CJEU）在数据保留方面的判例法以及欧盟有关数据保护的现行法律。

在第 3 章中，作者强调互联网已经逐步变成了犯罪实施或者计划犯罪的工具之一。因此，互联网很有可能存储了大量有关犯罪行为的重要信息，其中包含了执法部门所需的证据和预防犯罪的信息。作者认为网络服务提供者将用户或其他信息存储在云端的行为，导致了犯罪行为的发生地和实际证据的所在地不同，因而受不同法律的规制。作者提出上述情况不仅给法律的实施带来了挑战，更产生了对人和社会都至关重要的问题。作者在本章中解释并回答了相关问题。其中包括：如何更好地平衡执法过程中的公共利益和个人的隐私权？如何解决在披露证据问题上的法律冲突？当面临政府的信息披露要求时，网络服务提供者对其用户利益的捍卫应当到何种程度？

在第 4 章中，作者认为《云法案》是美国用于解决司法协助问题的错误方案。它降低了全球范围内个人隐私的保护等级，解除了私人企业保护人权的责任，也同时反映了国家对权利的不尊重。首先，作者分析了非执法部门请求获得美国公司数据的问题。其次，作者介绍了司法协助程序的细节，包括如何提供有力的人权保障和如何保证相关规则的可预测性。此外，作者还分析了《云法案》提供的替代性框架，认为它破坏了对美国境内外用户的核心保护措施，为企图侵犯人权的人打开了大门。最后，作者研究了美国公司在减轻《云法案》框架带来的威胁方面可以采取的措施。

在第5章中，作者集中论述了责任化（Responsibilization）的第三次浪潮，即数据时代监控的私有化。作者主要研究了在跨国和全球执法不断发展背景下安全化和私有化之间的联系，以欧盟法律为基础，重点关注了全球反洗钱（Global Anti-money Laundering，AML）制度的萌生以及泛大西洋区域为应对"9·11"事件后恐怖主义威胁而允许国家机关获取航空旅客信息的问题。但是，这并未导致公私协作方式的消失，相反其呈现出不断扩张和进化的状态。随着反洗钱制度和乘客姓名记录（Passenger Name Records，PNR）制度的发展，作者认为数字时代的监控私有化包含私主体的数据收集行为和公私两者的后续处理行为。其中，作者认为这些数据包括日常生活中产生的个人数据和表面合法行为产生的数据。为此，作者研究了数字世界中监控私有化的分类问题，分析了私有化对保护基本权利和法律规范的影响，分别评价了私主体所应承担的维护社会安全的多项监控义务。

在第6章中，作者主要研究了欧盟的《互通性规则》（Interoperability Regulations）对基本权利的影响，尤其是对生活隐私权和个人数据保护的影响。其次，作者回顾了欧洲为第三国公民建立的集中式数据库发展的三个时期，提供了支撑其运作的关键共同特征，为后续的分析研究提供信息支持。随后，作者通过研究适用《互通性规则》早期阶段的情况，分析评价了其主要内容并研究了这方面的一系列问题，并主张互通性无法解决现行法律依据和底层操作系统的缺陷，而信息的聚集会进一步加剧对保护隐私的挑战以及凸显现有底层系统的不足之处。最后，作者阐述了自己有关互通性未来发展的看法。

在第7章中，作者研究了中国目前正在形成的数字化社会的特点，质疑这样的数字化转型能够在多大程度上促进国家监控的建设，并且讨论了这样一种转型对欧盟的影响。其次，作者用政党国家与行业之间的紧密合作过程呈现现在的数字化进程，即全球化和本地化的驱使的一种动态的转型过程。这种过程既为政党国家提供了确保权力合法性的机会，也带来了平台随意发表批判言论和境外势力渗透的负面风险。此外，作者还研究调查了中国最近的立法和政策，例如社会征信系统（Social Credit System）对中国建设监控性国家的推动作用。最后，作者通过分析《服务贸易总协定》（General Agreement on Trade in Services，GATS）、

《欧盟通用数据保护条例》（*EU General Data Protection Regulation*，GDPR）、《欧盟外国投资审查条例》（*EU Foreign Investment Screening Regulation*，FISR）、《欧盟人工智能白皮书》（*EU Artificial Intelligence White Paper*）中的相关内容，研究了中国建设数字化国家对欧盟的多重影响。

在第 8 章中，作者研究了联合国层面的国际人权标准的应用情况，以解决国际社会正在寻求的大规模监控合法性的问题，并且探讨了限制国家权力机关大规模监控这一新共识对国家、个人甚至是对其他国家的影响。为此，作者研究了国际社会如何为其自身的政治意愿发声并最终能在联合国大会（UN General Assembly）上达成合意，重新审查了《公民权利和政治权利国际公约》（*International Covenant on Civil and Political Rights*，ICCPR）中有关隐私权的内容，阐述了在斯诺登（Snowden）揭露大规模监控的丑闻后，联合国在面对大规模监控时如何就保护隐私权达成合意，解释了联合国大会所采纳的观点应当被国际社会采纳的理由。最后，作者总结了国际人权中的隐私权的性质。

在第 9 章中，作者介绍了不断变化的数据和隐私保护以及监控，阐述了欧盟法律框架内与之相关的执法目的问题。其次，分析了欧盟判例中所呈现的"相称性"的要求，相关责任组织和数据保护机构（Data Protection Authorities，DPAs）为此所作的贡献以及欧盟法律的局限性。此外，作者还总结了自 2018 年 5 月适用新数据保护框架以来发生的巨大变化，为进一步研究提出了众多的建议。

在第 10 章中，作者探讨了大规模监控下的刑法合法性原则和特务部门的情报工作。其次，作者分析了欧洲法院是如何在判例法中回应知情与合法性的，分析了"克拉斯诉德国"案（Klass and Others v. Germany）和"马龙诉英国"案（Malone v. the United Kingdom）的历史重要性。其次，作者又介绍了"胡维格诉法国"案（Huvig v. France）中确立的可预测性要求、"乌尊诉德国"案（Uzun v. Germany）中所创建的补充性框架：法律限制随着监控的减少而减少、及"塞戈斯泰特诉瑞典"案（Segerstedt Wiberg and Others v. Sweden）等案例。随后，通过分析上述案例，作者认为欧洲法院成功确立了可预测性的要求，同样的标准应当被应用于《欧盟基本权利宪章》（*EU Charter on Fundamental Rights*）中测试监控的兼容性。最后，作者指出了现行法律在合法性测试方面的局限性。

【本书目录】

第 1 章　跨境获取和交换电子证据：云计算对人权和法治的挑战

第 2 章　剑、盾与云：刑事案件电子证据是否要朝着公私协作指令的欧盟体系发展？

第 3 章　欧盟委员会的电子证据倡议：协调欧盟电子证据获取规则

第 4 章　美国《云法案》：损害人权的立法

第 5 章　数字时代监控的私有化

第 6 章　欧盟信息系统在"全景"联盟中的互通性：是使用第三国国民数据方面的重大飞跃还是保护基本权利方面的倒退？

第 7 章　数字时代的隐私与监控：中国建设监控型国家的跨国影响

第 8 章　通过联合国人权法律文件限制国家监控地图

第 9 章　数据保护和监控：欧盟法律的视角

第 10 章　欧洲监控法律框架：欧洲法院复制欧洲人权法院的扩大合法性测试方法

Chapter 1　Cross-Border Access and Exchange of Digital Evidence: Cloud Computing Challenges to Human Rights and the Rule of Law

Chapter 2　Sword, Shield and Cloud: Toward a European System of Public-Private Orders for Electronic Evidence in Criminal Matters?

Chapter 3　The Commission's E-evidence Initiative: Harmonising EU Rules on Access to Electronic Evidence

Chapter 4　The US CLOUD Act: Legislation that is Bad for Human Rights

Chapter 5　The Privatisation of Surveillance in the Digital Age

Chapter 6　Interoperability of EU Information Systems in a "Panopticon" Union: A Leap Towards Maximised Use of Third-Country Nationals' Data or a Step Backwards in the Protection of Fundamental Rights?

Chapter 7　Privacy and Surveillance in a Digital Era: Transnational Implications of China's Surveillance State

Chapter 8　Mapping Limitations on State Surveillance through the UN Human Rights Instruments

Chapter 9　Data Protection and Surveillance: The Perspective of EU Law

Chapter 10　One European Legal Framework for Surveillance: The ECtHR's Expanded Legality Testing Copied by the CJEU

《国际能源投资中的稳定性与合理期待》

冯丽芳

书名： *Stability and Legitimate Expectations in International Energy Investments*

作者： Rahmi Kopar

出版： 哈特出版社 2021 年版

【作者简介】

Rahmi Kopar 是土耳其 Ankara Yildirim Beyazit 大学法律系的成员。他于 2013 年在维也纳大学（the University of Vienna）获得欧洲和国际商业法的法学硕士学位，并于 2010 年在伊斯坦布尔商业大学（the Istanbul Commerce University）获得法学学士学位。2019 年他在邓迪大学（the University of Dundee）能源、石油和矿产法律与政策中心取得博士学位，导师是彼得·卡梅伦教授（Professor Peter Cameron）。目前，Rahmi Kopar 是土耳其的合格律师，于 2011 年获得伊斯坦布尔律师资格。

【专著内容】

本书从合理期待原则的角度评估了"稳定性保障"，为国际能源投资中的稳定性概念提供了一个新的视角。作者通过稳定性和合理期待概念之间的互动分析表明：能源投资者有更大的机会在仲裁法庭上论证他们的案件以获得支持。本书对西班牙、意大利和捷克共和国的最新能源投资仲裁裁决进行了详细分析，并对合理期待辩论的现状及其与稳定性概念的关系进行了思考。作者认为，为了实现稳定性，当争端因东道国的单方行为变更产生时，应采用合理期待原则作为主要的投资保护工具。这部著作对国际能源法、投资条约仲裁和国际投资法感兴趣的学者和从业人员都能提供及时的帮助。本书一共分为 7 章。

第 1 章为引言部分。根据国际能源机构（International Energy Agency, IEA）发布的《世界能源投资报告》，2020 年全球能源投资达到 1.5 万亿美元。这一数字包括能源行业的每个子部门,从煤炭、水力、太阳能和核能发电到上下游石油和天然气投资。在 2019 年新型冠状病毒疾病大流行之前进行的几次设想表明,全球总能源需求和消费将在二三十年内继续增长。到 2060 年,电力需求预计将翻一番,而对石油和其他液体燃料的需求尽管增长率较低且呈下降趋势,但仍会与电力需求同时增长。需求的增长无疑会带来投资需求的增长。在 2035 年之前,人们认为需要大约 40 万亿美元的额外全球投资用于能源供应。尽管 2019 年新型冠状病毒疾病大流行对这些预计投资的全面影响尚不清楚,但仍能肯定,即使速度较慢,能源需求仍将继续增长,对进一步投资的需求仍然存在。作者提出,在能源投资中,合理期待原则在条约框架下发生争议时对保护投资者起着重要作用。当合理期待原则与合同、国内立法或行政代表规定的稳定性保证结合考虑时,能够为投资框架提供额外的稳定性与有力的保护。当没有明确规定时,投资者可能仍然期望东道国通过依赖投资条约下的合理期待原则实现一定程度的稳定性。

第 2 章梳理了国际能源投资、与之相关的风险(尤其是政治风险)、缓解这些风险的方式以及针对这些风险提供的相应保护。本书使用"能源投资"一词的最广泛意义,因为它将包括能源部门中可被视为相关条约项下投资的任何类型的交易。由于本书的主要重点是东道国单方行为的变更以及根据合理期待原则对其提供的条约保护,因此不同类型的能源投资之间的细微差别基本上变得微不足道。然而,由于上游石油行业与政治风险和稳定的概念有着密切的历史相关性,因此它可能对本书论述产生更大的影响。尽管如此,其他章节还将分析几个可再生能源的争端。因此,应该注意的是,能源投资在本书中并不仅仅指石油行业。

第 3 章分析了稳定性的一般概念,特别是各种稳定性保证,并进一步简要概述了稳定性规定的历史。其次是在实践中发现的稳定性规定的定义和类型。关于稳定性规定的一个广泛讨论的问题就是这些稳定性保障的有效性。这一问题有两个方面,一个是文献中关于自然资源永久主权原则的理论讨论,另一个是我们通过仲裁判例法看到的实践方面。本章对有效性的文献和仲裁法理学方面进行分析,并回顾稳定性保障的来源。国际能源投资者可依赖各种来源的法律规定为其投资提供保护。这些来源可以是国际投资合同、东道国的国内法律框架或国际投资协议。本章还讨论了稳定性规定的变化及其作用。曾经,稳定性规定只被视为防止国有化或征用的保护工具;然而,今天,它们被视为投资条约保护的一个重要方面。稳定条款可以在投资合同、法律稳定协议中找到,也可以通过东道国的立法来解决。此外,还可以利用一些实质性的条约标准,为投资环境提供稳定性保证。这些来源中的每一个都会对投资提供的保护范围产生不同的影响。

第 4 章主要是追溯合理期待原则的根源，并提出投资仲裁庭适用合理期待原则是完全正当的主张。在国际投资法下，实际上，关于这一原则的根源，有两种主要观点，它们都证明了使用这一原则的正当性。第一种观点认为，这一原则源于国内法，并认为这一原则已得到充分的广泛承认和适用，可以享有一般的法律地位原则。第二种观点认为，合理期待原则源于诚信，诚信本身就是一项普遍的法律原则。本章认为，无论选择哪种观点，都可以证明仲裁庭适用该原则是正当的。之所以如此，是因为仲裁庭不受国内法对法律原则的解释或适用的约束，而是可以根据投资法的要求调整这些原则，并相应地加以适用。

第 5 章旨在介绍投资条约仲裁判例下合理期待原则的范围及其最新状态。该原则的轮廓尚不明确，但仍在发展中。这本书处理的主要问题之一就是合理期待原则应用中的模糊性和不一致性。因此，本章旨在划定合理期待原则的范围，并指出仲裁庭在审查合理期待时应采取的方向。作者还认为必须厘清该原则的限制，因为适用上的不一致也会损害投资者寻求稳定的愿望。在揭示合理期待原则与稳定性概念的关系之前，首先要做的是给出原则的界限。

第 6 章表明，稳定性与合理期待原则在概念上存在着具体联系。这两者在多个层面上是相互关联的，实际上，它们的相互作用也是可见的。当在国际能源投资环境中提及稳定性概念时，这主要表示其实质形式之一，如合同稳定条款或立法规定。这些条款是为能源投资提供稳定性的最广泛的主要手段。然而，这些条款在实践中是否真正实现了其目标，仍存在争议。如前几章所述，稳定条款不能约束东道国改变其法律和监管框架。因此，当发生争议时，它们的重要性变得更加明显。稳定条款在争端解决过程中发挥着重要作用。仲裁实践证明，如果东道国监管框架发生不利变化，明确的合同稳定条款的存在将直接导致违反合理期待原则，从而违反条约的公正与平等待遇（Fair and Equitable Treatment，FET）标准。合同稳定条款与合理期待原则的相互作用为投资保护机制揭示了一个新的维度。

第 7 章总结了本书的观点与主要发现，简要概述了本书研究讨论的要点。最后为国际能源投资者以及解决能源投资争议的仲裁庭提供了一些建议。

【本书目录】

第 1 章　引言：对稳定的追求

第 2 章　国际能源投资、风险与保护方法

第 3 章　国际能源投资的稳定性

第 4 章　两个争议性概念的背景：公正与平等待遇标准与合理期待

第 5 章　投资条约仲裁中的合理期待原则：现状与轮廓

第 6 章　合理期待与稳定性：相互作用

第 7 章　结语

Chapter 1　Introductory Remarks：The Quest for Stability

Chapter 2　International Energy Investments, the Risks and the Protection Methods

Chapter 3　Stability in International Energy Investments

Chapter 4　Backgrounds of Two Contentious Concepts：Fair and Equitable Treatment Standard and Legitimate Expectations

Chapter 5　The Legitimate Expectations Principle in Investment Treaty Arbitration：Current Status and Contours

Chapter 6　Legitimate Expectations and Stability：The Interplay

Chapter 7　Concluding Remarks

《国际法是国际的吗？》

陈 露

书名：*Is International Law International?*
作者：Anthea Roberts
出版：牛津大学出版社 2017 年版

【作者简介】

Anthea Roberts 是澳大利亚国立大学（Australian National University）监管与全球治理学院（School of Regulation and Global Governance）的副教授，擅长国际公法、投资条约法、仲裁、比较国际法等领域。她曾在伦敦经济学院（London School of Economics）以及哥伦比亚大学和哈佛大学法学院（Columbia and Harvard Law Schools）任教。她是《美国国际法杂志》（*American Journal of International Law*，AJIL）、《ICSID 评论》和《世界投资与贸易杂志》的编委会成员。她曾两次获得以表彰年轻学者的最佳《美国国际法杂志》文章的弗朗西斯·迪克奖（Francis Deák Prize）。同时，她担任《美国第四次对外关系法重述》（*Restatement of the Law Fourth，Foreign Relations of the United States*）的报告人之一，并有担任国际争端的仲裁员、律师和专家的经验。

【专著内容】

作者开始研究这个项目是为了将常见的问题，即"国际法是法吗？"转变为较少分析的"国际法是国际的吗？"这两个问题是否有着千丝万缕的联系？如果不同地方的国际法学家对国际法的看法和处理方式不同，并且这些差异有意识或无意识地存在，这是否意味着国际法不是法律？

本书通过实践、研究和教授国际法的人的视角，审视了当今世界面临的一些问题。特朗普总统领导下的美国会破坏曾经由其协助建立的国际自由世界秩序吗？欧盟和英国能否在不改变其政治形式的情况下处理好不断上升的民族主义情绪和经济压力？中国是否会在国际舞台上发挥更重要的作用，特别是在国际经济法和国际环境法等领域？俄罗斯与美国和欧洲之间的关系，或者西方国家与伊朗和朝鲜之间的关系将如何发展？巴西和印度等其他新兴大国将在这个故事中扮演什么角色？中东的未来会怎样？潜在的生存威胁，如气候变化和核扩散，能否得到有效管理？

没有人能确定这些问题的答案。然而，显而易见的是，迄今为止定义国际法律领域的一些差异和主导模式正在经历重大破坏。如果国际法不再简单地由西方决定并输出到其他国家，其内容和结构将会发生变化，使国际律师更有责任了解更广泛的持有不同意见国家的方法和利益。为此，国际律师将需要扩大他们的网络和资源，以涵盖比迄今为止在可分裂的学院（divisible college）内经常发生的更多样化的观点和素材。

国际法是国际的吗？本书带领读者对国际法学界进行了一次全面的考察，揭示了一些差异、支配和分裂的模式，这些模式掩盖了国际法的普遍性主张。本书既有揭示性又有挑战性，既有对抗性又有吸引力，是所有国际律师的必读之作，尤其是在一个地缘政治力量不断变化的世界中。作者拉开了"可分裂的国际律师学院"（Divisible College of International Lawyers）的帷幕，展示了不同国家、地区和地缘政治集团的国际律师如何经常受到他们传入的影响和传出的影响范围的差异，从而影响他们如何理解和处理国际法，包括在克里米亚和中国南海等当代争议方面。作者通过案例研究和可视化呈现，展示了一些国家和集团的行为者和素材（Actors and Materials）如何在某些跨国流动和论坛中占据主导地位，使他们在构建"国际"方面具有不成比例的影响力——这一点对西方的行为者、素材和方法来说是正确的，尤其是英美的行为者。但这些模式注定会被打破，随着世界从西方主导的时代，走向多极化，国际律师必须了解来自不同背景的人的观点。通过带领读者对不同的国际法学院和教科书进行比较，作者鼓励国际律师通过不同的眼光看世界——在一个民族主义日益高涨的世界里，可以更清晰地发现自己的偏见和盲点，这是一种紧迫的做法。这种试图通过他人的眼光看待国际法的过程代表了一种鼓励更多地了解不同观点并促进来自不同国家的人们之间加强沟通与合作的重要一步。

本书一共分为6章。

第1章提出了本书的三个论点。第一，国际法学者在他们如何理解和处理国际法的方式上，往往会受到其传入和传出影响范围的差异的影响。第二，一些国家和地区的行为者、素材和方法在某些跨国流动和论坛中占主导地位，使他们在构建"国际"方面具有不成比例的影响力——这一点对西方的行为者、素材和方法来说是很现实的，尤其是英美的行为者。第三，对该领域的现有理解可能会被地缘政治力量的变化等因素所打乱，这将使国际律师对那些来自不同国家的观点和方法的理解变得越来越重要。本章详细地探讨了在比较国际法研究中发挥着核心作用的差异、支配和分裂这三个概念。

第2章介绍了项目设计，包括总体框架、所研究的行为者和素材、所研究的国家和大学、重要概念和因素、三点方法五个部分。本书是关于国际法作为一个跨国法律领域的构建，重点关注国际法学者和教科书的作用。在分析这一结构时，作者借鉴了有关学者的社会领域方面、在国际商事仲裁等其他跨国法律领域的应用的理论，还借鉴了社会学方面的工作。

第3章确定并探讨了一些反映和加强可分裂的国际律师学院的国有化、去国有化和西方化的影响，特别关注了学生的跨国流动、国际法学者的教育概况、国际法学者的出版位置、国际法学术界与不同国家实践之间的共同联系等问题。

第4章比较了不同国家用于教授国际法的教科书、案例集和手册（通常统称为教科书）。然而，就像可分裂的国际律师学院一样，现实中的情况更加多变。作者使用了各种方法来揭示这些书籍在内容、来源和方法上的民族化、去民族化和西方化的程度。这一部分列出了从这项研究中提炼出来的七个主要观点，在每一种情况下都举例说明了这些书籍在介绍和处理这个领域时的一些相似之处和不同之处。

第5章从教科书的内容和结构中观察到的一些差异和支配模式，考察了对更广泛的国际法领域的三个影响。首先，可以使用比较国际法方法来汲取有关国际法学院的重要经验教训。其次，由于不同的国家或地区的国际律师团体可能会在团体内部采用类似的假设和方法，因此该领域内可能会出现严重的脱节。最后，学院和教科书中出现的一些支配模式在该领域的其他地方被复制。例如，越来越多的机构使用英语作为该领域的通用语，在定义"国际"时将会优先考虑英美资源和普通法方法。

第6章介绍了识别现有的差异和支配模式会引发的问题，即这些模式是如何被各种力量破坏的，包括技术创新、国内政治偏好的变化以及地缘政治力量的转移。随着这些模式的转变，国际律师群体的构建和互动方式以及他们对该领域的构想也将发生变化。

【本书目录】

前言

第 1 章　可分裂的国际律师学院

第 2 章　项目设计

第 3 章　国际法学术界的比较

第 4 章　国际法教科书和案例集的比较

第 5 章　差异和支配的模式

第 6 章　导致竞争性世界秩序的中断

结论

Front Matter

Preface

Chapter 1　The Divisible College of International Lawyers

Chapter 2　Project Design

Chapter 3　Comparing International Law Academics

Chapter 4　Comparing International Law Textbooks and Casebooks

Chapter 5　Patterns of Difference and Dominance

Chapter 6　Disruptions Leading to a Competitive World Order

Conclusion

《经济制裁与国际法》

叶巧华

书名：*Economic Sanctions and International Law*
作者：Paul Eden 等
出版：哈特出版社 2016 年版

【作者简介】

Pual Eden 是萨塞克斯大学（University of Sussex）法学院的高级讲师，在国际法领域主要研究条约法和国际刑法中的战争罪，在商法领域主要研究物权法和商法之间的关系，特别是衡平法物权在商业交易中的作用。

【专著内容】

近年来，制裁已成为日益流行的外交政策工具，不仅在多边层面（联合国），而且在区域（尤其是欧盟）和单边层面也是如此。所实施措施的性质也发生了变化：从全面制裁制度（自 20 世纪 90 年代伊拉克战争以来就失去了信誉）到针对特定个人或实体（通过冻结资产和旅行禁令）或禁止特定活动（武器禁运和出口禁令）的"定向制裁"（targeted sanctions）或"聪明制裁"（smart sanctions）。本书将学者、政府和私人从业人员汇集在一起，概述了最近的事态发展，并分析了它们所产生的问题。各章审查各种行为者的当代实践及其活动的合法性。所审议的问题包括目标人员的人权、对其列名提出异议而建立的机制，以及在区域组织和个别国家实施制裁的情况下的第三国及其国民的权利。本书共分为 10 章。

第 1 章为导论部分，Matthew Happold 对制裁和单边制裁做了一个简单探讨，提到近年来有两个问题特别突出，第一个问题涉及为共同体利益采取反制措施的合法性，即强制所有国家或（至少）所有当事方履行未尽履行义务。众所周知，国际法委员会关于国家责任的条款回避了这个问题。第二个问题最受关注：制裁侵犯个人人权的可能性。任何制裁相当于反制措施的论点，都不能证明实施违反国际人权法规定国家义务的制裁是正当的。

在第2章中，Alexander Orakhelashvili 关注国际法中国家基本权利理论的发展及其现代意义，介绍了联合国和欧盟对伊朗和叙利亚的制裁实践。随后探讨《联合国宪章》（United Nations Charter）第七章及其后国家基本权利与集体安全机构权限之间的关系，以及联合国、国际原子能机构、欧盟和伊朗本身在这些问题上采取的立场。最后分析欧盟根据《联合国宪章》第八章、欧洲联盟条约和一般国际法对伊朗和叙利亚实施制裁的法律依据。

在第3章中，Pierre-Emmanuel Dupont 旨在评估欧盟于2012年年初商定的针对伊朗的经济措施在国际法下的合法性。审查了何种法律类别能够恰当描述欧盟所考虑的措施，并合理确定地得出结论，即它们显露出反制措施的一般特征，因为国际法委员会（International Law Commission，ILC）关于国家对国际不法行为的责任条款中使用了这一术语。这一审查结果意味着国家责任法（以及国际组织责任法，这些措施被认为是在欧盟一级颁布的）与从程序性和实质性角度评估这些措施的合法性有关。

在第4章中，Antonios Tzanakopoulos 讨论了国际法下对非法制裁国家反应的潜在法律特征。他提出在这方面需要处理两个具体问题：第一个问题是单边或多边"制裁"是否非法的，换言之，制裁的通过和/或执行是否可能违反国际法。第二个问题是，此类非法制裁的目标国家可以获得哪些补救措施。

在第5章中，Matthew Happold 审查了定向制裁的兼容性，即针对特定指名人员的制裁与目标人的人权，它涉及联合国安理会和其他国际组织，特别是欧盟，以及个别国家实施的制裁。在考虑定向制裁是否侵犯人权时，主要的法律区别据说是实施制裁的安全理事会决议受益于《联合国宪章》第25条和第103条的影响，因此，联合国会员国遵守这些决定的义务"胜过"它们加入的其他条约，包括国际人权条约。然而，这种观点忽视了这样一种可能性，即联合国本身可能有义务遵守人权规范，第103条可能不适用于习惯国际法规则，或者至少不适用于强制法规范。

在第6章中，Clemens A. Feinäugle 首先在第一部分简要介绍了联合国内部关于法治概念的辩论，然后讨论了法治的内容问题。在第二部分，本章分析了不同的聪明制裁制度，以调查各个制度在单独（制度内视角）存在和相互比较（制度间视角）时是否遵循了法治。

在第7章中，Paul Eden 提到根据《联合国宪章》第七章的规定，安全理事会有权采取不涉及使用武力的措施，以执行其为维持或恢复国际和平与安全所作的决定。《联合国宪章》第 41 条规定，不涉及使用武力的措施"可能包括完全或部分中断经济关系"。虽然经济制裁最初被设想为针对国家，但全面制裁的人道主义影响在 20 世纪 90 年代成为人们日益关注的问题，这些问题导致联合国安理会制定了一种更为完善的设计方法，制定和实施经济制裁，目的是使制裁制度更加有效，更准确地针对其政治目标。所谓"聪明制裁"的第一个例子是 1997 年和 1998 年对安哥拉实施彻底独立全国联盟（安盟）（União Nacional para a Independência Total de Angola，UNITA）的旅行和金融限制，尽管在安盟的案件中，除了涉嫌参与与安盟贸易的国家、组织和个人外，没有一个国家可以针对任何国家进行制裁。

在第 8 章中，Luca Pantaleo 提到尽管定向制裁在其他司法管辖区受到了成功的挑战，但欧盟无疑是司法挑战更多、更具突破性的。然而，在欧盟法院目前正在审理的案件中，仍有许多悬而未决的问题。本章的目的是研究这些问题，试图得出一个全面性的总结。本章将脱离早期判例法，在早期判例法中，国际法院（Court of Justice，ECJ）和随后的普通法院（General Court，GC）规定了可适用的基本原则。尽管这些原则的核心要素大体上至今仍在适用，但本章第二部分探讨了在过去几年中这些原则是如何被阐明并加入新的要素的。

在第 9 章中，Rachel Barnes 概述了美国国内制裁的法律结构。案件的正当程序标准是不同的，一种是完全参照制裁机制判决的，一种是依赖美国宪法保护判决的。本章确定并讨论了这些不同，并简要比较了英国和欧盟法院所采用的方法。

在第 10 章中，Penelope Nevill 探讨了英国商法中制裁（由联合国、欧盟或国家单方面实施）的法律效力。其法律效力主要是通过制裁立法中使用的三种手段产生的，这三种手段源于与敌人进行贸易和对待敌国国民的规则：对资格的限制、禁止缔结和履行合同以及禁止以任何方式通过商业援助敌人。最新的制裁立法是对商业部门，尤其是金融机构提出的大量监管要求。金融机构不仅被用来切断资金，而且还被用来监测和跟踪资金进出目标国家和个人的流动，查明和防止第三方通过电子转账进行的非法交易，并报告可疑交易。不遵守这些义务可能导致起诉、罚款甚至监禁。本章分析了现代法律框架，包括将联合国和欧盟制裁纳入欧盟和联合国法律以及欧盟和联合国法律中的共同制裁条款。然后讨论了合同法中对制裁的处理、制裁的解释以及银行和保险公司增加风险规避的市场影响。

【本书目录】

第 1 章　经济制裁与国际法：导论

第 2 章　制裁与国家基本权利：以欧盟对伊朗和叙利亚的制裁为例

第 3 章　作为反制措施的欧洲单方面制裁：以欧盟对伊朗的措施为例

第 4 章　国家对非法制裁的反应

第 5 章　定向制裁和人权

第 6 章　联合国聪明制裁和联合国法治宣言

第 7 章　联合国定向制裁、人权和监察员办公室

第 8 章　欧洲法院的制裁案件

第 9 章　美国制裁：除名申请、司法审查和秘密证据

第 10 章　制裁和商法

Chapter 1　Economic Sanctions and International Law：An Introduction (Matthew Happold)

Chapter 2　Sanctions and Fundamental Rights of States：The Case of EU Sanctions Against Iran and Syria (Alexander Orakhelashvili)

Chapter 3　Unilateral European Sanctions as Countermeasures：The Case of the EU Measures Against Iran (Pierre-Emmanuel Dupont)

Chapter 4　State Reactions to Illegal Sanctions (Antonios Tzanakopoulos)

Chapter 5　Targeted Sanctions and Human Rights (Matthew Happold)

Chapter 6　UN Smart Sanctions and the UN Declaration on the Rule of Law (Clemens A Feinäugle)

Chapter 7　United Nations Targeted Sanctions, Human Rights and the Office of the Ombudsperson (Paul Eden)

Chapter 8　Sanctions Cases in the European Courts (Luca Pantaleo)

Chapter 9　United States Sanctions：Delisting Applications, Judicial Review and Secret Evidence (Rachel Barnes)

Chapter 10　Sanctions and Commercial Law (Penelope Nevill)

《跨国行政行为中的自由裁量权：
刑事定罪后的驱逐决定与入境禁令》

王亚春

书 名：*The Margins of Discretion in Transnational Administrative Acts*：
Expulsion Decisions and Entry Bans Following a Criminal Conviction

作者：Kathrin Hamenstädt

出版：哈特出版社 2022 年版

【作者简介】

Kathrin Hamenstädt 是莱顿大学（荷兰语：Universiteit Leiden）的助理教授，研究重点是欧洲移民法、欧盟自由流动法（EU Free Movement Law）、（德国和英国）宪法和行政法及人权法。

【专著内容】

本书的重点是跨国行政行为中的自由裁量权，具体来说，是刑事定罪后的驱逐决定和入境禁令。国家驱逐外国人的自由不是绝对的，它受到国际法规则，特别是人权法的限制。本书共分为三个部分，共 11 章。

第一部分共 4 章，重点是介绍欧洲法律中外国人在刑事定罪后终止合法居留的标准。

第 1 章侧重于欧盟法律中的驱逐问题，介绍了有关法律文书和欧洲联盟法院（Court of Justice of the European Union，CJEU）中以公共政策或公共安全为由终止合法居留的判例法。欧洲法律所涵盖的外国人群体，根据其享有的保护程度按顺序处理，首先是可以依照《公民身份指令》（*Citizenship Directive*）的欧洲公民及其（第三国国民）家庭成员，他们受益于最广泛的免遭驱逐保护。除欧盟公民外，还有《欧共体-土耳其结盟协定》（*EEC-*

Turkey Association Agreement) 所涵盖的土耳其国民和第 2002/109/EC 号指令（LTR 指令）所涵盖的长期居住的第三国国民。

第 2 章根据《欧洲人权公约》（*European Convention on Human Rights*, ECHR）和欧洲人权法院（*European Court of Human Rights'*, ECtHR）的判例法审查了驱逐。本章探讨了 ECHR 规定的各项要求，侧重于第 8 条所规定的尊重私人和家庭生活的权利。同时，还探讨了 ECtHR 关于比例原则的判例法，授予缔约国的裁量权，以及 ECtHR 为评估民主社会是否有必要干涉私人、家庭生活而制定的标准。除了这些标准之外，还讨论了是否可以或应该对相应的标准附加特别的权重。

第 3 章讨论了《欧盟基本权利宪章》（*Charter of Fundamental Rights of the European Union*, CFR），并简要评估了尊重私人和家庭生活的权利（第 7 条）、儿童权利（第 24 条）以及获得有效补救和公平审判的权利（第 47 条）。

第 4 章总结了欧盟法律与欧洲人权公约对驱逐外国人的规定，并对第一部分进行了总结。

第二部分共 4 章，侧重于介绍欧洲法律关于在国家层面作出驱逐决定和入境禁令的规定，并分析了欧洲一级授予国家自由裁量权的执行情况；探讨了荷兰和德国两个大陆法系国家对驱逐决定和禁止入境的做法，一个普通法系国家英国对驱逐的规定，并审查了国家立法机关授予行政当局和法院的自由裁量权；讨论了国家关于驱逐和入境禁令的规定及其适用在多大程度上仍然在欧洲一级授予的行政裁量权内；同时，强调了英国、荷兰和德国的做法之间的差异和共同点。

第 5 章涉及德国的法律框架，全面概述了德国关于驱逐的新规定和入境禁令的规定，主要焦点在于立法机关给予行政当局和法院的自由裁量权。本章将新驱逐制度与 1990 年至 2015 年实施的驱逐制度进行比较，并探讨其基本原理。它批判性地评估新制度是否解决了旧制度的问题，并强调已经取得的改进，以及需要进一步注意的问题。

第 6 章以荷兰为重点，介绍了荷兰关于刑事定罪后终止合法居留的规定以及宣布外国人为不受欢迎的人的要求。它评估了欧洲要求的执行情况、国家立法机关授予行政当局的自由裁量权以及行政当局相对于行政法院的自由裁量权。它介绍了外国人合法居留期限与所犯罪行和所判刑期的变动比例，并着重介绍了近年来进行的修改。

第 7 章介绍了英国驱逐出境制度的主要特点，批判性地评估了《2007 年英国边境法》（*UK Borders Act* 2007）第 32 条，该条规定了自动驱逐出境，讨论了立法机关授予国务卿关于外国人驱逐出境的自由裁量权，是否有利于公共利益。作者强调，在驱逐外国人时需平衡外国人的利益和公共利益，并说明了考虑因素及其所占比重。

第8章着重比较不同的制度，找出它们的共同点和不同点。这种比较有双重目的：第一，它有助于确定各自制度的弱点和优点；第二，德国和荷兰制度的差异与第三部分的跨国行政行为有关。

第三部分共3章，论述跨国行政行为，主要阐述了国家驱逐决定和入境禁令的横向影响，这些决定和入境禁令通过向申根信息系统（Schengen Information System, SIS）发出警报，使其具有欧洲性质。尽管跨国行政行为产生了无可争议的好处，但相互承认可能存在分歧的国家决定也会产生不利影响。本部分旨在介绍跨国行政行为的不同表现形式，分析其产生、利弊，并针对跨国行政行为中存在的问题，提出相应的解决措施。

第9章论述了不同的行政决策模式和跨国行政行为的概念。随后，介绍了《遣返指令》（Return Directive）和《申根信息系统条例》（SIS Regulation），这两项法律文书可以使欧洲对各国的驱逐决定和入境禁令产生影响。此外，作者还论述了相互信任和相互承认的概念，这是两项法律文书的基本机制、进入SIS警报的要求。这些要求同时界定了赋予各国当局在将欧洲因素纳入其决定时执行本国政策的自由裁量权。

第10章讨论了各国的驱逐决定和入境禁令，并探讨了这些欧洲文书在国家层面的执行情况。回顾了德国和荷兰在刑事定罪后终止合法居留的标准方面存在分歧，并列出了国家入境禁令的要求、进入SIS的警报以及此种警报持续时间方面的差异。

第11章讨论了解决SIS中存在的固有问题的各种方案，除其他事项外，它涉及在国家一级统一通过驱逐决定和入境禁令标准的必要性和可能性，以及严控向SIS发出警报的准则，以完全统一取代相互承认。

【本书目录】

导言

第一部分　欧洲法律

第1章　根据欧盟法律进行驱逐

第2章　根据《欧洲人权公约》和《欧洲人权法院》的判例法进行驱逐

第3章　《欧盟基本权利宪章》

第4章　总结与结论：欧盟层面与欧洲委员会之间的差异

第二部分　欧洲法律对国家层面驱逐决定的影响

第 5 章　德国

第 6 章　荷兰

第 7 章　英国

第 8 章　德国、荷兰和英国比较

第三部分　跨国行政行为：国家驱逐决定和入境禁令在欧洲的影响

第 9 章　跨国行政行为：国家驱逐决定和入境禁令的欧洲影响

第 10 章　国家驱逐决定和入境禁令及其在欧洲的影响

第 11 章　弥补剩余分歧的方案

最后总结和结论

Introduction

Part Ⅰ　European Law

Chapter 1　Expulsions in Light of EU Law

Chapter 2　Expulsion in Light of the ECHR and the ECtHR's Case Law

Chapter 3　The Charter of Fundamental Rights of the European Union

Chapter 4　Summary and Conclusions: Differences between the EU Level and the Council of Europe

Part Ⅱ　The Effects of European Law on Expulsion Decisions Taken at the National Level

Chapter 5　Germany

Chapter 6　The Netherlands

Chapter 7　The United Kingdom

Chapter 8　Comparison of Germany, the Netherlands and the United Kingdom

Part Ⅲ　Transnational Administrative Acts: The Effects of National Expulsion Decisions and Entry Bans on the European Level

Chapter 9　Transnational Administrative Acts: The European Effect of National Expulsion Decisions and Entry Bans

Chapter 10　National Expulsion Decisions and Entry Bans and Their European Dimension

Chapter 11　Options to Remedy Remaining Divergences

Final Summary and Conclusions

《劳动法层面上的数字工作平台：
监管市场组织者》

李通敏

书名：*Digital Work Platforms at the Interface of Labour Law：Regulating Market Organisers*

作者：Eva Kocher

出版：哈特出版社 2022 年版

【作者简介】

Eva Kocher，欧洲法兰克福维亚德里纳大学（European University Viadrina Frankfurt）的民法、欧洲和德国劳动法以及民事诉讼法教授。她是一位女权主义法律学者（Feminist Legal Scholar），主要从事劳动法方面的跨学科研究工作。

【专著内容】

本书展示了要如何设定劳动者权利才能有效地保护数字平台的劳动者，如设立数字工作平台（Digital Work Platforms）组织问责制度，保障工人集体请求的表达权和行动权。本书在承认数字工作平台给劳动者带来巨大风险的前提下，也揭示了劳动法需要重建的部分和程度。

本书重点介绍了劳动法中雇佣关系的类别与其监管方法之间概念的联系，通过解释、分析、解构并重构劳动法的相关理论和概念，揭示了渗透到劳动法分类标准中的组织机构观念和不同司法管辖区的政策方法。这些观点揭露了劳动法的传统概念与数字工作平台之间缺乏契合度的问题，即数字工作平台的运行与等级制度严密的组织机构不同，它们往往以市场组织者的面貌出现。

本书为国际学术和政策的争论提供了一个全新的视角。这些争论涉及数字工作平台的监管、其劳动法的目的和基础。它通过展示数字法中在数字平台管理方法上劳动法可借鉴的地方，为当下陷入僵局的分类之争提供了一条新的出路。本书一共分为8章。

在第1章中，作者通过介绍了2019年7月和8月"油管"（俗称）用户联合会（YouTubers Union）与德国金属工业工会（IG Metall，IGM）共同发起的一项旨在提高数字视频共享平台油管的透明度和公平性，名为"公平油管"（FairTube）的联合活动，引出一个社会问题，即明确以颠覆性作为特征的商业活动对现有法律带来的巨大挑战。随后，作者概述了为解决这一问题所涉及的概念、基本现象以及本书使用的研究方法。

在第2章中，通过指出"公平油管"运动中存在的问题，作者分析了其中涉及的社会现象：对工人进行分类时援引劳动法，当真正考虑到劳动者的特殊权利和义务时又对劳动法置若罔闻。随后，作者列举了牛津大学互联网研究院（Oxford Internet Institute，OII）的一项"公平工作"（Fairwork）研究项目中所提出的平台经济"五项核心原则"，以论述相关建议的组成以及制度嵌入的方式。

在第3章中，作者认为劳动者的分类问题并不是一个边缘问题，反而对理解数字工作平台的商业模式有重要作用。劳动者选择确定劳动雇佣关系或选择签订独立的劳动合同，会使雇主承担不同的法律和财务义务。因此，作者主要论述了劳动法中分类问题的法律漏洞，如何有效地填补这些法律漏洞，以及数字平台的哪些方面导致现有法律难以适用。

在第4章中，作者在两个层面上分析了再概念化劳动法的问题。一是为劳动法中劳工关系分类寻找新的理论框架和分类方式，二是解释和说明紧密联系的各类别之间的关系和各自的特殊权利。通过提出新的劳工关系分类方式，作者重新定义了劳动法，并将劳动法置于人权保护的底线环节。随后，作者探讨了劳动法中超越一般人权的劳工关系的核心特征。最后，作者分析了劳动法旨在回应的具体权力关系（Specific Power Relationship）的问题。

在第5章中，作者研究了有关理论重建问题，包括标准、类别和标志的重建，并且分析了经济和社会动态，使得劳动法的条文能为每一种劳动关系提供合法保护。其次，作者重点研究了雇主与员工之间形成的权力关系，展示了雇佣关系法律概念再组织理论中是怎样理解的以及如何划清组织内的合作与市场上的合作。最后，作者借鉴了新的工作组织形式所产生的新概念，并以此探求由数字工作平台产生的新协调机制的应用方式。

在第6章中，作者认为劳动法不应当被局限在规范有等级结构的组织机构中，其规制的范围应当涵盖能支配劳动者及其劳动力的任何形式的组织。首先，作者阐述了对市场组织者进行分类的标准和标志，并且认为劳动法应当采取多种途径吸收这些新的分类标准。例如，通过借鉴不同国家和不同法律制度下的相关判例，改革现有的分类方式。其次，作者研究了能使现有的分类更有效的方式。最后，作者基于"市场组织机构"（Market Organizations）的概念，提出了在劳动法现有的分类中新增一个类别，以解决雇佣关系和独立合同的相关问题。

在第 7 章中，作者再一次介绍了"公平油管"运动的先进之处，并整体分析了有关劳动者分类法律后果的各种观点。作者认为了解数字工作平台特殊的组织形式有助于制定相应的社会政策，赋予数字平台的劳动者相应的劳动者权利。但是，作者没有提出整体的立法建议而是选择了根据劳动者的权利与义务提出相应的法律原则，以有助于有效地解决市场组织者权力和操控劳动者的问题。

在第 8 章中，作者简要概括了本书的主要内容以及重要成果。虽然研究的大多是与劳动法有关的内容，但作者强调监管数字工作平台需要的不仅仅是劳动法。尽管本书未提出具体而详细的法律规范，但其中的理论研究为确保将来制定强有力的劳动法提供了坚实的基础，为理解数字工作平台中的权力不平衡、数字工作平台的动态变化以及与数字相关法的争论等问题提供了依据。"公平"一词已经成为有关劳动者数字权利争论的中心问题，而劳动法是解决工作中"公平"问题的重要途径之一。

【本书目录】

第 1 章　简介：仅仅是另一场科技革命吗？

第 2 章　作为监管对象的数字平台

第 3 章　漏洞填补：劳动法中的分类

第 4 章　雇佣关系分类的理论基础

第 5 章　作为组织的数字平台

第 6 章　劳动法中市场组织平台劳动者的分类

第 7 章　赋权劳动者与平台的责任承担

第 8 章　结论与总结

Chapter 1　Introduction：Just Another Technical Revolution ？

Chapter 2　Digital Work Platforms as Objects of Regulation

Chapter 3　Fitting Pegs into Holes: Classification in Labour Law

Chapter 4　Theoretical Foundations of Employment Classification

Chapter 5　Digital Work Platforms as Organisations

Chapter 6　Labour Law Categories for Workers on Market Organising Platforms

Chapter 7　Enabling Workers and Holding Platforms Accountable

Chapter 8　Results and Conclusions

《全球国际私法指南》

冯丽芳　　叶巧华

书名：*A Guide to Global Private International Law*

作者：Paul Beaumont、Jayne Holliday 等

出版：哈特出版社 2022 年版

【作者简介】

Paul Beaumont 教授在 2000 年至 2008 年期间担任阿伯丁大学（University of Aberdeen）法学院院长（因研究休假休息一年），自 2021 年 11 月起担任斯特林大学（University of Stirling）法学院院长。自 2009 年以来，Paul 教授一直是爱丁堡皇家学会（Royal Society of Edinburgh）（苏格兰的国家学院）的研究员。Paul 教授自 2013 年海牙国际私法会议（Hague Conference on Private International Law，HCCH）家庭协议专家小组成立之初就是该小组的成员，并从 2015 年开始担任小组主席。

Jayne Holliday 是国际私法讲师。她的研究重点是国际私法、家庭法和继承法，写过关于绑架儿童、儿童权利、离婚和继承的文章。在来到斯特林大学之前，Jayne 是阿伯丁大学和罗伯特戈登大学（Robert Gordon University）的讲师。她以优异成绩获得了国际私法博士学位、法学硕士学位和阿伯丁大学法学学士学位。2020 年，她成为高等教育学院（Higher Education Academy）的副研究员。

【专著内容】

本书从全球视角对国际私法这门学科进行了实质性的概述，是学术界、法律职业工作者和学生的重要学习素材。全书包括理论知识、制度与框架、民商法、家庭法四个关键部分，为保证本书的全面性，各章均由来自欧洲、北美、拉丁美洲、非洲、亚洲和大洋洲的知名专家撰写，涵盖国际私法的特定领域，

针对国际私法中存在的问题来考量现有的全球解决方案，并评估了改进或提出新的解决方式的可能性。本书一共分为六部分，共41章。

第一部分共1章。

第1章为引言部分。传统上，国际私法被视为国内法的一个分支，如今对于欧盟成员国来说，国际私法已经成为欧盟法的重要组成部分。120多年来，海牙国际私法会议（Hague Conference on Private International Law, HCCH）一直试图通过具有约束力的国际公约（海牙国际私法会议将"多边条约"称为"公约"）追求全球国际私法的统一，最近多以包括原则（Principles）、公约善意履行指南（Good Practice Guides to the Conventions）、实用指南和手册（Practical Guides and Handbooks）以及审查特别委员会的建议（Recommendations of Review Special Commissions）在内的软法（Soft Law）形式达到此目的。本书旨在支持海牙国际私法会议的唯一目标，即致力于国际私法的逐步统一。

第二部分共5章。

第2章主要探讨国际私法与实用主义（Pragmatism）之间的关系。实用主义方法强调对各种国际私法解决方案的有效性以及潜在的实体法差异进行实证研究，以设计出最佳的国际私法解决方案。本章为国际私法实用主义理论作出了新的贡献。首先，它回顾了实用主义作为一种知识理念的创始人的工作为全球国际私法设定了一些实用主义目标，并发展了基于多边主义、比较主义和经验主义的全球国际私法实用主义方法。

第3章提到运用国际私法第一步就是定性（Characterisation）。因此，定性是国际私法的一个核心问题这一点不足为奇。学者们普遍疑惑怎样才能更好地定性，是根据法院地法或案件准据法进行定性或以其他方式定性？

第4章讨论的是国际私法中的连结因素（Connecting Factors）或称为连结点（Point of Contact），是为了某种法律目的将争议案件附加到某个地方的因素，主要是为了确定适用法律或确立管辖权。根据所讨论的法律关系，国际私法中有几个不同的连结因素，例如，财产问题通常涉及物之所在地法，即适用动产或不动产所在地的法律；侵权行为法通常指侵权行为发生地点的法律；在合同法中，当事人的法律选择是关键。通常，连结因素应创造法律确定性，因此，连结因素应在事前确定。为了创造这种法律确定性，根据所涉争议的性质，有两种方法：第一，可以通过允许当事人选择法院地或适用法律来实现，因此，连结因素是当事人的选择；第二，可以通过使用第三方也很容易确定的事实或客观因素来确定，因此被称为"客观连结因素"。由于法律选择和管辖权是本书其他章节的主题，本章仅涉及"客观连结因素"的有关问题。

第 5 章探讨了反致（Renvoi）和先决问题（Preliminary Questions）这两个概念在国际私法统一中的作用。反致与先决问题是不同的。它们都有自己的方法和法律体系。然而，它们往往是相关的，而且都存在一个问题，即是否应适用案件本身的准据法。例如，在确定婚姻的有效性时，法院可以不适用有关案件的国内法的规定，而是适用冲突规范所确定的准据法。同样，在为确定一方作为妻子继承的权利而确定婚姻的有效性时，法院可以不考虑其本国关于身份的法律冲突规则，以适用管辖继承的法律的法律冲突规则。是否有必要（或有空间）制定反致规则以及统一先决问题的适用法律规则以避免裁判结果的不一致？这是本章要回答的主要问题。

第 6 章涉及公共政策（Public Policy）和强制性规定（Mandatory Provisions），探讨了它们在比较国际私法和海牙国际私法会议通过的多边解决办法中所发挥的作用，本章主要是考虑如何利用这些概念来发展全球国际私法。

第三部分共 7 章。

第 7 章借鉴了作者参加海牙会议的长期经验，评估了这一机构对全球国际私法的重要性，阐述了海牙国际私法会议的目标即"为国际私法规则的逐步统一而努力"是如何形成和实现的，并就海牙会议在统一国际私法方面的工作提出了一些建议。

在第 8 章中，作者看到了海牙国际私法会议如何从一小群志同道合的国家转变为一个全球性组织的原因，即追求普遍性。必须认识到海牙国际私法会议的任务既包括传统上强调的规范性要素，也包括非规范性工作，以支持其公约的有效实施和实际运作，而这一组织的扩大更加突出了国家当局发挥作用的重要性。

第 9 章认为实体和程序之间的区别是国际私法体系的一部分。程序性事项受法院地法律管辖，实质性事项受诉讼原因或义务法律管辖，或通过适用法院地适当的冲突法律进行法律选择。在进行区分的过程中，必须根据更广泛的国际私法背景来分析实质和程序问题之间的区别，此外，在考虑程序分类是否合理时，重要的是考虑到法院地国的公共政策和强制性规范，这两个中的任何一个都可能是适用法院地法的更具原则性的理由。最后，本章表明，虽然普通法系和大陆法系对什么是实体法和什么是程序法的观点存在分歧，但最近这两种立场之间的差距正在缩小。

第 10 章提到，这个世界很可能在领土和法律上四分五裂，但是人类的互动没有国界，所以国际私法的诞生和持续存在都是为了确保合理地解决涉及外国因素的纠纷。外国法律的适用不仅是可以想见的"理性解决方案"，它实际上也是最基本的解决方案。但外国法律的适用很难付诸实践，原因有很多，比如对外国法律的完全无知或不完全知晓，这也是法官接受本国法律培训的自然结果。外国法律的不当适用可能导致案件的不公裁决，未能实现各方的合理期望更进一步，甚至是侵犯了当事人的基本权利。即使新冠肺炎疫情危机动摇了我们所熟知的世界，但回到封闭国界和有限跨境互动的时代也是极不可能的，因此国际私法学界对外国法的适用程序的研究持续关注很有必要。

第 11 章提及各国都会定期在内国法院对具有国际性质的事项提起诉讼。本章使用的是 2004 年《联合国国家及其财产管辖豁免公约》（*UN Convention on Jurisdictional Immunities of States and Their Property*）中定义的"国家（States）"一词。因此，本章所说的"国家"是指行使政府权力的机构。本章要讨论的是国家以何种身份和在何种条件下参与此类诉讼？国家的参与会如何影响国内法院审理的国际诉讼的法律框架？各国国内法中的方法和解决方案在多大程度上趋同或分歧？

在第 12 章中，作者肯定了 1965 年 11 月 15 日的《关于向国外送达民事或商事司法文书和司法外文书公约》（*Hague Convention on the Service Abroad of Judicial and Extrajudicial Documents in Civil or Commercial Matters*）仍然是最广泛适用的国际公约，它已经很好地经受住了时间的考验，但自 1965 年以来，已经有了许多技术发展，有必要重新审视该公约，这在某种程度上也有助于确保该公约的有效实施，并有利于探讨如何将各种区域有关送达的制度安排纳入全球体系。

第 13 章中作者首先承认在跨境诉讼中，正如中世纪规则所要求的那样，大多数证据问题都是由法院地法律管辖的程序问题。但是，如果一个人的证词或其持有的文件位于另一国家，从礼让原则和实用主义的角度出发，法院地都需要考虑该外国的法律。在这种情况下，就有可能发生法律冲突。在大陆法系中，证据大多是书面的，收集哪些证据以及如何收集主要是一审法官的职责，而在英美法系中，证据主要是口头的，获得哪些证据并提交给法院在很大程度上是当事人的问题。由此可见，大陆法系和英美法系对证据及其收集采取的不同方法也加剧了这一冲突。

第四部分共 18 章。

第 14 章注意到，当代大多数法律制度采用了两种主要方法来确定合同适用的法律。第一种方法是承认当事人有权在规定的条件和限制范围内提前选择合同适用的法律，这种方法就是"当事人的意思自治"。第二种方法是在当事人未有效选择适用的法律时，或不承认当事人意思自治的情况下，该合同适用的法律就由法院地国的国际私法规则规定的客观联系因素来确定。

第 15 章谈到不同国家的当事人就合同案件的管辖权可以多种方式确定。复杂的跨境合同当事人通常会在合同中加入一条精心起草的选择法院地的条款，或仲裁或诉讼。21 世纪全球各国对当事人意思自治的尊重意味着，国际合同争端应始终由当事人在争端发生之前自由选择的法院裁决，除非限制性法律禁止他们作出这种选择。

第 16 章探讨的是公司。在一本关于国际私法全球统一的书中，专门用一章来探讨公司足以显示出作者的乐观与雄心壮志。乍一看，与国际商务和贸易相关的其他法律领域，如国际仲裁、国际销售或更广泛的国际合同相比，国际私法中有关公司在国际上的成就都很少，更不用说是全球统一了。不过，毫无疑问，针对公司法而言，国际私法上的统一将有利于跨境贸易和投资。然而，尽管在管辖权、判决的承认与执行方面取得了一些令人瞩目的成就，但统一公司适用法的尝试都失败了。本章仔细审视国际和区域统一的现状，以及其失败和成功的原因，可以进一步阐明前进的道路。

第 17 章认为与国际私法相比，竞争法可被视为一门相对较新的法律学科。竞争法是监管市场运作最常用的工具之一，也是发达国家和发展中国家经济政策的标准特征，其目标包括保障消费者福利和确保市场有效运转，如今许多国家都通过了竞争法。本章提出疑问：适当程度的国际合作能否确保在跨境竞争法案件中充分追求和充分保障合法的监管目标和各方利益？国际私法和海牙国际私法会议在此种情况下又能发挥什么作用？

在第 18 章中，作者悲观地认为海牙国际私法会议从一个以欧洲和北美为主的组织转变为一个在协商一致而非多数表决下工作的全球组织使得它不太可能成为一个制定出侵权适用法律公约的论坛。真正对统一适用法律感兴趣的国家主要在欧盟，可以想象，欧盟将主动推动两项关于交通事故和产品责任适用法律的海牙公约实现最受欢迎的现代化，其现代化的主要方面包括简化引入关于当事人意思自治的明确规则，以及考虑合同中法律选择的相互作用。

第 19 章介绍了侵权损害赔偿中的"特殊"或"长臂"管辖权的发展，即当被告不在法院所在地的"家"时所假定的管辖权。作者将本章的重点放在侵权管辖权的发展上，这些管辖权建立在被告与法院所在地的密切联系之外的基础之上，介绍涵盖了欧洲、美国和英联邦三大管辖权模式，运用比较的方法揭示了三种模式之间的趋同点与分歧点，并指出这三种模式为统一大陆法系和英美法系的特殊侵权管辖权指明了可行的方向。

第 20 章谈道，"任何人都不应不公正地以牺牲他人为代价来丰富自己"被罗马法认为是自然正义的一项基本原则，这一原则在普通法中普遍存在，尽管将不当得利视为一个独立的法律领域要晚得多。不当得利的概念、作用和范围在不同的法律制度中有所不同，甚至在具有相同法律传统的法律制度中也是如此。因此，本章分别从英美法系和大陆法系的角度比较分析不当得利这一法律制度，据此提出了一项关于不当得利适用法律的全球解决方案。

第 21 章从比较法视角讨论了一个在全球范围内尚未达成一致的领域——国际私法中的财产。这一领域的一个显著特点是，财产所在地法很大程度上是许多国家动产和不动产法律适用的一个非常重要的连结因素。此外，不动产所在国法院是根据 2019 年海牙《关于承认与执行外国民商事判决公约》（*Convention on the Recognition and Enforcement of Foreign Judgments in Civil or Commercial Matters，HCCH 2019 Judgments Convention*）就该财产物权作出判决的唯一可接受法院。根据该公约，只有此类法院作出的判决才能得到承认和执行。如果有关不动产物权的判决是由不动产所在国法院以外的其他法院作出的，即使是根据国内法，也禁止承认和执行该判决。

第 22 章谈到国际私法中继承的复杂性，部分原因是实体法之间的历史和文化多样性，这导致各国以不同方式表现出继承中的不同法律传统。如果没有国际私法的统一，在面对冲突规则时，很难预测何种法律适用于有关遗产的各个方面。多年来，HCCH 试图统一国际私法中的继承领域，并在不同程度上颇有进展。因此，本章将批判性地评估 1961 年《海牙公约》（*Hague Convention*），并强调 HCCH 早该进行首次审查的领域。简要讨论与继承适用法律相关的个人连结因素和当事人意思自治问题，以及 1989 年公约项下过早废除继承权的问题，然后拟定一项关于从第三方追回生前赠与的适用法律的新的公约，供 HCCH 考虑。

第 23 章中审议了《海牙信托公约》（*Hague Trusts Convention*）自撰写以来相关的判例法，就如何加强《海牙信托公约》的统一解释提出意见。这表明在实践中，《海牙信托公约》是迄今为止解决国际私法中信托问题的最佳依据而且可能是唯一现实的选择依据。

第 24 章主要目的是描述跨境破产引起的核心问题，以及国际私法是如何处理这些问题的。本章概述了规范性模型［"属地主义"（Territorialism）和"普遍主义"（Universalism）］，通常作为应对跨境破产的参考，被称为"理想模型"，即不涉及任何特定国家的法律；审查了重新制定的《欧盟破产条例》（*EU Insolvency Regulation*）和贸易法委员会（United Nations Commission on International Trade Law，UNCITRAL）关于跨国破产的主要软法文书。

第 25 章解释了《法院选择公约》（*Choice of Court Convention*）以及 2019 年《判决公约》（*HCCH 2019 Judgments Convention*）中知识产权的有限覆盖范围。本章分析了专家学者在该领域达成一致的知识产权法律冲突原则（Principles on Conflict of Laws in Intellectual Property，CLIP），并主张在 HCCH 的协助下，世界知识产权组织（WIPO）牵头制定全球知识产权国际私法。从 2021 年 3 月专家咨询小组的结论和决定中明显看到，WIPO 和 HCCH 在未来的国际私法知识产权工作方面取得的进展，编写了一份关于该主题的调查问卷。

第 26 章首先简要介绍了仲裁的去本地化和重新本地化的迹象，去本地化对国际私法的作用意味着什么，怎样的国际私法与仲裁相关，以及鉴于新出现的重新本地化，国际私法如何促进仲裁的有效性。然后，确定现有的仲裁法律框架包含何种程度的冲突规则。最后，提出了一个统一的国际私法仲裁体系的路线。

第 27 章认为海商法是一个应充分探讨国际私法方法和技术的领域，从例外论转向为优化现有的国际、区域、国家和国家间文书而寻找系统的路径，为统一国际海商法的长期努力提供必要的桥梁。本章重点介绍海上货物运输（Carriage of Goods by Sea，COGS），以说明整个行业中相互关联的问题。在简要概述了法律领域的显著特征后，探讨了全球国际私法统一面临的挑战（重点是管辖权问题）以及与一些已采用的国际私法统一规则相关的解释和应用问题（重点是适用法律）。当代例外论受到质疑，重新审视 COGS 被排除在 2019 年 HCCH《判决公约》之外的问题，并在结论之前提出了在全球国际私法习惯中处理海上冲突的建议。

第 28 章审议了《法院选择公约》下排他性法院选择协议的定义，特别是考虑是否有单独的协议要求作为《法院选择公约》实施的先决条件，以及《法院选择公约》关于形式和实质效力的规定；论述了《法院选择公约》规定的排他性法院选择协议的法律效力，首先考虑到对法院选择协议中选定法院管辖权的影响，其次才是当事人未选定的法院的义务。

第 29 章分析什么是 2005 年《法院选择公约》项下"协议"的最佳解释。它是否具有自主含义，在极少数情况下可能不同于公约关于形式有效性规则和实质有效性适用法律规则的结合？在这种情况下，非选定法院拒绝管辖权而支持选定法院义务的明显不公正例外应发挥什么作用？

第 30 章首先简要概述了管辖权冲突可能导致在跨境索赔诉讼中出现严重

问题。本章提到为了预防这些问题，大陆法系和英美法系管辖权规则包括法院可以（或在某些情况下必须）放弃原本确立的管辖权，转而支持另一个外国法院。之后对大陆法系和英美法系处理管辖权冲突问题的方法进行评估，旨在强调，在这些法律制度下，对管辖权冲突的反应差异很大程度上是由于大陆法系和英美法系传统历来追求更广泛价值观的差异。最后，本章探讨了是否可以通过借鉴大陆法系和英美法系传统中的规则，制定一种处理管辖权冲突的全球方法。

第 31 章涉及日益重要的集体救济问题。这是确保司法公正的一个重要方法，例如，在许多人因同一被告的行为而遭受轻微损失的情况下，可以伸张正义。集体救济既有优点也有缺点，对于是否应推广这一程序存在意见分歧。一些国家接受或鼓励的某些程序性特点令其他国家难以接受。例如，在欧洲和其他地方的许多国家，选择退出式的代表行动被视为违反公共政策。由于围绕程序的深刻争议，试图全面统一国际私法这一领域似乎为时过早。

第五部分共 9 章。

第 32 章从全球角度探讨离婚管辖权和承认，分析了 1970 年海牙《承认离婚与法律别居公约》（*Convention on the Recognition of Divorces and Legal Separations*）一些关键条款，并考虑了其长期可行性，审议了如何振兴 1970 年该公约（以及这样做的必要性），并考虑制定一项关于离婚管辖权冲突的新全球公约的可能性。

第 33 章谈到由于家庭流动性的大幅增加，关于跨境父母责任、监护权和探视权的争议已变得普遍。决定跨境父母责任争端结果的国家法律多样性刺激了平行诉讼，阻碍了友好、及时、高效和有效地解决争端。由于需要更协调、简单、明确和一致的法律对策，1996 年海牙《关于父母责任和保护儿童措施的管辖权、法律适用、承认、执行和合作公约》（*Convention on Jurisdiction, Applicable Law, Recognition, Enforcement and Cooperation in Respect of Parental Responsibility and Measures for the Protection of Children*）在多边一级取得了重大进展。本章介绍了 1996 年该公约，考虑到其有关管辖权、承认外国措施和法律适用的规定，论述了《布鲁塞尔 IIa 条例》（*Brussels IIa Regulation*）及其 2019 年重述所确立的欧盟制度，重点是该公约与欧盟制度之间的一些类比和差异。最后得出了结论，1996 年该公约和欧盟制度改善了国际私法在父母责任领域的许多方面。

第 34 章介绍了 1980 年海牙《国际诱拐儿童民事方面问题公约》（*Convention on the Civil Aspects of Child Abduction*）的起草是为了应对面临跨境

父母诱拐时，留守父母没有"可行的法律补救办法"，也是为了保护儿童免受因被诱拐/扣留而面临的长期伤害。因此，本章首先将简要阐述 1980 年该公约的目标和范围，然后再考虑如何提高该公约的效力。分析否认性保留与在确定子女惯常居住地时需要重新考虑父母意图的重要性之间的紧张关系。最后概述根据该《公约》遣返儿童的例外情况。

第 35 章提起虽然没有一项有效的全球文件处理国内收养的国际私法问题，但有一项公约专门处理跨国收养问题，即 1993 年海牙《跨国收养方面保护儿童及合作公约》(*Convention on the Protection of Children and Cooperation in Respect of Intercountry Adoption*)。本章简要介绍了 1993 年该公约，确定了在起草时统一国际私法规则方面存在的挑战，描述了对其内容和解释的一些关注，提出了一些尚存的差距，最后总结了该公约的主要成就并提出了一些设想。

第 36 章涉及海牙《关于国际追索儿童抚养费和其他形式家庭抚养的公约》(*Convention on the International Recovery of Child Support and other Forms of Family Maintenance*)，它是全球追索抚养费的务实方法。该公约的核心是恢复儿童抚养费和配偶抚养费。它包含关于管辖权的间接规则及关于承认和执行的其他规定，以及关于通过中央当局（Central Authorities，CAs）进行合作的规定。本章阐述了申请、CAs、法律援助、管辖权以及承认和执行等问题，强调了其务实的做法，这种做法带来了足够的灵活性，使该公约对各国具有吸引力。

第 37 章讨论不同法律体系中婚姻财产法律适用规则之间的主要差异，并思考全球协调的可能方向。将特别关注欧盟模式在多大程度上可以作为此类协调的基础的问题。为了理解有关婚姻财产的法律适用规则的重要性，首先有必要非常简要地考虑现行婚姻财产制度之间差异的影响。随后讨论了婚姻财产法律适用的核心方面，其中在以下问题存在分歧：个人连结因素、当事人意思自治、迁移的影响、离婚时财产分割的法律适用。本章每一节将阐述和分析不同法律制度和协调文书中针对问题的各种方法。最后总结并简要讨论阻碍进 步协调的主要障碍。

第 38 章解释了现有的 HCCH 公约（1980 年、1996 年和 2007 年）是如何在儿童绑架案件、跨境父母责任（监护和探视）案件以及跨境赡养案件中鼓励和促成家庭协议的。对于全面的家庭协议而言，这些公约并不总是容易实行的，特别是因为它们有不同的直接或间接管辖权规则，而且在许多缔约国，这些公约下的案件在不同的法院审理。本章阐述了专家组提出的论点，即在海牙制定一项新公约，为家庭协议创建一个"一站式解决方案"（One Stop Shop），从而使此类协议更容易执行，并确保它们在一个法院程序中得到其他缔约国的承认和执行。这也增加了对当事人意思自治的尊重，允许比海牙公约目前允许的更广泛的法院选择，使家庭协议具有可执行性，并减轻许多管辖区法院对家庭法案件的负担。

第 39 章介绍了 2000 年海牙《成年人国际保护公约》的主要特点，虽然它只有少数缔约国，但它适合成年人保护的目的。本章说服更多的国家投资保护其弱势成年人的权利，越来越多的弱势成年人拥有跨境利益，这一事实应促使各国成为《成年人国际保护公约》的缔约国。

第 40 章追溯了 HCCH 在亲子关系和代孕方面的发展，作者支持 HCCH 亲子关系/代孕项目专家组在其可能拟议的关于合法亲子关系的新国际私人文书中讨论的关于合法亲子关系的传统国际私法解决方案。然而他强烈鼓励专家组不仅要根据国际代孕协议制定一项关于合法亲子关系的单独议定书，而且要根据 1993 年海牙《跨国收养公约》中的调解方案，为这些有争议的问题制定一个监管解决方案，该解决方案已被证明在大多输出国和接收国以及对跨国收养热情有限（有时甚至没有）的国家取得了令人难以置信的成功。

第六部分共 1 章。

第 41 章为结论。本书旨在成为全球国际私法最先进的指南，它显示了国际私法强大、发展强劲、潜力巨大、薄弱但可复兴、尚未建立但可创建的地方，它甚至还包括在不久的将来不建议创造全球国际私法的领域。本结论试图绘制每一领域的蓝图。

【本书目录】

第一部分

第 1 章　引言

第二部分　理论知识

第 2 章　实用主义与国际私法

第 3 章　定性

第 4 章　连结因素

第 5 章　反致与先决问题

第 6 章　公共政策与强制性规范

第三部分　制度与框架

第 7 章　海牙国际私法会议

第 8 章　海牙公约下的国家机关与中央主管部门

第 9 章　实体与程序

第 10 章　外国法的适用

第 11 章　国家作为内国法院管辖的国际事务中的诉讼当事人

第 12 章　送达

第 13 章　取证

第四部分　民商法（家庭法除外）

第 14 章　合同的法律适用

第 15 章　合同管辖权

第 16 章　公司

第 17 章　竞争法的实施：国际私法与在跨境案件中获得有效法律补救措施

第 18 章　侵权法律适用

第 19 章　侵权管辖权

第 20 章　不当得利

第 21 章　财产

第 22 章　继承

第 23 章　信托

第 24 章　资不抵债与破产

第 25 章　知识产权

第 26 章　仲裁

第 27 章　全球国际私法中的海商法例外主义

第 28 章　选择法院协议

第 29 章　民商事判决的承认与执行

第 30 章　管辖权的冲突

第 31 章　集体救济

第五部分　家庭法

第 32 章　离婚

第 33 章　父母责任、监护权与探视权

第 34 章　儿童拐卖

第 35 章　儿童收养

第 36 章　抚养

第 37 章　婚姻财产

第 38 章　涉及儿童的家庭协议

第 39 章 成年人保护

第 40 章 国际代孕和国际亲子关系：全球解决方案的希望

第六部分

第 41 章 结论：全球国际私法的力量图谱

Part Ⅰ

Chapter 1 Introduction

Part Ⅱ Theory

Chapter 2 Pragmatism and Private International Law

Chapter 3 Characterisation

Chapter 4 Connecting Factors

Chapter 5 Renvoi and Preliminary Questions

Chapter 6 Public Policy and Mandatory Provisions

Part Ⅲ Institutional and Framework Issues

Chapter 7 Hague Conference on Private International Law

Chapter 8 National Organs and Central Authorities under HCCH Conventions

Chapter 9 Substance and Procedure

Chapter 10 Application of Foreign Law

Chapter 11 States as Litigants in International Matters before Domestic Courts

Chapter 12 Service of Process

Chapter 13 Taking of Evidence

Part Ⅳ Civil and Commercial Law (Excluding Family Law)

Chapter 14 Law Applicable to Contracts

Chapter 15 Contract Jurisdiction

Chapter 16 Companies

Chapter 17 Competition Law Enforcement: Private International Law and Access to Effective Legal Remedies in Cross-Border Cases

Chapter 18 Tort: Applicable Law

Chapter 19 Tort: Jurisdiction

Chapter 20 Unjust (ified) Enrichment

Chapter 21 Property

Chapter 22 Succession

Chapter 23 Trusts

Chapter 24   Insolvency and Bankruptcy

Chapter 25   Intellectual Property

Chapter 26   Arbitration

Chapter 27   Maritime Exceptionalism in Global Private International Law

Chapter 28   Choice of Court Agreements

Chapter 29   Recognition and Enforcement of Judgments in Civil or Commercial Matters

Chapter 30   Conflicts of Jurisdiction

Chapter 31   Collective Redress

Part Ⅴ   Family Law

Chapter 32   Divorce

Chapter 33   Parental Responsibility, Custody and Access

Chapter 34   Child Abduction

Chapter 35   Adoption of Children

Chapter 36   Maintenance

Chapter 37   Matrimonial Property

Chapter 38   Family Agreements Involving Children

Chapter 39   The Protection of Adults

Chapter 40   International Surrogacy and International Parentage: Hopes for a Global Solution

Part Ⅵ   Conclusion

Chapter 41   Conclusion: Mapping of the Strength of Global Private International Law

《构建与全球法律秩序趋同的框架：
欧盟与世界》

陈　露

书名：*Framing Convergence with the Global Legal Order：The EU and the World*

作者：Elaine Fahey 等

出版：哈特出版社 2020 年版

【作者简介】

Elaine Fahey 博士是伦敦城市大学（City University London）城市法学院欧洲法律研究所（Institute for the Study of European Law，ISEL）法律与跨大西洋关系的教授。她的研究领域涉及欧盟法律与全球治理、跨大西洋（欧盟－美国）等国际关系问题。

【专著内容】

这本跨学科的书探讨了欧盟（European Union，EU）与全球法律秩序趋同的概念。本书关注了作为世界上促进"逆向"趋同的前沿行为者欧盟的行动（Actions）、立法和实践。在一个动态的"转折"中，本书运用方法论来反思当前全球事务中一些变化最为显著的方面。本书所有作者都赞同欧盟作为全球法律秩序中一个特殊的趋同行为者的概念。本书将这种欧洲例外主义（European Exceptionalism）的方法学分离出来，作为一种规范性和描述性的情况。所有作者都认为，欧盟以其独特的方式，越来越多地在全球法律秩序中实践和宣扬趋同，其明确性、开放性和直接性有时与国际法和/或国际政治相抵触。

本书探讨的问题包括：就欧盟和世界而言，趋同的主体和对象是什么？

"以法院为中心"（Court-Centric）和较少"以法院为中心"的方法有何不同？我们能否将政治学和国际关系作为"服务工具"？

本书共分为三部分，共 16 章。

第一部分共 5 章，探讨了欧盟全球趋同的框架。

在第 1 章中，弗兰克·霍夫迈斯特（Frank Hoff meister）指出，欧盟是世界主要贸易大国之一，占全球进出口总额的 15%。他认为，欧盟在世贸组织中拥有相当大的影响力，并在参与双边自贸协定（Free-trade Agreements, FTAs）时具备占优势的谈判力量。自 2006 年曼德尔森（Mandelson）委员宣布"全球欧洲"（Global Europe）战略以来，它确实与韩国、加拿大或新加坡等伙伴缔结了许多新的"深度和全面自由贸易协定"（Deep and Comprehensive Free Trade Agreements, DCFTAs）。此外，在 2013 年至 2017 年期间，它试图与美国建立跨大西洋贸易和投资伙伴关系（Transatlantic Trade and Investment Partnership, TTIP）。然而，随着 2017 年 11 月特朗普总统的当选，这一项目宣告结束。总的来说，欧盟的 DCFTAs 体现了各方之间贸易自由化的共同意愿。在此背景下，欧盟的做法是否设定了全球标准这一问题十分重要。本章重点讨论了综合性经济贸易协议（Comprehensive Economic and Trade Agreement, CETA），并考虑欧盟的 DCFTAs 是否最先进的、其他国家愿意模仿的？它们能否成为新的多边公约的全球标准？还是它们更像是欧洲例外主义的象征，主要服务于欧洲的利益，而不能被视为一个全球蓝图？

在第 2 章中，杰德·奥德马特（Jed Odermatt）认为，近年来，许多欧盟政策被批评为"单边""域外"，甚至违反了国际法。在减缓气候变化、金融市场监管、数据保护和人权等领域，欧盟的单边做法往往不是因为脱离了多边主义，而是因为无法通过多边主义取得进展。它推动更大程度地趋同于自己的价值观和规范，也可以被视为削弱了多边体系。本章首先讨论了欧盟对多边主义的承诺，这体现在欧盟条约中，是欧盟外交政策的一部分。然后，本章转向了欧盟因追求单边主义而受到挑战和批评的法律领域，重点是气候变化政策、数据保护和自主限制性措施（制裁）的使用。报告认为，"欧盟的单边主义"可以从分歧和趋同的角度来理解：一方面，欧盟正在寻求推动法律的发展，欧盟正在寻求推进法律并促进围绕其规范的更大趋同；但另一方面，通过以单边方式推行这一政策，导致了它所寻求的多边秩序的进一步分裂。

在第 3 章中，马奇科·卡内塔克（Machiko Kanetake）展示了监控技术的使用如何严重损害欧盟内部及其贸易伙伴的个人权利。在 2019 年 5 月的报告中，联合国意见和言论自由特别报告员对"监视出口"（Surveillance

Exports）的状况表示十分关切。联合国特别报告员首先建议各国立即暂停监视工具的出口，并敦促各国制定适当的保障措施。"两用出口管制"（Dual-use Export Control）是各国可用的法律保障措施之一。在欧盟内部，两用物品的出口主要由 2009 年 5 月 5 日第 428/2009 号《理事会条例》（*Council Regulation*，EC）管理，该条例是欧盟共同商业政策的一个组成部分。本章分析了欧盟在"阿拉伯之春"（Arab Spring）之后为将人权风险纳入欧盟的出口控制而采取的政治举措。简而言之，这些举措在多个层面的趋同和分歧之间摇摆不定。原则上，欧盟的任务是促进其对外行动与人权的融合。人权趋同的倡议也符合联合国的"商业与人权指导原则"。然而，将人权纳入欧盟的出口管制不可避免地涉及一个可能与国际人权法相背离的政策选择。此外，加强人权保护的尝试标志着与国际出口管制制度的分歧，更根本的是与各参与国的监管协调理念背道而驰。不管欧盟立法进程的结果如何，审议程序本身已经揭示了一些规范性和政治性的挑战，这些挑战是欧盟在其对外行动中融入人权的雄心的基础。

在第 4 章中，毛罗·加蒂（Mauro Gatti）将重点放在国际协议以及国内和国际法庭的裁决上。最近的事态发展，如欧盟的扩大和公众对投资者对国家争端解决（Investor-to-State Dispute Settlement，ISDS）的强烈抗议，已经改变了欧盟对外投资政策的趋同动态。欧盟和国家正在重新考虑在欧盟内部和全球层面的国际投资保护体系的部分内容。欧盟及其成员国的新政策可能表明，欧盟与国际投资法的范式有一定的分歧，同时欧盟和资本输入国的政策会更加趋同。

在第 5 章的结语部分，米歇尔·伊根（Michelle Egan）认为欧盟作为国际主义者在制定标准方面走在前列。然而，其他有原则的实用主义的观点，例如关于安全的观点，反映了对欧洲在全球秩序中作用的更细致入微的看法。

第二部分共 6 章，探讨了全球法律秩序是否反对趋同。

在第 6 章中，费尔南达·尼古拉（Fernanda Nicola）描述了不同类型的地方对全球趋同的抵制，这些抵制与 WTO、欧盟等区域性国际组织以及最近中国的"一带一路"（One Belt and One Road Initiative，BRI）等机构行为者建立的全球贸易和监管制度形成了紧张关系。早期，研究这些不同形式的全球趋同的学者们通过探讨法律移植的成败，以及证明趋同叙事的哲学，探索了趋同与地方差异之间的辩证关系。然而，这种关注把阻力的类型和它们如何通过批评或塑造全球趋同的叙述而在紧张关系中运作的问题抛在了脑后。尼古拉概述了四个地方性抵抗的例子，这些例子涉及经济差异和地方文化理论、制度变革和监管路径依赖、全球融合的欧洲中心主义以及对全球法律中的新自由主义涵盖的民主抵抗，以此作为构建全球趋同叙事的镜头。

在第 7 章中，大卫·海尼（David Henig）研究了我们可以从 TTIP 谈判中了解到美国和欧盟在监管中发挥的领导作用。他认为，这表明美国和欧盟之间拟议的 TTIP 背后的关键驱动力之一是构建一个平台，以便在解决其监管差异、促进经济增长和应对新兴经济体的威胁方面取得重大进展。随着 2016 年特朗普总统的当选，TTIP 谈判在三年后停滞不前，可以说是由于在采购和农业等传统贸易问题上的差异，而不是监管差异。监管一致性方面的进展也很缓慢，这反映了双方不同的方法，这可以被描述为是欧盟监管机构主导的进程，而不是美国私营部门主导的进程。这些差异正在被讨论，但进展大多在会谈结束时停止。

在第 8 章中，保罗·詹姆斯·卡德威尔（Paul James Cardwell）和拉美西斯·韦斯（Ramses A. Wessel）主要研究分歧而不是趋同。由于欧盟法律至少在一开始就是国际法的产物，因此其出发点是，在诸如领土这样的基本问题上，这些定义应该是相同的。然而，在欧盟作为一个成熟的法律体系的背景下，本章的目的是考察欧盟法和国际法之间的分歧程度。首先，从内部视角来看，本章将通过"领土"的视角审视欧盟在其法律秩序中对领土的定义和理解，以审视对欧盟规范和规则的影响。其次，从外部视角来看，它将特别关注欧盟机构之一的欧盟法院在出现国际领土问题时的反应。尽管关于领土范围的问题是国际法中最具政治色彩的问题之一，但它们往往是通过看似平凡和技术性的贸易问题出现的。

本章的一部分探讨了法院在多大程度上发展了自己的方法来处理这种固有的"政治"和棘手的问题，因为法院是为处理欧盟法律事务而不是为解决"一般"国际法难题而设立的。

在第 9 章中，胡安·桑托斯·瓦拉（Juan Santos Vara）和劳拉·帕斯夸尔·马泰尔（Laura Pascual Matellán）指出，欧盟一直积极且持续地参与了《全球移民协议》（Global Compact for Migration）的制定过程，在协议通过之前的协商阶段，通过欧盟代表团发表了欧盟协调一致的声明。尽管参与了《全球移民协议》的制定过程，一些欧盟成员国还是决定不支持该文件的最终文本。本章分析了《全球移民协议》和欧盟移民政策之间的趋同或分歧，以及成员国之间在实施过程中的内部分歧所产生的影响。看来，2018 年最后几个月围绕《全球移民协议》的通过所产生的争议，以及它们之间缺乏共识，很可能导致欧盟成员国从那时起就不再在欧盟层面讨论它，避免重新打开潘多拉的盒子。

在第 10 章中，马格达莱娜·福洛维奇（Magdalena Forowicz）评估了欧盟和国际法在团结措施方面是否趋同，从而有助于团结原则（Principle of Solidarity）的发展。在第一部分中，本章简要回顾了团结原则在国际法中的发展，然后评估了它是如何作为新缔结的《全球难民契约》（Global Compact on Refugees）的一部分得以实施的。在第二部分，本章评估了团结原则在欧盟法律中的演变，然后回顾了它是如何作为欧盟应对近期危机的一部分得到实施的。在这两部分中都强调了作为关键团结措施的难民安置问题。在第三部分中，本章将欧盟的团结与合作原则以及相应的欧盟成本分担措施（EU Burden-Sharing Measures）与国际法中的原则和措施进行了比较。其目的是评估国际和欧盟之间是否存在趋同，并评估团结与合作原则的总体发展。

在第 11 章中，加布里埃尔·西尔斯-布鲁格（Gabriel Siles-Brügge）表明，欧盟的对外行动并不是一套单一的政治价值观或目标的产物，即使一些作者指出，随着时间的推移，欧盟的（对外）政策已经走向了新自由主义。这与右翼脱欧派（Right-wing Brexiteers）和左翼人士（Lexiteers）所表达的许多本质化论点背道而驰，他们认为欧盟要么是一个过度监管的社会民主空间，要么只是一个"资本主义俱乐部"。欧盟对全球融合采取何种方式，最终是更广泛的政治斗争的产物。我们仍然可以看到，欧洲绿色协议（European Green Deal）将欧盟推向一个更具环境可持续性的方向，碳边界调整机制使欧盟能够推动全球向低碳强度靠拢。

第三部分共 5 章，探讨了欧盟的法律和政策何时更"由内而外"而非"由外而内"这一问题。

在第 12 章中，科尼利亚·皮皮迪·卡洛吉鲁（Kornilia Pipidi-Kalogirou）考虑了 FTAs 如何扩大其效用，变成欧盟军械库的治理机制，而不是纯粹的贸易关系监管机构。这种转型能力主要来自在自贸协定中纳入了超越纯粹经济治理的承诺，如关于监管合作的章节。尽管监管合作并不构成欧盟贸易的新趋势，但在目前的状态下，它代表了一种原始的转变。事实上，将监管合作放在一个具有法律约束力的条约中，与过去的谈判和承诺的选择是不一致的。本章通过使用"合法化"的概念来描述这种"向法律迈进"，这是一个国际关系的概念，旨在描述法律对规范国际协议的日益偏好。关于合法化的结论后来被用来研究是否以及在何种程度上促进了监管的趋同。通过这种方式，它将监管合作的合法化与监管趋同联系起来。

在第 13 章中，阿克里·巴德瓦（Aakriti Bhardwaj）和杰夫·肯纳（Jeff

Kenner）概述了在欧盟开始谈判新一代自贸协定之前，与贸易有关的劳工标准义务是如何隐含在"基本要素"条款中的，该条款强调了对人权的保护。现在，欧盟自贸协定中的劳工标准的覆盖范围属于"贸易与可持续发展"章节的范畴，这些章节寻求国内劳工法与国际劳工组织标准的趋同。此外，通过这些自贸协定，欧盟正在扩大其规范性议程，并解决监管问题，如国家系统内的腐败和有关民间社会参与贸易政策的治理问题。以拟议中的欧盟–墨西哥自贸协定（EU-Mexico FTA）为例，本章分析了通过贸易实现劳工标准纵向和横向趋同的可能性。纵向趋同是指欧盟对国际劳工标准的追求，而横向趋同是指自由贸易协定中对劳工标准有间接影响的条款，因此这与贸易国的劳工标准的推进有关。这一分析是根据欧盟的贸易政策、可能影响墨西哥监管变化的外部因素（如美国和墨西哥的贸易关系）以及在经济关系中保护法治的目标来展开的。

在第 14 章中，恩里科·帕蒂蒂（Enrico Partiti）展示了欧盟及其成员国的规则制定者如何在全球价值链的跨国领域中越来越多地使用私营标准和公司的内部监管流程。这种使用的效果可能导致全球生产实践通过使用外部规范与国际法趋同。通过利用自愿标准的监管能力，欧盟能够促进对国际环境和社会义务的遵守——包括建立在域外司法管辖区的企业和生产商。然而，与国际规定的趋同实际上可能被证明是肤浅的。额外的私人监管层的存在，加上私人规则与运营国适用的规则的相互作用，可能会限制商业行为与国际规定的趋同。为了确保有效的趋同，可能需要适当的法律结构。此外，与社会和环境领域的趋同发生在与国际贸易义务精神是同时发生的。通过使用在世贸组织条款下大多不受审查的私人权力，欧盟及其成员国能够以一种可能受到世贸组织规则约束甚至可能制裁的方式间接规范外国商业实体的行为。

在第 15 章中，弗朗切斯科·佩内西（Francesco Pennesi）概述了全球化进程和资本市场的跨境性质是如何日益挑战国内司法管辖区在其管辖区制定金融规则的能力。本章指出了在英国脱欧背景下，将等效（equivalence）作为监管趋同机制的能力的两个决定性因素。首先，在欧盟内部和外部对等效政策的管理有很大争议的时期，等效的趋同效果直接取决于欧盟委员会保持其广泛的自由裁量权和机构垄断的能力。其次，欧盟采用等效作为趋同机制的能力也将取决于欧盟最近通过的立法改革是否成功，这些改革旨在使等效制度成为一个更加灵活和相称的机制，以通过获取监管一致性来换取市场的准入。

在第 16 章中，伊莎贝拉·曼奇尼（Isabella Mancini）探讨了最新的欧盟贸易谈判的一个关键特征，即如何追求"深度贸易议程"以实现与贸易伙伴的"深度融合"。从基本权利的角度来看,"深度"的概念仍未得到正确把握。本章的核心问题是,"趋同"的方法论框架如何能够帮助探索和理解新一代欧盟贸易协定中"基本权利的深度"。本章以 CETA 下的公民社会论坛(Civil Society Forum)为案例研究,认为虽然趋同可以证明针对某些分析要素而非其他要素的合理性,但其对更多规范性探索的作用仍然有限。

【本书目录】

引言:论欧盟与全球法律秩序趋同的框架

第一部分　欧盟全球趋同的框架

第 1 章　欧盟的自由贸易和投资协定:欧洲与世界贸易法的趋同?

第 2 章　欧盟单边主义的趋同

第 3 章　将两用出口管制与人权规范相融合:欧盟对数字监控系统出口的回应

第 4 章　欧盟与国际投资协定:分歧即趋同

第 5 章　结语:欧盟的全球和区域趋同

第二部分　反对趋同的全球法律秩序?

第 6 章　对全球趋同的阻力

第 7 章　TTIP 中欧盟和美国的监管一致性——相似之处和不同之处

第 8 章　欧盟对外关系和国际法:在"领土"问题上的分歧?

第 9 章　全球移民协议:与欧盟政策的趋同或背离?

第 10 章　团结原则的趋同和分歧

第 11 章　结语:欧盟是一个有选择的、矛盾的趋同者

第三部分　欧盟的法律和政策何时更"由内而外"而非"由外而内"?

第 12 章　欧盟自由贸易协定中的监管合作:将合法化与趋同联系起来

第 13 章　欧盟-墨西哥贸易中的劳工标准:对两种趋同的叙述进行评估

第 14 章　通过欧盟价值链监管和自愿性标准实现全球趋同

第 15 章　作为趋同机制的欧盟监管等效制度:金融监管和欧盟法律

第 16 章　"深度贸易议程":贸易与基本权利的趋同

Introduction: On Framing Convergence of the EU with the Global Legal Order

Part Ⅰ　Framing EU Global Convergence

Chapter 1　The EU's Free Trade and Investment Agreements: European Convergence with World Trade Law?

Chapter 2   Convergence through EU Unilateralism

Chapter 3   Converging Dual-Use Export Control with Human Rights Norms：The EU's Responses to Digital Surveillance Exports

Chapter 4   The EU and International Investment Agreements：To Diverge is to Converge

Chapter 5   Epilogue：EU Global and Regional Convergence

Part Ⅱ   A Global Legal Order against Convergence?

Chapter 6   Resistances to Global Convergence

Chapter 7   EU and US Regulatory Coherence in TTIP — Similarities and Differences

Chapter 8   EU External Relations and International Law：Divergence on Questions of "Territory"?

Chapter 9   The Global Compact on Migration：Convergence or Divergence with EU Policies?

Chapter 10   Convergence and Divergence of the Principle of Solidarity

Chapter 11   Epilogue：The EU as a Selective and Conflicted Converger

Part Ⅲ   When is EU Law and Policy More "Inside-Out" than "Outside-In"?

Chapter 12   Regulatory Cooperation in EU FTAs：Linking Legalisation to Convergence

Chapter 13   Labour Standards in EU-Mexico Trade：An Assessment along Two Narratives of Convergence

Chapter 14   Global Convergence through EU Value Chain Regulation and Voluntary Standards

Chapter 15   The EU Equivalence Regime as a Mechanism of Convergence：Financial Regulation and EU Law

Chapter 16   "A Deep Trade Agenda"：The Convergence of Trade and Fundamental Rights

《欧盟共同监管框架下互联网服务供应商的版权和商标权的侵权责任》

王亚春

书名：*Internet Service Provider Liability for Copyright and Trade Mark Infringement Towards an EU Co-Regulatory Framework*

作者：Zoi Krokida

出版：哈特出版社 2022 年版

【作者简介】

Zoi Krokida 是雷丁大学（University of Reading）的博士，目前是德蒙福特大学（De Montfort University，DMU）的讲师。本书是作者在其博士论文的基础上修改完善形成的。

【专著内容】

互联网服务提供商（Internet Service Providers，ISP）被称为"互联网基础设施的骨干"，不仅充当互联网用户之间的通信工具，而且提供了大量的服务，与此同时，他们使版权所有者和品牌所有者的作品和品牌吸引更广泛的受众。然而，互联网服务提供商的活动，特别是作为本书主要重点的主机互联网服务提供商（Host ISP）的活动，引发了许多侵犯版权和商标的事件，导致在线盗版增加。

在此背景下，内容所有者和品牌所有者开始将注意力转向主机 ISP，要求对其权利的侵犯进行赔偿。他们没有对主要侵权人提起诉讼，而是对主机 ISP 提起诉讼。根据电子商务指令（E-Commerce Directive，ECD）的规定，他们向主机 ISP 要求金钱或强制令救济（Injunctive Relief）。本书的内容包括网上侵犯版权和商标的行为、特定类型的 ISP，即主机 ISP，以及主机 ISP 可能对其网络内发生的版权和商标侵权行为承担的责任。本书分为三个部分，共9章。

第一部分共2章，为"理论与政策思考"，概述了互联网监管理论以及将责任规则归于主机 ISP 的理论基础。

第1章介绍了影响网络空间监管体制的互联网监管理论，即自我监管、共同监管和国家监管，及它们的主要支持者和批评者。

第2章介绍了道德和功利主义理论，这些理论证明了将责任归于主机 ISP 的合理性，还论述了需要制定赔偿责任规则的政策和实际考虑，目的是方便权利享有者因权利受到侵犯而获得法律补偿。

第二部分共4章，对规范主机 ISP 网络内发生的版权和商标侵权行为的现行法律框架的低效性进行了批判性评价：

第3章批判性评价了 ECD 下规范主机 ISP 活动的现行法律框架，分析了主机 ISP 责任的法律性质，主机 ISP 的次要责任、对主机 ISP 实施次要责任的理论基础以及主机 ISP 责任所依赖的理论背景。此外还探讨了根据 ECD 第14条第1款引发主机 ISP 责任的要求，分析了这些要求在特定法域国家的执行情况，以及相应的缺陷。

第4章对数字化单一市场版权指令（Copyright in Digital Single Market Directive，DSMD）进行了批判性的探讨。首先作者对 DSMD 第13条（在 DSMD 最终草案中变为第17条）进行了历史说明，讨论了欧盟委员会的提案，理事会和议会的妥协文本（Compromised Text）。此后，评估了 DSMD 第17条在特定的欧盟成员国中的实施情况。

第5章考察了责任规则对主机 ISP、在线内容分享服务提供者（Online Content-Sharing Service Provider，OCSSP）、知识产权持有者和互联网用户的影响。

第6章介绍了数字服务法（Digital Services Act Regulation）第131条的提案，特别是与主机 ISP 相关的法律规定，此后，还审查了拟议条例与 DSMD 第17条的重叠之处。

第三部分共3章，就如何为主机 ISP 构建更健全的在线版权和商标侵权法律框架提出了一系列建议。

第7章对建立基于共同监管的责任框架提出了一些规范性见解，以应对主机 ISP 网络内发生的版权和商标侵权行为。此外主机 ISP 需对在其网络内传播侵权内容和假冒商品的行为承担的责任之一：注意义务。

在第8章中，作者探讨了 ISP 应对用户承担的另一种责任：透明度义务。在此过程中，作者注意到缺乏一项法定透明度义务，为此，作者为主机 ISP 在实践中应如何履行透明度义务提供了建议，以便实现相关各方利益的平衡，即主机 ISP、互联网用户或在线消费者和权利持有人的利益。

第 9 章在前面章节的基础上，建议建立一个主机 ISP 监督机构。作者说明了设立这样一个管理机构的规范性思考，并提出了拟议管理机构运作的原则和职能。为了做到这一点，作者将希腊与意大利现有的 ISP 主管部门以及其他法律领域的主管部门进行比较，如处理数据保护和竞争法的主管部门。

第 10 章总结了在版权和商标方面建立主机 ISP 共同监管框架的主要发现和新建议。

【本书目录】

导论

第一部分　理论与政策思考

第 1 章　互联网监管理论综述

第 2 章　主机 ISP 的责任：理论与政策背景

第二部分　现行立法工具评析

第 3 章　《电子商务指令》（ECD）第 14（1）条下主机 ISP 对版权和商标侵权的责任框架：过时的做法

第 4 章　《数字化单一市场版权指令》（DSMD）第 17 条规定的在线内容分享服务提供者（OCSSP）对侵犯版权行为的监管框架：一种有争议的做法

第 5 章　主机 ISP、OCSSPs 和根据 ECD 第 14（1）条和 DSMD 第 17 条所涉的各方

第 6 章　《数字服务法》提案规定的主机 ISP 侵犯商标和版权的责任：一种有希望的办法

第三部分　引入共同监管框架

第 7 章　重新界定注意义务的概念

第 8 章　引入透明度的法定条款

第 9 章　建立监管机构：一项提案

结论

Introduction

Part Ⅰ　Theoretical and Policy Considerations

Chapter 1　Internet Regulatory Theories：An Overview

Chapter 2 Liability of Host Internet Service Providers: Theoretical and Policy Background

Part II Evaluation of the Current Legislative Tools

Chapter 3 The Host Internet Service Providers' (Host ISPs) Liability Framework under Article 14 (1) of the *E-Commerce Directive* (ECD) for Copyright and Trade Mark Infringements: An Outdated Approach

Chapter 4 The Regulatory Framework of Online Content Sharing Service Providers (OCSSPs) under Article 17 of the *Copyright in the Digital Single Market Directive* (DSMD) for Copyright Infringements: A Controversial Approach

Chapter 5 Host ISPs, OCSSPs and Parties Involved under Article 14 (1) of the E-Commerce Directive and Article 17 of the Copyright in the Digital Single Market Directive

Chapter 6 Liability of Providers of Hosting Services under the Proposal for *a Digital Services Act* for Trade Mark and Copyright Infringements: A Promising Approach

Part III Introducing a Co-regulatory Framework

Chapter 7 Redefining the Concept of Duty of Care

Chapter 8 Introducing a Statutory Provision for Transparency

Chapter 9 Establishing a Supervisory Authority: A Proposal

Conclusion

《数据保护和隐私：在不断变化的世界中行使权利》

李通敏

书名： *Data Protection and Privacy：Enforcing Rights in a Changing World*

作者： Dara Hallinan、Ronald Leenes、Paul De Hert 等

出版： 哈特出版社 2022 年版

【作者简介】

自 2011 年起，Dara Hallinan 担任卡尔斯鲁厄弗劳恩霍夫研究所（Fraunhofer ISI in Karlsruhe）的法律研究员。他主要研究法律、新兴技术与社会之间的相互作用。

Ronald Leenes 是蒂尔堡法律、技术与社会研究所所长，也是蒂尔堡大学（Tilburg University）的教授。他的主要研究领域涉及技术监管与隐私、实践中的数据保护等。

【专著内容】

本书汇集了在不断变化的世界中有关隐私、数据保护和权利行使的概念分析、重点问题分析、解决方案以及实践问题的论文，也是 2021 年 1 月举行的第 14 届计算机、隐私和数据保护国际会议（Computers, Privacy and Data Protection Conference, CPDP）的成果之一。

新型冠状病毒流行的时代对我们与媒体互动的方式、方法、时间和原因都产生了深刻而持续的影响和变化。其中，许多变化与收集和使用数据的新方法相对应，尤其是在规模、形式和目的方面。这就产生了棘手的问题，即在这种新颖的数据处理模式中，我们拥有和应该拥有哪些权利，并且如何平衡这些权利与其他重要的社会利益，以及鉴于形势的变化性和不确定性，这些权利应该

如何行使。

这本跨学科的书是在数据处理对个人和社会系统的影响变得越来越严重的背景下完成的。书中讨论了开放性问题以及一些大胆的和具有前瞻性的方法，一共分为10章。

在第1章中，作者主要研究了中国、欧洲和俄罗斯数据主权规范的发展过程。根据芬尼莫尔（Finnemore）和西金克（Sikkink）的三阶段模型，作者回顾了数据主权规范发展的思想史，分别是规范的产生阶段、规范的泛滥阶段以及规范的全球化阶段。并且，作者认为新冠肺炎疫情危机是第四个阶段产生的催化时间，称之为规范的内化阶段。随着数据主权的实施，社会在其中发挥着重要作用。因此，私主体的权利行使和对政府权力的限制共同赋予了自由社会中数据主权的特征和范围。

在第2章中，鉴于算法内部工作的复杂性，作者认为这些系统可能会对社会产生无法预料的影响。同时，欧盟也开始了一项名为"算法意识构建"（Algorithmic Awareness-Building）的运动，以求在制定算法相关的政策时，为决策者提供一些解决问题和抓住机遇的信息。作者还研究了艺术（Art）在推动公共争论的算法问责制度和透明制度的发展过程中拥有怎样的重要地位。在介绍了算法责任和透明度的具体概念后，作者研究了艺术在其中的促进作用，特定艺术项目和装置被纳入算法问责和透明制度后的进一步责任问题以及艺术的五项基本功能在实现欧盟这一目标过程中的作用。

在隐私保护中，隐私的合理预期（Reasonable Expectation）是根植于美国方式中的一个概念。在第3章中作者分析了在应用主观测试和客观测试的方法后，原告能否引用隐私权维护自身利益的问题，并认为这种方式否定了公共场合下公民的隐私权。同样，这也是欧洲人权法院拒绝（European Court of Human Rights）拒绝使用该方法，并使用另外两项测试的原因。

在第4章中，作者分析了多重利益相关方如何在起草和颁布巴西《通用数据保护法》（*Brazilian General Data Protection Law*，LGPD）的过程中获得特殊的相关性，探讨了它的前因后果和各种利益群体之间的关系及其变化。除此之外，作者重点研究了这些利益相关者形成的联盟，并且以迫使巴西议院（Brazilian Senate）通过没有实质性改变的《通用数据保护法》为共同目标，调查了这个临时联盟的起源、成立背景以及最终破裂的原因。最后，作者分析了多重利益主义对规范内容的影响，尤其是个别涉及相关合法利益法律基础的条款，还研究了《通用数据保护法》所建构制度的执行。

在第5章中，作者主要讨论了决策依赖于自动化的情况日渐增多所产生的对这种自动化决策可信度的争论问题，透明的自动化决策和"可解释人工智能"（Explainable Artificial Intelligence，XAI）的出现。作者认为生成计算解释有助于实施追踪行为的义务承担者实现整体合规，详细构建的解释能够增强对数据控制者和外部接收者权利的保护。因此，作者介绍了自动决策的来源驱动和法律依据解释（Provenance-driven and Legally-grounded Explanations for Automated Decisions，PLEAD）项目以证明上述观点。

在第 6 章中，作者主要研究了《通用数据保护法》（General Data Protection Regulation，GDPR）对作为公众协商（Public Dliberation）基础的 2019 年新型冠状病毒（COVID-19）研究数据的管理、传播以及再利用的影响。因此，作者提到了由欧洲一些机构发起的科学公开（Open Science）项目，以论证公众审议应当以科学知识为基础的观点。同时，作者还重点研究了在《通用数据保护法》条款下，科学公开相关项目的合规性。作者重点分析了第 89 条的例外情况，旨在明确规定作为公众审议基础的科学研究的公开程度和政治决策的先决条件。

在第 7 章中，作者分析了 2019 年新型冠状病毒暴发背景下 2020 年 3 月 21 日欧盟数据保护委员会（European Data Protection Board，EDPB）发布的指南（Guidelines 03/2020）所引发与使用健康数据有关的问题。因此，研究界需要欧盟（European Union，EU）政府发布相关建议，以协调和强化《通用数据保护法》研究活动中健康数据使用的问题。作者就以上问题给出了相关的建议。

在第 8 章中，作者介绍了欧盟委员会（European Commission）发布的两项欧盟新型冠状病毒数字证书（EU Digital COVID Certificate Regulations），这些证书是为了通过协调的手段确保人和货物的自由流动。同时，作者还呈现了这项政策相关争议、历史概述以及相关的术语分类问题。其次，作者指出了应用这项法规以及附件过程中的与欧盟数据保护法相关的重要因素。最后，作者扩展思路，总结了一系列应用该框架的建议。

在第 9 章中，作者指出了智慧城市的发展需要多个不同利益相关群体的合作，因此重点研究了智慧服务型城市发展背景下的数据保护影响评价（Data Protection Impact Assessment，DPIA）以及明确和评估了特殊数据保护介入后各类利益相关者的利益情况。通过使用层级分析法（Analytical Hierarchy Process，AHP），作者评估了数据保护影响评价背景下利益的突出特征。最后，作者认为聪明的利益相关者的考虑是智慧城市可以持续发展的核心，本章也为进一步的研究奠定了基础。

第 10 章记录了作者在欧洲数据保护监管部门（European Data Protection

Supervisor，EDPS）举办的会议上发表的闭幕词。

【本书目录】

第 1 章　中国、俄罗斯、欧盟和美国数字主权规范的发展：从 20 世纪 90 年代末到冠状病毒危机

第 2 章　艺术性：艺术与算法问责制度

第 3 章　对隐私的期望：欧洲人权法院实施的三项测试

第 4 章　巴西《通用数据保护法》中的多重利益相关方：历史与教训

第 5 章　解释的双重功能：为什么计算解释是有价值的

第 6 章　COVID-19 流行病毒和 GDPR：当科学研究作为公众协商的组成部分时

第 7 章　流行病毒大危机作为验证欧盟个人数据保护系统支持科学研究能力的测试案例

第 8 章　数据保护法和欧盟数字 COVID 证书框架

第 9 章　DPIA：智慧城市中利益相关者利益冲突？

第 10 章　团结——"无权者的力量"：欧洲数据保护监管部门的闭幕词

Chapter 1　The Norm Development of Digital Sovereignty between China，Russia，the EU and the US：From the Late 1990s to the COVID Crisis 2020/21 as Catalytic Event

Chapter 2　Artountability：Art and Algorithmic Accountability

Chapter 3　Expectations of Privacy：The Three Tests Deployed by the European Court of Human Rights

Chapter 4　*Multistakeholderism in the Brazilian General Data Protection Law*：History and Learnings

Chapter 5　The Dual Function of Explanations：Why Computing Explanations is of Value

Chapter 6　COVID-19 Pandemic and GDPR：When Scientific Research becomes a Component of Public Dliberation

Chapter 7　The Pandemic Crisis as Test Case to Verify the European Union's Personal Data Protection System Ability to Support Scientific Research

Chapter 8　Data Protection Law and the EU Digital COVID Certificate Framework

Chapter 9　The DPIA: Clashing Stakeholder Interests in the Smart City?

Chapter 10　Solidarity — "The Power of the Powerless": Closing Remarks of the European Data Protection Supervisor

《国际法中的纳税人：保护纳税人权利的国际最低标准》

冯丽芳

书名： *Taxpayers in International Law：International Minimum Standards for the Protection of Taxpayers' Rights*

作者： Juliane Kokott、Pasquale Pistone

出版： 哈特出版社 2022 年版

【作者简介】

Juliane Kokott 是欧盟法院（Court of Justice of the European Union）的检察长和圣加仑大学的教授。

Pasquale Pistone 是奥地利和国际税法研究所（Institute for International Tax Law）的成员，于 2005 年获得由欧洲科学基金会颁发的欧洲青年研究者奖（The European Young Investigator Awards，EURYI—ESF），是欧洲和国际税法的教授，其跨学科法学研究的重点是欧洲税法（包括与第三国的关系）、税务条约（包括财政透明度和信息交流）、税收与环境以及与发展中国家的关系。

【专著内容】

本书极具开创性，它使纳税人（包括个人和法人）有能力保护自身权益，并帮助税务机关从纳税程序的一开始就能考虑到纳税人的权利保护问题，也使动态发展的国际税法的轮廓更加清晰。该书是在国际法协会的支持下进行数年研究的结果，它将纳税人的权利列入全球国际税收议程并作为税基侵蚀和利润转移（Base Erosion and Profit Shifting，BEPS）的必要平衡和补充。重要的是，本书呼吁为纳税人的基本权利提供全球最低标准的法律保护，并从世界上许多国家的相关宪法原则中提取这些权利的内容。本书分为三部分，共 11 章。第一部分侧重于法律来源以及税收与国际人权法之间的关系。第二部分确定了一般原则和具体的纳税人权利，将其分为三类（程序性的、与制裁有关的和实体性的），并分析了每一类中纳税人权利的不同含义。第三部分介绍了建立保护纳税人权利的全球框架的具体建议，包括税务机关的指导方针。

第一部分共 3 章。

第 1 章研究的是纳税人权利的来源问题。纳税人权利可能体现在各种类型的国内法律文书中，从硬法（Hard Law，如宪法、立法或条例）到软法（Soft Law，如宪章）。这些权利也可能受到国际公法或区域一体化法律体系的保护，如欧盟法律。在以法律为导向的国际研究中提及纯国内法文书给予的保护并非不言而喻：在缺乏国际层面的国家实践和意见的情况下，仅仅由个别国家确立或若干国内法院承认某个具体权利本身并不能使有关权利成为习惯国际法的一部分。尽管如此，这些国内行为——如果始终如一且实践足够广泛——可以有助于形成习惯国际法或一般法律原则。虽然国际公约在国际税法渊源中的地位毋庸置疑，但是否存在一套适用于税务事项的习惯国际法，更重要的是是否存在文明国家承认的特定税收的一般法律原则，仍然存在疑问。

第 2 章讨论的主题是在税收领域的国际法与国内法的关系问题，作者的结论是：纳税人能否在国家法院和行政机构面前行使其国际权利，取决于国际法是否、如何以及在多大程度上被纳入其国家法律体系。

第 3 章提出了解决税收中人权问题的三种方法：专门关注个人权利、专门关注集体权利以及结合这两种方法进行研究。个人权利法反映了保护个人，即主要是纳税人（自然人或法人）可执行权利的一种人权法律方法。集体权利方法着眼于集体利益，侧重于需要筹集足够的收入，为公民提供基本服务。作者考虑的是个人权利和合法的集体税收利益，在研究个人纳税人权利的基础上，更深入地考虑在公平的国际税收秩序框架内重新考虑有关的分配问题。

第二部分共 5 章。

第 4 章全面分析了能够指导纳税人权利保护的一般原则，包括：法律的确定性、相称性、禁止滥用和欺诈行为（这些行为在税务事项中引起与避税、逃税和欺诈现象有关的重大问题）以及公平原则。

第 5 章侧重于介绍保护纳税人基本权利的某些国家实践，例如，通过引入纳税人章程——至少自 1990 年以来，这一主题一直在经济合作与发展组织（Organization for Economic Co-operation and Development，OECD）的议程上。目前，作者进行了两次国别调查，使人们更清楚地了解了这些权利在国家实践中的性质。享有正当程序和善政的权利，包括知情权、协助权和听取意见的权利以及进一步的程序权利；与制裁相关的权利和实体性权利（Substantive Rights）——平等权、数据保护权和隐私权，包括在税收透明制度下的保密权、中介机构的专业权利以及纳税人的财产权，都将受到审查。

第 6 章的主题是程序性权利（Procedural Rights），这一概念涵盖了保护税务程序各个方面的所有权利，这些权利是为了实施实体性税务规则而制定的，不涉及或不与到期税款直接相关，而是与确定和征收到期税款所遵循的程序相关。特别是税务程序涉及的纳税人的登记和一般身份识别、纳税申报单的提交、税务审计的进行、税款的评估、应缴税款的征收，还涉及解决纳税人与税务机关之间纠纷的行政审查程序，以及向司法机关提出的上诉程序，适用于税务程序的总原则是法治。依法保护纳税人的权利是必要的，"作为法治的一部分，纳税人需要相信税务局将保护他们的保密权、隐私权和参与信息交流的权利"，法治本身就是由实体和程序两部分组成。本章仅讨论法治原则程序部分的界限和影响，该原则要求按照法律的规定征税以避免税务机关任何可能的任意行为或侵犯纳税人的基本权利。在分析纳税人查阅与其相关文件的权利和陈词权之后，还将重点讨论获得司法保护的权利。

第 7 章探讨的是制裁措施中纳税人的权利问题。法律规定了纳税义务以及当义务人（通常是纳税人，但也是法律要求的实际纳税的第三方）未能及时或全额履行义务时产生的后果。这种后果是双重的，除了有义务支付拖欠税款的逾期利息外，义务人还有可能因违反税收规则而受到制裁。原则上，逾期支付利息的目的是让债权人，即国家本身或其地区或地方分支机构有权收取额外金额以补偿其未能及时收到到期税款的期望。支付利息的义务是因未能按时纳税而自动产生的。利息支付的规模通常由法律确定，但可能没有统一的标准，这取决于收取利息本身是补偿性的，还是出于监管目的（例如鼓励及时支付到期税款）。在后一种情况下，这种利息实际上呈现出惩罚不遵守行为的混合性质，这显示出与制裁的细微差别，以及与制裁之间模糊的分界线。比例原则要求对更严重的违反税法的行为实施更严厉的制裁。因此，一方面，比例原则的存在证明了我们有理由对可能破坏法律秩序的违法行为进行刑事制裁；另一方面，我们也有理由对违法者进行数量上的制裁。因此，税务系统通常对税务欺诈或逃税（均需要主观因素）等违法行为进行刑事制裁，对于不太严重的违反税法行为特别是不需要主观因素的行为，则通过行政处罚的方式加以解决，有时还以附加费的形式自动适用于未能及时全额缴纳税款或履行其他纳税义务的情况（如按时提交纳税申报表）。

第 8 章列举出了几个对税收影响最大的具体人权，分别是平等权、数据保护权以及所谓的职业权利，即中介和顾问的参与权和财产权。

第三部分共 3 章。

第 9 章提及，2004 年著名国际税法学者 Avi Yonah 提出了一个问题：是否存在习惯国际税法？他认为，鉴于各国广泛遵循着包括防止双重征税在内的国际税收惯例，那么这些做法是否足以建立一个习惯国际税收法？而学者 David Rosenbloom 则否认国际税收制度的存在，因为双边税收协定的关系网是非强制的（可选择的），但他也承认各国广泛遵循的国际税收惯例代表着"国际法在税收领域的胜利"。

第 10 章谈到，传统观点认为国际税法是各国的专属事项，各国通过国际协定来规范各自主权的行使并对纳税人产生影响，就好像纳税人只是行使主权的对象一样，但在税基侵蚀和利润转移以及国际最低税收的时代，这种方法已经过时。正如环境法等其他法律领域一样，主权不能再在孤立的状态下有效行使。相反，各国需要合作以应对有关大企业的征税问题。与此同时，这些企业长期以来一直都在呼吁改革全球的税收规则以保障法律的确定性。

第 11 章讨论了保护纳税人权利法律文书的两种制定方式：无约束力的"软法"与具有法律约束力的"硬法"，并详细论述了这两种方法的优缺点。

【本书目录】

导言：税法的国际化和纳税人权利的重要性

第一部分　税收与国际人权法

第 1 章　国际（税收）法的来源

第 2 章　国内法和国际法之间的关系

第 3 章　解决人权与税收问题的可能路径

第二部分　税务问题中的人权

第 4 章　保护纳税人权利的一般原则

第 5 章　税收中人权的特殊性

第 6 章　程序性权利

第 7 章　制裁措施中纳税人的权利

第 8 章　实体权利

第三部分　保护纳税人权利的最低标准的国际税收制度

第 9 章　国际税收制度的出现

第 10 章　保护纳税人权利的国际最低标准

第 11 章　拟议的国际文书

Introduction: The Internationalization of Tax Law and the Importance of Taxpayers' Rights

Part Ⅰ   Taxation and International Human Rights Law

Chapter 1   Sources of International (Tax) Law

Chapter 2   The Relationship between National and International Law

Chapter 3   Possible Approaches to Human Rights and Taxation

Part Ⅱ   Human Rights in Tax Matters

Chapter 4   General Principles Protecting Taxpayers' Rights

Chapter 5   Special Features of Human Rights in Taxation

Chapter 6   The Procedural Rights

Chapter 7   Taxpayers' Rights Related to Sanctions

Chapter 8   Substantive Rights

Part Ⅲ   An International Tax Regime Containing Minimum Standards for the Protection of Taxpayers' Rights

Chapter 9   The Emergence of an International Tax Regime

Chapter 10   International Minimum Standards for the Protection of Taxpayers' Rights

Chapter 11   Proposed International Instruments